Roswitha Gruber
Nach mir kräht kein Schwein

Roswitha Gruber

Nach mir kräht kein Schwein

Eine Bäuerin erzählt

rosenheimer

6. Auflage
© 2023 Rosenheimer Verlagshaus GmbH & Co. KG,
Rosenheim
www.rosenheimer.com

Titelfoto: © Bundesarchiv, Bild 183-21049-0011, Hans-Günter Quaschinsky
Lektorat und Satz: VerlagsService Dr. Helmut Neuberger & Karl Schaumann GmbH, Heimstetten
Druck und Bindung: GGP Media GmbH, Pößneck
Printed in Germany

ISBN 978-3-475-54091-2

Inhalt

Vorwort 7
Kindheit im Bauernhaus 9
Auf dem Aussiedlerhof 24
Mein Traumberuf 35
Der Neue 50
Ich heirate einen Bauernhof 72
Ehealltag 89
Eigener Herd 110
Mein Sohn Markus 123
Mein Sohn Gerd 132
Meine Schwester Marita 146
Der neue Stall 154
Missgeschicke 172
Bei den Landfrauen 182
Der Anfang vom Ende 210
Neue Perspektiven 222

Vorwort

Vor einigen Jahren, als ich mit meinem Buch »Großmütter erzählen« auf Lesereise war, las ich daraus auch bei einem Landfrauenverein im Kreis Trier-Saarburg. Wie immer gab es anschließend eine lebhafte Diskussion. Ältere Frauen erinnerten sich mit wissendem Nicken: »Ja, so war das bei uns auch.«

Frauen, die der etwas jüngeren Generation angehörten, bestätigten: »Ja, so was Ähnliches hat mir meine Mutter auch erzählt.«

Die jüngeren Frauen, die in der Minderzahl waren, staunten und konnten sich kaum vorstellen, dass Mädchen früher einen so schweren Stand hatten. Deshalb war ich ein wenig überrascht, als am Ende der Veranstaltung eine von ihnen auf mich zukam und erklärte: »Zu dem Thema könnte ich Ihnen auch eine Geschichte erzählen.«

»Von Ihrer Großmutter?«, fragte ich mit spontanem Interesse.

»Nein, meine eigene.« Das überraschte mich noch mehr. Zweifelnd dachte ich: Eine so junge Frau – ich schätzte sie auf Anfang vierzig –, was kann die schon erlebt haben?

Als sie mir dann sogar einen Titel für ihre Lebensgeschichte anbot: »Nach mir kräht kein Schwein«, machte mich das doch neugierig.

Na ja, anhören kannst du es dir ja mal, dachte ich, ließ mir ihre Adresse geben und versprach, sie gelegentlich zu besuchen. Es vergingen etliche Jahre, bis ich dieses Versprechen endlich in die Tat umsetzte. Wie immer, wenn ich auf der Jagd nach einer Geschichte bin, baute ich mein Tonbandgerät auf, weiterhin skeptisch, ob sich das überhaupt lohne. Dann begann Helena zu berichten. Es war ein Vergnügen, ihrer lebhaften Erzählung und ihrer bilderreichen Sprache zu lauschen. Und je länger ich ihr zuhörte, desto mehr zog mich ihre Geschichte in den Bann. Ich musste meine Meinung revidieren. In ihrem jungen Leben gab es wirklich reichlich Stoff für eine spannende Geschichte.

Was mich vor allem überraschte, war die Tatsache, dass – obwohl im Jahre 1958 das Gesetz von der Gleichberechtigung proklamiert worden war – noch in der zweiten Hälfte des 20. Jahrhunderts so eklatante Fälle von Diskriminierung der Mädchen auftraten. Aber auch in ihrer Ehe war diese junge Frau über die Maßen gefordert worden. Vielleicht wird sich die eine oder andere von Ihnen in der Geschichte der Helena wiederfinden, die meisten aber werden kopfschüttelnd feststellen: Gottlob, da habe ich mehr Glück gehabt.

In diesem Sinne wünsche ich Ihnen viel Freude beim Lesen von Helenas Geschichte.

Roswitha Gruber

Kindheit im Bauernhaus

Sicher kann ich mein Leben nicht mit dem unserer Großmütter und Urgroßmütter vergleichen. Die hatten es ungleich schwerer, weil sie ohne fließendes Wasser auskommen und auf sämtliche Arbeitserleichterungen verzichten mussten, die uns der elektrische Strom bietet. Dennoch hatte ich schon als Kind das Gefühl – jedenfalls wenn ich mich mit meinen Geschwistern und Mitschülerinnen verglich –, dass ich es nicht unbedingt leicht hatte. Und wenn ich rückblickend meine Kindheit mit der meiner Kinder vergleiche, stelle ich fest, dass ich eine ausgesprochen schwere Kindheit und Jugend hatte. Das hat mich fürs Leben geprägt und mir die Kraft gegeben, zu tragen, was in meiner Ehe auf mich zukam.

Aber fangen wir bei meiner Geburt an. Mein Geburtsort ist Trier. Dort erblickte ich am 24. April 1960 im Marienkrankenhaus das Licht der Welt. Da ich das erste Kind eines bodenständigen Bauernpaares aus der Eifel war, glaubte die Leiterin der Säuglingsstation, eine alte Ordensschwester, meine Eltern trösten zu müssen: »Grämen Sie sich nicht zu sehr, dass es ein Mädchen geworden ist. Die Hauptsache ist doch, es ist gesund und kräftig.«

»Wieso sollten wir uns grämen?«, fragte meine Mutter befremdet. »Was Besseres konnte uns doch gar nicht passieren; jetzt haben wir zumindest schon mal das Kindermädchen.«

Diese Antwort wiederum brachte Schwester Meinrada, die sicher gut und gerne siebzig Jahre auf dem Buckel hatte, zum Staunen. Sie schluckte, ehe sie sich zu einer Antwort durchringen konnte: »Da bin ich aber froh, dass Sie das so sehen. Im Laufe meiner Jahre auf der Säuglingsstation habe ich so manche verzweifelte Szene erlebt, wenn ich einem Bauern nicht den erhofften Stammhalter in die Arme legen konnte.«

»Was heißt hier Stammhalter?«, konterte mein Vater, »Haben Sie nicht mitbekommen, dass vor einigen Jahren die Gleichberechtigung eingeführt worden ist? Seitdem gilt ein Mädchen genauso viel wie ein Junge.«

»Auf dem Papier ja, das habe ich sogar in meiner klösterlichen Abgeschiedenheit mitbekommen. Aber bis das wirklich in allen Köpfen drin ist, wird es mindestens noch eine Generation dauern.«

Wie recht sie behalten sollte, zeigte sich schon im Jahr darauf. Denn genau fünfzehn Monate nach meiner Geburt kam mein Bruder Gerald zur Welt. Da sollen meine Eltern entschieden mehr Freude gezeigt und mein Vater soll sogar einen Luftsprung ausgeführt haben.

Aber zurück zu meiner Winzigkeit. Neun Tage nach meiner Geburt holte mein Vater uns aus dem Krankenhaus ab. Er trug die Reisetasche und meine Mutter den Säugling, als sie zum Pferdemarkt gingen, um den Bus zu besteigen, der uns in die Eifel bringen sollte. In einem Dorf mit sechs-, siebenhundert Seelen, etwa fünfzehn Kilometer von Trier entfernt, hielt ich Einzug in eine bäuerliche Großfamilie. Außer meinen Eltern gab es zu der Zeit auf dem kleinen Bauernhof noch Vaters Mutter Maria und seinen Onkel Michel, einen Bruder seines verstorbenen Vaters. Auch lebte noch eine Schwester meines Vaters im Haus, die Tante Theresia, die von allen nur Resi gerufen wurde.

Da der Michel von klein auf bucklig war, hatte er weder die Statur noch die Kraft, richtig in der Landwirtschaft mitzuarbeiten. Stattdessen muss er sehr geschickte Hände gehabt haben. Deshalb hatte man ihn für einige Zeit nach Trier zu einem Uhrmacher in die Lehre geschickt. Ich erinnere mich noch, dass er davon lebte, dass er zu Hause die Uhren reparierte, die ihm die Bauern von nah und fern brachten. Überall in seinem Zimmer, das er Werkstatt nannte, standen und lagen große und kleine Uhren herum. Auch erinnere ich mich, dass er im Jahre 1966 starb, einige Wochen bevor ich in die Schule kam.

Wie bereits erwähnt, wurde ein gutes Jahr nach mir mein Bruder Gerald geboren, und zweieinhalb Jahre nach ihm kam meine Schwester Marita an. Das Haus wurde also voll und voller. Immerhin gab es 1964 in dieser Hinsicht ein wenig Erleichterung. Denn bei meiner Tante Resi, die immer ein schwächliches Kind gewesen war, wurde eine Lungenkrankheit festgestellt, die einen längeren Sanatoriumsaufenthalt nötig machte. Sie kam in die Pfalz, nach Annweiler am Trifels.

Bevor Tante Resi nach Annweiler kam, hatte sie bei uns, da sie für die meisten Arbeiten nicht stark genug war, die Rolle des Kindermädchens übernommen. Nachdem sie aber aus dem Haus war, musste ich diesen Part übernehmen, wie meine Mutter das gleich nach meiner

Geburt prophezeit hatte. Obwohl ich selbst erst vier war, musste ich auf meine kleineren Geschwister, mittlerweile drei und ein Jahr alt, aufpassen und wurde immer zur Verantwortung gezogen, wenn sie etwas angestellt hatten.

Mein jüngster Bruder ist zu Hause auf die Welt gekommen, warum, weiß ich nicht. Wir Kinder wussten gar nicht, dass die Mutter ein Baby erwartete. Damals wurde über so etwas noch nicht gesprochen, zumindest nicht in unserem Haus. Dabei hätte man mit mir, einer Siebenjährigen, getrost darüber reden können, ich hätte das alles verstanden. Da ich also keine Ahnung hatte, wachte ich eines Nachts sehr überrascht auf, als ich Babygeschrei vernahm. Verwundert fragte ich mich: Wo kommt denn das Kind her? Dieser Sache musste ich nachgehen. Im Dunkeln stand ich auf, tastete mich bis zur Tür vor und trat auf den erleuchteten Hausflur. Dort lief ich meinem Vater in die Arme. Verwundert fragte er: »Nanu, Lena, was tappst du denn mitten in der Nacht im Haus herum? Ich denke, du schläfst längst.«

»Ich habe auch geschlafen. Aber dann bin ich von Babygeschrei wach geworden.«

»Soso«, lächelte er verschmitzt. »Na, dann komm mal mit.«

Er führte mich in das Elternschlafzimmer, wo die Mutter mit geschlossenen Augen in ihrem Bett lag. Das nächste, das mir ins Auge fiel, war ein wunderschöner großer Korbwagen, der neben dem Bett stand, mit einem blauen Batisthimmel darüber. In dem Korb deutete der Vater auf ein winziges Etwas, das zwischen den Kissen schlief, und erklärte: »Du hast einen kleinen Bruder bekommen.«

In dem Moment öffnete die Mutter matt die Augen und lächelte mir zu mit den Worten: »Das ist Horst.«

Als ich wieder wohlig eingekuschelt in meinem Bett lag, konnte ich lange nicht einschlafen. Zu viele Fragen geisterten mir durch den Kopf: Wo kommen die kleinen Kinder her? Und wie kommt so ein winziges Würmchen dazu, ausgerechnet mitten in der Nacht bei uns einzutreffen? Und wo kommt so plötzlich – und genau zur rechten Zeit – dieser wundervolle Babykorb her?

Ohne dass ich Antworten auf meine Fragen gefunden hätte, fielen mir dann doch die Augen zu, und am nächsten Morgen dachte ich, ich hätte das alles bloß geträumt. Als ich aber blinzelnd in den Tag schaute, stand Oma Martha, die Mutter meiner Mutter, an meinem Bett. »Wo kommst du denn so plötzlich her?«, fragte ich verwundert. »Ja, weißt du, deine Mama ist krank, und heute Nacht hat sie ein Baby gekriegt. Deshalb muss ich mich jetzt um alles kümmern.«

Das leuchtete mir ein. Aber dass das Baby ausgerechnet zu einer Zeit kommen musste, da die Mama krank war! Es war ein Glück für die ganze Familie, dass wir jetzt Oma Martha hatten, sonst wäre bei uns alles drunter und drüber gegangen. Bei uns lebte zwar ständig Oma Maria im Haus, aber sie war kränklich und wäre der Aufgabe, die Mutter zu vertreten, nicht gewachsen gewesen. Oma Martha war viel tatkräftiger als Oma Maria. Immerhin war sie dreizehn Jahre jünger und hatte ihren Mann nicht durch Kriegsfolgen verloren.

Nachdem Martha meinem Vater fleißig im Stall geholfen hatte, sorgte sie dafür, dass ich ordentlich frühstückte. Sie packte mir mein Pausenbrot ein und schickte mich rechtzeitig aus dem Haus, so dass ich pünktlich zur Schule kam. Dort verkündete ich voller Stolz: »Wir haben heute Nacht ein Brüderchen gekriegt.«

Auf die Fragen, die nach dieser Eröffnung auf mich einstürmten – nach Gewicht, Größe, Haar- und Augenfarbe –, konnte ich keine Antwort geben. »Horst heißt er!« Das war das Einzige, was ich dazu sagen konnte. Ehrlich gesagt hatte ich auch niemanden danach gefragt, weil diese Details für mich unwichtig waren. Auf dem Heimweg machte ich mir aber doch Gedanken darüber, woher die kleinen Kinder kommen. Deshalb bestürmte ich meine Mutter gleich nach meiner Heimkehr mit entsprechenden Fragen.

»Das erfährst du noch früh genug«, war ihre enttäuschende Antwort. Die Oma wagte ich aber auch nicht zu fragen, um nicht noch einmal so abgespeist zu werden. Ich erfuhr es dann wirklich noch früh genug, nämlich in der Schule. Im Jahr darauf hatten wir nämlich bereits Sexualkundeunterricht.

Nachdem Oma Martha zwei Wochen bei uns verbracht hatte, reiste sie wieder ab. Die Mutter hatte sich, Gottlob, wieder so weit erholt, dass sie ihre Arbeiten selbst verrichten konnte. Ich mit meinen sieben Jahren musste ihr allerdings mehr und mehr zur Hand gehen. Vor allem war es meine Aufgabe, mich nun zusätzlich mit dem kleinen Bruder zu befassen, wenn er nicht gerade schlief. Das war alles so alltäglich und selbstverständlich, dass ich mich an Einzelheiten nicht mehr erinnere.

Ein Erlebnis ist mir jedoch noch lebhaft in Erinnerung. Horst war bestimmt noch kein Jahr alt, saß aber bereits im Sportwägelchen, einem jener hochrädrigen Modelle, wie sie damals modern waren. Wie jeden

Nachmittag, wenn es nicht gerade regnete, war es meine Aufgabe, ihn auszufahren. Wir wohnten halb am Hang in einer Seitenstraße, die ein starkes Gefälle aufwies. Weil es mir zu langweilig wurde, den Kinderwagen immer nur vor mir herzuschieben, statt mit meinen Freundinnen zum Spielen zu gehen, erfand ich ein kleines Spiel. Ich ließ den Griff des Wagens kurz los, so dass er von allein ins Rollen kam. Dann griff ich blitzschnell wieder zu. Das machte richtig Spaß, und so wurde ich immer wagemutiger und wartete immer ein bisschen länger, bis ich wieder zugriff.

Da passierte es. Auf einmal war der Wagen schneller als ich. Er sauste und sauste und ich rannte hinterher. Aber ich erwischte ihn nicht mehr.

Mein kleiner Bruder, der jedes Mal gejauchzt hatte, wenn ich den Wagen wieder zu fassen bekam, merkte wohl auch, dass etwas aus dem Ruder gelaufen war, denn er fing plötzlich an zu weinen. Und mir schoss eine Schreckensvision durch den Kopf: Was, wenn der Wagen bis auf die Hauptstraße rollt und gerade ein Auto daherkommt?

Mein Bruder muss einen guten Schutzengel gehabt haben. Denn mit einem Mal ruckte und hüpfte der Wagen, lag – pardauz – auf der Seite, und Klein Horst kollerte heraus. Im ersten Augenblick war er vor Schreck still und ich starr. Ich aber rannte, was meine kleinen Beine hergaben, zur Unfallstelle. Sobald Horst mich erblickte, fing er an zu brüllen. Und wie! Aus Leibeskräften, so dass ich schon befürchtete, er müsse sich ernsthaft verletzt haben. Vor lauter Angst, er würde die ganze Nachbarschaft herbeischreien, vor allem meine Mutter, richtete ich ganz schnell den Sportwagen wieder auf. Dann nahm ich das Kerlchen in die Arme und drückte und herzte es, um es zu beruhigen. Behutsam setzte ich Horst wieder in sein Gefährt und untersuchte ihn von Kopf bis Fuß. Gott sei Dank! Ihm war nichts passiert, nicht einmal eine Schramme hatte er abbekommen. Erleichtert, dass niemand etwas von dem Vorfall mitbekommen hatte, machte ich mich auf den Heimweg. Zu früh gefreut! Meine Mutter empfing mich an der Haustür und hielt mir eine Standpauke. Zusätzlich versetzte sie mir zwei schallende Ohrfeigen.

Als der Knirps etwa anderthalb Jahre alt war, trippelte er unter meiner Aufsicht bei uns im Hof herum. Da kam plötzlich ein heftiger Windstoß, warf ihn um und blies ihn über den Hof. Das sah so drollig aus, dass ich erst mal lachte, statt den Versuch zu machen, ihn einzufangen. Er schrie so mörderisch, dass alle aus dem Haus gerannt kamen einschließlich meiner Cousine Helga, die gerade zu Besuch weilte. Obwohl erst sechzehn Jahre alt, war sie die einzige, die beherzt genug war, den Kleinen einzufangen. Ich aber wurde anschließend ausgeschimpft und geohrfeigt, weil Horst diese Segeltour gemacht hatte.

Wie gesagt, was meine Geschwister auch immer anstellten oder was mit ihnen geschah, ich wurde, obwohl nur unwesentlich älter, für alles zur Verantwortung gezogen. Und selbst etwas anstellen durfte ich erst recht nicht! Marita, meine Schwester, dagegen durfte sich alles herausnehmen. Sie war Papas erklärter Liebling. Einmal allerdings habe ich mitbekommen, dass sie vom Vater ordentlich Schläge bekam – mit Recht, denke ich. Denn beinahe hätte sie das Haus abgefackelt. Das muss im Herbst 1971 gewesen sein, Marita war noch keine sieben Jahre alt. Das kam so: Da Kirmessonntag war, hatten wir das Haus voll Besuch. Sowohl die Verwandten meiner Mutter als auch die meines Vaters waren da. Nach dem Kaffee saßen die Erwachsenen gemütlich im Wohnzimmer, so dass niemand ein Auge auf uns Kinder hatte. Wir besaßen einen Wirtschaftsraum, in dem sich ein Berg Bügelwäsche befand. Dorthin hatte sich Marita zurückgezogen. Ihr war nämlich – niemand weiß, wie – eine Schachtel Streichhölzer in die Hände gefallen, und die wollte sie in aller Ruhe ausprobieren. Damals waren gerade Textilien aus Perlon groß in Mode. Bei dem Versuch, eines der Hölzchen anzuzünden, muss ihr ein Zündkopf weggeflogen sein, direkt in die Tasche von Mutters Perlonschürze, die an der Tür hing. Diese brannte im Nu lichterloh. Das hätte niemand so bald mitbekommen, wäre meine Schwester nicht in Panik schreiend aus dem Raum gelaufen. Der Vater erreichte als Erster den Tatort. Beherzt riss er die brennende Schürze herunter und trat die Flammen aus. Daher waren nur die Tür und die Wand darüber ein bisschen versengt. Aber anschließend hat er seinem kleinen Liebling ordentlich den Hintern versohlt.

Zu meiner Erleichterung hat man mich für diesen Fall nicht verantwortlich gemacht.

Wenn ich so zurückdenke, hat meine Mutter ganz schön viel von mir verlangt, und sie war auch oft ungerecht zu mir. Heute, da ich ihr Verhalten aus objektiver Warte betrachte, stelle ich fest, dass sie es auch nicht leicht gehabt hat. Wahrscheinlich musste sie nur den Druck weitergeben, der auf ihr lastete. 1959 hatte sie in einen Bauernhof eingeheiratet und befand sich von Anfang an in einer schlechten Position. Schon die gebräuchliche Bezeichnung für eine Person ihres Standes ließ Geringschätzung erkennen. Eine eingeheiratete Frau nannte man »Schnur«, und es kursierte die Redensart: »Eine Schnur ist eine Schnur und kein Band.« Damit war alles gesagt. Es bedeutete, jeder im Haus hatte Rechte, sie aber nur Pflichten. Sie hatte von der Frühe bis in die Nacht zu arbeiten und für Nachwuchs auf dem Hof zu sorgen, vor allem für einen Stammhalter. Für alles andere im Haus waren die anderen, die Alteingesessenen, zuständig.

Es war für sie bestimmt nicht einfach, als junge Ehefrau in einem Haus zu leben, in dem jeder etwas zu sagen hatte, die Schwiegermutter, der Onkel, die Schwägerin, der Ehemann, nur sie nicht. Erschwerend kam hinzu, dass ihre Schwiegermutter, meine Oma Maria, sehr dominant war, hatte sie sich doch nie in der Position der »Schnur« befunden. Sie war die angestammte Bäuerin, und mein Opa Theodor war es gewesen, der eingeheiratet hatte. Sie hatte fünf Kinder zur Welt gebracht, wovon mein Vater, 1935 geboren, das jüngste war. Da vier Jahre später der Zweite Weltkrieg ausbrach und ihr Ehemann sehr bald einrücken musste, blieb ihr nichts anderes übrig, als den Hof allein zu bewirtschaften, um für sich und die Ihren das Brot zu schaffen. Auch musste sie ihre Kinder praktisch allein aufziehen und dafür sorgen, dass sie beruflich vorankamen.

Als der Krieg endlich vorbei war, musste sie das Heft notgedrungen weiter in der Hand halten, denn ihr Mann wurde erst 1949 aus russischer Kriegsgefangenschaft entlassen. Er war gesundheitlich so angeschlagen, dass er zu keiner Arbeit mehr taugte. Also trug seine Frau weiterhin die Verantwortung und erst recht, als er ein halbes Jahr später an den Kriegsfolgen starb.

Ihre älteste Tochter, meine Tante Maria, Jahrgang 1922, hatte sich mittlerweile in Trier verheiratet. Sohn Theo, 1925 geboren, hatte nicht das geringste Interesse an der Landwirtschaft und verbrachte seine Zeit lieber in der Werkstatt seines Onkels Michel, dem er begeistert zuschaute, wenn er Uhren reparierte. Onkel Michel war es dann auch, der sich bei Theos Mutter dafür stark machte, dass der Junge in Trier eine Uhrmacherlehre machen durfte. Der zweite Sohn, Klaus, 1929 geboren, zeigte ebenso wenig Interesse an der Landwirtschaft. Seiner Neigung entsprechend durfte er den neuaufgekommenen Beruf eines Kraftfahrzeugmechanikers erlernen und bekam eine gutbezahlte Stellung bei den Fordwerken in Köln. Tante Resi, der kränkliche Nachkömmling, war 1932 geboren und lebte zur Zeit meiner Geburt noch bei uns.

Mein Vater aber, der Jüngste in der Geschwisterreihe, zeigte zur Freude seiner Eltern schon frühzeitig große Begeisterung für alles, was mit Feld- und Viehwirtschaft zu tun hatte. Schon als kleiner Knirps lief er seinem Vater überallhin nach, aufs Feld, in den Stall, in die Scheune und versuchte mit seinen kleinen Händchen zu helfen. Seit Jahrhunderten war es üblich, dass der Hoferbe von klein auf von seinem Vater angelernt wurde. Alles, was er für seinen Beruf wissen und können musste, schaute er sich bei diesem ab. Mein Vater aber hatte das Pech, dass sein eigener Vater in diesen entscheidenden Jahren nicht vor Ort war. Er war gerade mal viereinhalb Jahre alt, als sein Vater zum Kriegsdienst eingezogen wurde, und er war bereits vierzehn, als dieser endlich aus Russland zurückkehrte. Aber er kam als gebrochener Mann zurück, schwer verletzt an Leib und Seele und starb bereits ein halbes Jahr später.

Was mein Vater als zukünftiger Bauer wissen und können musste, haben ihm seine Mutter beigebracht und sein buckliger Onkel Michel, der Uhrmacher. Ob seines Gebrechens konnte dieser zwar selbst keine schweren Arbeiten in der Landwirtschaft verrichten, er hatte aber einen wachen Geist und eine gute Beobachtungsgabe, und so kannte er sich bestens aus. Da er zudem über ein gewisses pädagogisches Geschick verfügte, war er durchaus in der Lage, seinem Neffen das notwendige Wissen zu vermitteln.

Kurz nachdem mein Vater volljährig geworden war, was damals erst mit 21 Jahren der Fall war, überschrieb ihm seine Mutter den Hof. Einerseits konnte sie sich dadurch endlich der Verantwortung entledigen, andererseits gab sie dem Jungbauern damit freie Hand, auf dem Hof nach Gutdünken zu schalten und zu walten, sowie die Möglichkeit, bald eine Familie zu gründen. Damit wollte er sich auch nicht zu lange Zeit lassen. Eifrig schaute er sich unter den Schönen des Landes um. Die beste Gelegenheit dazu boten die Kirmestänze in den verschiedenen Dörfern. So kam er auch nach Hohensonne. Dort lernte er Klara, die älteste Tochter des Kleinlandwirts Josef Backes, kennen. Josefs große Liebe hatte von klein auf der Landwirtschaft gegolten. Aber als zweitgeborener Sohn eines Bauern aus Welschbillig hatte er keine Chance, das elterliche Anwesen zu übernehmen, da sein älterer Bruder den Vorrang hatte. Damit sich der Josef sein Brot später selbst würde verdienen können und nicht als Knecht auf dem Hof des

Bruders bleiben musste, steckte man ihn nach der Schule zu einem Schreiner in die Lehre. Er lernte sein Handwerk auch treu und brav und legte eine gute Gesellenprüfung ab. Aber sein Herz hing nach wie vor an der Landwirtschaft. Deshalb hielt er schon beizeiten nach einer Bauerntochter Ausschau, die ihm eine Einheirat bieten konnte. Aber wie es der Teufel wollte, er lernte nur Mädchen kennen, die ältere Brüder hatten. Eines Tages nun traf ihn die Liebe in der Kirche von Welschbillig wie ein Blitz, und zwar in Gestalt der Haushälterin des Pfarrers. Schnell brachte er in Erfahrung, dass sie von einem Bauernhof in der Nähe stammte. Aber allein der Umstand, dass sie sich ihr Brot im Pfarrhaus verdiente, deutete darauf hin, dass sie daheim keinen Hof erben würde, und tatsächlich stellte sich heraus, dass sie einige Brüder hatte. So bestand für Josef nicht die geringste Chance, einzuheiraten, selbst wenn der eine oder andere Bruder einen anderen Beruf ergriffen hätte. Aber bei diesem Mädchen war ihm das egal. Sie war ihm wichtiger als ein Hof.

So heiratete er kurzerhand dem Pfarrer die Haushälterin weg. Und da sich beide im Laufe der Jahre ein paar Mark gespart hatten und er einen sicheren Beruf ausübte, gingen sie das Wagnis ein, in Hohensonne ein Haus zu bauen. Jeder von den beiden hatte einen Acker als Erbteil mit in die Ehe gebracht, und trotz des Hausbaus blieben beide Gründe erhalten. Wenn sie ihren Sonntagsspaziergang machten, mal an seinem Acker vorbei, mal an dem ihren, wurde ihm immer ganz wehmütig ums Herz und es kribbelte ihn in den Fingern. Am liebsten hätte er sich auf den Acker gestürzt und ihn bearbeitet.

Da wurde ihm eines Tages ein Angebot gemacht, über das es sich lohnte, mit seiner geliebten Martha ernsthaft zu diskutieren. Sein ältester Bruder, der Erbe des väterlichen Anwesens, hatte sich eine Ehefrau ins Haus geholt, die mit seinen ledigen Geschwistern nicht zurechtkam – oder besser gesagt: Sie kamen mit ihr nicht zurecht. Deshalb fragten sie bei ihrem Bruder Josef an, ob sie bei ihm Unterschlupf finden könnten. Zum Ausgleich dafür boten sie an, ihm ihre als Erbteil zugedachten Felder zu überlassen. Das war ein Angebot, das Josefs Augen leuchten ließ, und seine Frau unterstützte ihn darin. So kam es, dass Josefs Schwestern Helene und Margarethe einzogen, dazu sein Bruder Bernhard, der durch einen Arbeitsunfall einen halben Arm verloren hatte. Wenig später kam noch jemand dazu, nämlich Eugen, der »Beisatz«. Mit diesem Begriff bezeichnete man Kinder, die nicht die eigenen waren, die man aber mit den eigenen aufzog. Eugen war das uneheliche Kind einer Schwester von Josefs Mutter. Sie hatte den Kleinen kurz nach seiner Geburt abgegeben und sich nie wieder um ihn gekümmert. Wenigstens aber hatte er ein Stück Land von ihr geerbt, das er nun ebenfalls seinem Cousin Josef überließ. Da dieser nun unversehens zu vier ansehnlichen Äckern gekommen war, machte er sich sofort daran, seinem Haus einen Stall und eine Scheune anzufügen. Eugen half dabei fleißig mit und Bruder Bernhard ebenfalls, trotz seines verkrüppelten Armes.

Sobald der Stall fertig war, stellte Josef zwei Kühe hinein, ein Schwein und ein paar Hühner. Später gelang es ihm sogar, noch einige Felder dazuzukaufen, so dass er eine ganz nette Nebenerwerbslandwirtschaft sein

Eigen nannte. Da er weiterhin sein Geld als Schreiner verdiente, wurde die Landwirtschaft natürlich zum Teil von seiner Frau, seinen Verwandten und seinen Kindern betrieben. Aus diesen Verhältnissen heraus heiratete mein Vater also meine Mutter. Weil sie von klein auf das Zupacken gewöhnt war, war sie die richtige Frau für seinen Hof.

Meine Großmutter Maria, die bis zum Einzug der Schwiegertochter den Betrieb geführt hatte, zog sich mehr und mehr zurück und überließ der »Schnur« ihre Aufgaben. Da dann in schneller Folge die Kinder kamen, ist es nur zu verstehen, dass meine Mutter mich frühzeitig in ihre Aufgaben einband.

Auf dem Aussiedlerhof

Meinem Vater, der mit Begeisterung das Anwesen übernommen hatte und mit Leib und Seele Bauer war, wurde es bald zu eng auf seinem Hof. Liebend gern hätte er seinen Landbesitz vergrößert und mehr Tiere angeschafft. Dazu hätte er aber erst einmal einen größeren Stall und eine größere Scheune benötigt. Leider aber lag sein Gehöft so eingekeilt zwischen anderen Häusern, dass an einen Anbau nicht zu denken war. Da kam ihm ein »Grüner Plan« genanntes Förderprogramm der Bundesregierung für die Landwirtschaft gerade recht, das in den Fünfzigerjahren anlief.

Waren bisher die Höfe durch stetige Realteilung von Generation zu Generation kleiner geworden, so galt es nun, sie wieder zu vergrößern. Man musste also den Bauern finanzielle Anreize bieten, damit sie Grund zukaufen konnten. Diese Maßnahme allein genügte jedoch nicht. Denn bei der Realteilung hatte man nicht nur den Besitz in entsprechend viele Teile zerlegt, sondern jeden Acker und jede Wiese der Länge nach geteilt, so dass schließlich nur schmale Streifen blieben, die zudem über die ganze Gemarkung verstreut lagen.

Ein solches Anwesen hatte im Krieg und auch noch einige Jahre danach durchaus seine Familie ernährt, zumal man keine großen Ansprüche ans Leben stellte. An dem einsetzenden Wirtschaftswunder wollten aber auch die Bauern teilhaben. Deshalb suchte sich so mancher von ihnen einen Nebenerwerb oder gab den Hof auf, um sein Geld in einem Handwerk oder in einer Fabrik zu verdienen.

Dieser Trend wurde von der Regierung mit Sorge beobachtet. Wie sollte eine schrumpfende Landwirtschaft die wachsende Bevölkerung ausreichend mit Lebensmitteln versorgen?

Man musste also nicht nur finanzielle Anreize bieten, damit die überlebenden Betriebe in dem Maße expandieren konnten, in dem die kleinen Höfe aufgegeben wurden. Es galt auch, für eine sinnvolle Flächenverteilung zu sorgen, die den Einsatz moderner landwirtschaftlicher Maschinen möglich machte. Diesem Zweck diente die Flurbereinigung, die dafür sorgte, dass verstreute kleine Parzellen zu größeren Einheiten zusammengefasst wurden. Gleichzeitig mit dieser Umverteilung der landwirtschaftlichen Flächen wurde auch die Möglichkeit eröffnet, auszusiedeln. Denn vielen Bauern erging es wie uns: Ihre Hofflächen und die Wirtschaftsgebäude waren für einen sinnvollen Maschineneinsatz viel zu klein.

Mein Vater war sogleich Feuer und Flamme für diese neuen Ideen. Endlich würde er seine Vorstellungen verwirklichen und expandieren können. Das Schönste daran war, dass es nicht nur zinsgünstige Darlehen gab, wenn man seinen Traum verwirklichen wollte, sondern auch noch staatliche Zuschüsse.

Von der Planung bis zur Realisierung war es noch ein langer Weg, aber mein Vater verfolgte ihn hartnäckig. Nachdem ihm das entsprechende Land zugewiesen worden war, baute er inmitten seiner Felder, drei Kilometer vom Dorf entfernt, ein neues Wohnhaus, dazu Stallungen, Scheune und Gerätehalle.

Im Sommer 1969 konnten wir endlich von unserem alten Bauernhaus Abschied nehmen. Zunächst tat ich das mit lachenden Augen. Alles, was neu war, übte einen ungeheuren Reiz auf mich aus. Allein der Umzug war aufregend. Tagelang vorher wurde schon alles in Kisten und Kästen verstaut. Am Tage des Umzugs wurde unsere ganze bewegliche Habe auf einen Leiterwagen geladen, der Traktor davor gespannt, und ab ging die Post. Mit uns zogen zehn oder zwölf Kühe um, zwei Sauen, zwei Hunde und drei Katzen.

Außer Vater, Mutter und den vier Kindern war auch Oma Maria dabei. Es war selbstverständlich, dass sie mit uns zog. Denn im Übergabevertrag war festgeschrieben, dass ihr Sohn Paul bis an ihr Lebensende für sie zu sorgen hatte. Das alte Haus wurde an einen Städter verkauft, weil wir das Geld zum Bau des Aussiedlerhofes brauchten. Es war unser Vorteil, dass es damals unter der Stadtbevölkerung als schick galt, in einem Bauernhaus auf dem Land zu leben.

Meine Tante Resi weilte zu dieser Zeit noch in Annweiler, sonst wäre sie ebenfalls mit in das neue Haus gezogen. Da sie unversorgt war, hatte die Großmutter darauf bestanden, dass ihr im Elternhaus ein Wohnrecht auf Lebenszeit eingeräumt wurde, und das bestand auf dem Aussiedlerhof weiter. Dabei war ihre Lungenkrankheit längst auskuriert. Weil es ihr aber in Annweiler so gut gefiel und weil ihr die Luft so gut bekam, arbeitete sie inzwischen in der Küche der Kurklinik.

Erst Ende der Siebzigerjahre nahm sie Abschied von dort und trat in Trier eine Stelle in der Küche des Krankenhauses der Barmherzigen Brüder an. So konnte sie sich ihre Rente selbst verdienen und musste von ihrem Wohnrecht in meinem Elternhaus nie Gebrauch machen. Ihren Ruhestand verbringt sie schon seit Jahren in Trier im Haus meiner Cousine Julia, in dem auch Julias Mutter, meine Tante Maria, lebt.

Für meine Oma gestaltete sich der Umzug vom alten Bauernhaus in den Aussiedlerhof problematischer, als wir uns vorgestellt hatten. Im alten Haus hatte sie ein winziges Schlafzimmer im ersten Stock bewohnt, in dem sie sich nachts geborgen gefühlt hatte. Der neue Hof aber war komplett ebenerdig gebaut, und die Oma bekam ein geräumiges, sonniges Zimmer. Meine Eltern waren davon überzeugt, dass das eine wesentliche Verbesserung für sie sei, zumal sie mit ihren 69 Jahren nicht mehr die Jüngste war. Oma war mit diesem Zimmer aber ganz und gar nicht zufrieden. Offensichtlich litt sie unter der Phobie, im Erdgeschoss würden dauernd Diebe einsteigen. Jeden Morgen jammerte sie, sie habe aus lauter Angst vor Einbrechern die ganze Nacht kein Auge zugetan. Beim Frühstück mussten wir uns immer ihr Gezeter anhören. Da führte mein Vater eines Morgens ein Grundsatzgespräch mit ihr.

»Aber Oma«, versuchte er sie zu beschwichtigen. »Wo sollte denn hier draußen ein Einbrecher herkommen? Die treiben ihr Unwesen doch lieber in dichter besiedelten Gegenden, wo sie leichter untertauchen können. Und selbst wenn sich einmal einer bis zu uns verirren sollte, so würde er nicht einsteigen. Ein halbwegs intelligenter Einbrecher weiß, dass bei einem Bauern, der gerade einen neuen Hof hingestellt hat, nichts zu holen ist.«

»Ja, Paul, du sagst, ein halbwegs intelligenter. Aber was ist, wenn ein dummer Einbrecher kommt?«

Lachend antwortete ihr Sohn: »Für den Fall haben wir unsere beiden Hunde. Die werden schon so laut bellen, dass wir alle davon wach werden und dass der Dieb sofort die Flucht ergreift.«

»Und wenn er nicht flüchtet?«, kam Omas nächster Einwand.

»Dann werden ihn die Hunde bei der Hose packen und so lange festhalten, bis die Polizei kommt.«

Diese Aussage beruhigte die Großmutter tatsächlich einigermaßen, so dass sie nachts schlafen konnte. Schon im alten Haus hatte sie nicht mehr viel gearbeitet, im neuen aber schaffte sie noch weniger. Sie steckte die Wäsche in die Waschmaschine, sie hängte sie auf und bügelte gelegentlich. Im Übrigen kommandierte sie uns nur herum, und meine Mutter und ich erledigten die Arbeiten.

Auch mein Vater war sehr fleißig. Glücklich über seinen neuen, geräumigen Hof und die moderne Stallanlage – er hatte als Erstes eine Melkmaschine angeschafft, wenn auch noch in einzelne Kannen gemolken wurde – hatte er sich wohl bei der Arbeit übernommen. Denn eines Tages kam er ganz plötzlich ins Krankenhaus: Leistenbruch. Daher musste – wie immer, wenn bei uns im wahrsten Sinne des Wortes Not am Mann war – Mutters Onkel Bernhard, der Einarmige, der ihr Pate und gleichzeitig wichtigster Ratgeber war, bei uns aushelfen, dazu meine Oma Martha. Die half ihrer Tochter auch im Haushalt, wenn die andere Oma kränkelte oder gar Pflege brauchte. Oma Maria litt nämlich unter Problemen mit den Nieren und mit dem Herzen und war auch sonst nicht mehr gesund. Zeitweilig musste sie sogar nach Trier ins Krankenhaus. Wenn sie dann so weit gebessert war, dass sie entlassen werden konnte, blieb sie immer noch einige Tage bei ihrer Tochter Maria. Deren einzige Tochter, meine Cousine Julia, neun Jahre älter als ich, besaß bereits einen PKW- Führerschein. Sie war es, die uns die Oma immer wieder zurückbrachte.

Irgendwann ging es der Oma dann so schlecht, dass sie keine Treppen mehr steigen konnte. Von da an wusste sie es zu schätzen, dass bei uns alles ebenerdig war. Nachdem sie drei Jahre auf dem Aussiedlerhof gelebt hatte, starb sie im Alter von 72 Jahren an ihrem dritten Herzinfarkt.

Wie bereits erwähnt, war ich voller Begeisterung in den Aussiedlerhof umgezogen. Diese legte sich aber sehr schnell, als ich die Nachteile zu spüren bekam. Mein Schulweg, für den ich zuvor keine fünf Minuten gebraucht hatte, war nun über drei Kilometer lang und dauerte fast eine dreiviertel Stunde. Mit meinem Bruder Gerald musste ich bei Wind und Wetter über eine ziemlich stark befahrene Straße gehen. Das Schlimmste aber war, dass ich völlig den Kontakt zu meinen Freundinnen verlor. Der Weg ins Dorf war zu weit, als dass ich am Nachmittag mal schnell hätte hinüberlaufen können. Und zu uns heraus kam erst recht niemand. Selbst wenn eine von ihnen mich hätte besuchen wollen, hätten deren Eltern nicht erlaubt, dass sie einen so weiten und gefährlichen Weg allein zurücklegte.

Nach einem Jahr besserte sich unsere Lage insofern, als ein Schulbus eingeführt wurde. Er holte uns morgens ab und brachte uns nach Schulschluss wieder heim.

Aber bald stand schon wieder eine Änderung bevor. Durch die Schulreform Ende der Sechzigerjahre wurde die gute alte Volksschule in Grund- und Hauptschule aufgeteilt. Häufig beließ man nun nur noch die Grundschulen in den Dörfern und legte die Hauptschulen an zentralen Standorten zusammen. Für uns bedeutete das, dass wir nach Trier fahren mussten.

Wenn ich müde und abgekämpft von dort nach Hause kam, blieb mir kaum Zeit, hastig mein Mittagessen zu verschlingen, denn dann ging es sofort aufs Feld, entweder zum Rübenhacken, zur Heumahd oder zur Kartoffelernte.

Anfang der Siebzigerjahre war mein Vater schon so fortschrittlich, dass er einen Ladewagen fürs Heu hatte, d.h., das Heu wurde selbsttätig aufgeladen, aber es wurde noch nicht zusammengepresst. Vierkantballen, wie man sie später hatte, oder gar Rundballen, wie man sie heute kennt, gab es noch nicht. Bei unserem Wagen lag das Heu nur locker auf. So wurde es in die Tenne gefahren und automatisch abgeladen. Wir Kinder, also Gerald und ich, mussten es dann zu einer großen Röhre schaffen, durch die es auf den Heuboden geblasen wurde. Als ich etwas älter war, musste ich oben auf dem Heuboden stehen und das ankommende Heu verteilen. Denn das Gerät blies das Heu nur zu einem großen Haufen zusammen. Dabei hat es so gestaubt, dass man fast nichts mehr gesehen und kaum noch Luft gekriegt hat. Hinzu kamen Temperaturen von dreißig Grad und mehr, so dass man fürchterlich geschwitzt hat und der Staub am ganzen Körper kleben geblieben ist.

Diese Arbeit mussten eigenartigerweise nur mein Bruder Gerald und ich verrichten. Als die beiden anderen in das Alter kamen, in dem wir beide schon längst hatten zupacken müssen, wurden sie geschont. Sie blieben die »Kleinen« und brauchten nicht zu arbeiten.

Wann immer meine Mutter gesundheitlich angeschlagen war, was häufig vorkam, musste ich morgens vor der Schule auch noch die Kühe melken, 20 bis 25 an der Zahl. Das Melken erledigte zwar die Melkmaschine, aber mir blieb die Aufgabe, die schweren Kannen, deren jede etwa 25 Kilo wog, in die Kühlkammer zu schleppen. Zu dieser Zeit besuchte ich bereits die Hauptschule in Trier, und mein Bus fuhr schon kurz nach sieben los. Deshalb musste ich um 5.15 Uhr aufstehen, damit mir nach dem Melken noch Zeit zum Duschen blieb. Und frühstücken musste ich schließlich auch noch.

Meine Mutter hat es sich dann bequem gemacht. Als sie wieder gesund war und sah, dass es bei mir so gut lief, hat sie gar nicht mehr den Versuch unternommen, in den Stall zu gehen, höchstens in Ausnahmefällen. Selbst das abendliche Melken hat sie mir überlassen. Aber unser Gerald, ein ganz lieber Kerl, hat mir am Abend freiwillig geholfen. Im Winter hat der Vater auch im Stall mitgearbeitet, aber die Hauptlast lag von meinem zwölften Lebensjahr an in meinen Händen. Schon vom neunten Lebensjahr an hatte ich die Kälber füttern und mich um die Schweine kümmern müssen.

Der Vater hatte in seinem neuen Betrieb nicht nur den Rinderbestand erhöht, sondern auch den Bestand an Schweinen. Sein Motto war: Es ist krisensicherer, wenn man mehrere Standbeine hat. Von zwei Zuchtsauen hatte er auf zehn aufgestockt, womit mein Arbeitspensum erheblich gewachsen war. Ich musste den Schweinen ja nicht nur Futter geben, ihre Koben ausmisten und einstreuen, ich musste mich vor allem auch um sie kümmern, wenn sie ferkelten. Dann musste ich beobachten, ob die Sau ihre Ferkel auch annahm. Es gab nämlich Säue, die hinderten ihren Nachwuchs am Saugen oder sie bissen ihn sogar tot. Auch war es wichtig, sofort nachzuzählen, wie viel Junge eine Sau hatte. Wenn es zehn bis zwölf waren, gab es in der Regel kein Problem. War aber mal ein dreizehntes dabei, musste ich die Kleinen beim Saugen immer wieder umsetzen, damit jedes zum Zuge kam, denn eine Sau hat nur zwölf Zitzen. Wenn das mit dem Umsetzen nicht so klappte und ich merkte, dass eines zu wenig Milch bekam, weil es von seinen Geschwistern weggedrängt wurde, fütterte ich es auch schon mal mit der Flasche.

Hühner hatten wir eigenartigerweise nie, weder auf dem alten noch auf dem neuen Hof. Was wir an Eiern brauchten, kauften wir bei anderen Bauern.

Es gab noch eine weitere Aufgabe, die ich frühzeitig wahrnehmen und schon bald ganz allein übernehmen musste. Damit sie einen kleinen Nebenverdienst hatten, hatten meine Eltern bereits, als sie noch auf dem Hof im Dorf wohnten, für die Aachen-Münchener-Versicherung eine Agentur übernommen. Selbst zu Beginn der Siebzigerjahre war es noch nicht üblich, dass die Bauern die monatlichen Beiträge überwiesen. Diese wurden von meinem Vater immer in bar kassiert. Als ich dreizehn war, nahm er mich zum ersten Mal mit auf diese Tour. Das empfand ich als Auszeichnung. Außerdem war es für mich äußerst interessant, in alle möglichen Häuser zu kommen. In diesem Alter war ich auch schon empfänglich für Komplimente, die man meinem Vater bzw. mir machte, wenn er mich stolz als seine Tochter vorstellte. »Was? So eine hübsche Tochter hast du?« oder »Donnerwetter, deine kleine Tochter hat sich ja zur schönen Helena entwickelt.«

Es dauerte einige Monate, bis ich endlich merkte, dass mich mein Vater nicht ohne Hintergedanken auf seine Kassiertour mitnahm. Zum einen sollte ich von ihm lernen, wie und wo man die Beiträge notierte und die Quittungen ausstellte, zum zweiten sollte ich wissen, in welche Häuser ich in Zukunft zu gehen hatte, und zum dritten sollten die Leute mich kennenlernen, damit sie wussten, dass ich zum Kassieren berechtigt war.

Als wir zum zweiten Mal unsere Runde drehten, ließ er mich schon den Schreibkram machen, worauf ich sehr stolz war. Im dritten Monat teilten wir uns die Aufgabe. Er übernahm die eine Hälfte der Höfe, mir überließ er die andere. »So sind wir viel schneller fertig«, war seine Erklärung. Auch das erfüllte mich mit Stolz. Es war schön, dass er so viel Vertrauen zu mir hatte. Wieder einen Monat später hatte er plötzlich keine Zeit, um die fälligen Beiträge einzutreiben, und bat mich, das diesmal ganz allein zu machen. Zu dieser Zeit war ich immer noch stolz und roch den Braten nicht.

Erst als ich in den folgenden Monaten immer allein losgeschickt wurde, merkte ich, wie der Hase lief. Da war es bereits zu spät, um mich dagegen aufzulehnen. Wenn ich es mir genau überlege – ich hätte von Anfang an keine Chance gehabt, mich dagegen zu stellen. Als ich endlich dahinterkam, wie geschickt mein Vater mich in diese Aufgabe hineinmanövriert hatte, bewunderte ich ihn sogar. Diese Methode war mir auf jeden Fall lieber, als wenn es einfach geheißen hätte: »Ab sofort übernimmst du das.«

Das Unangenehme an dieser Aufgabe war, dass sie mich viel Zeit kostete und dass ich alle Wege zu Fuß machen musste. Zwar gab es auf unserem Hof ein Fahrrad, aber zum Beiträgekassieren durfte ich es nicht benutzen. Meine Schwester dagegen durfte schon mit dem Rad zu ihren Freundinnen ins Dorf fahren.

Mit der Zeit aber wusste ich diesem Posten auch angenehme Seiten abzugewinnen. Ich teilte mir meinen Rundgang so ein, dass ich am Schluss bei meiner Patentante Helene, der Schwester meiner Mutter, aufkreuzte. Auch sie war bei der Aachen-Münchener versichert, und auch bei ihr musste ich den Beitrag kassieren.

Anschließend brachte mich ihr Mann, mein Onkel Klaus, immer mit dem Auto nach Hause, so dass ich pünktlich zum Melken daheim war.

Dieser Job blieb mir so lange erhalten, bis auch der letzte Bauer auf die Idee gekommen war, seinen Beitrag per Bank direkt an die Versicherung zu überweisen.

Mein letztes Hauptschuljahr habe ich in besonders guter Erinnerung. Da hatten wir einmal in der Woche Kochunterricht. Und das, was ich in der Schule gelernt hatte, durfte ich zu Hause ausprobieren. Das hat mir sehr viel Spaß gemacht, obwohl es eine große Umstellung für mich bedeutete. In der Schule hatten wir nämlich Elektroherde, bei denen es lange dauerte, bis etwas anfing zu kochen. Dafür heizten sie nach dem Abschalten lange nach. Daheim hatten wir einen Gasherd, wo alles schnell zum Kochen kam, so dass mir auch mal etwas überkochte oder anbrannte. Wenn ich den Herd in Panik ausschaltete, hörte es sofort auf zu kochen. Aber nach einiger Zeit hatte ich auch das im Griff.

Mein Traumberuf

Da sich durch die Schulreform Ende der Sechzigerjahre auch die Schulbesuchspflicht von acht auf neun Jahre verlängert hatte, war ich schon fünfzehn, als ich entlassen wurde. Im letzten Schuljahr stellte sich die Frage nach einer Berufsausbildung. Denn auch das hatte sich mittlerweile geändert. Hatte es bei Mädchen wenige Jahre vorher noch geheißen: »Was brauchst du einen Beruf? Du heiratest ja doch«, war man inzwischen der Meinung: »Auch ein Mädchen muss einen Beruf erlernen, man weiß ja nicht, was kommt.«

Meine Eltern hatten mir bereits verschiedene Vorschläge gemacht. Aber nichts davon hatte mich spontan angesprochen. »Am liebsten möchte ich Landwirtin werden«, erklärte ich meinem Vater schließlich.

»Das kannst du dir gleich aus dem Kopf schlagen!«, war seine spontane Reaktion. »Den Hof wird der Gerald übernehmen. Und sollte der partout nicht wollen, haben wir immer noch den Horst.« Das zeigte mir, dass er es mit der Gleichberechtigung doch noch nicht so ernst nahm.

»Es gibt doch genug Bauernsöhne, die eine Frau brauchen«, war mein nächstes Argument.

»Das stimmt«, gab mein Vater mir recht. »Falls du also darauf aus bist, dir einen solchen zu angeln, wäre es vernünftig, Hauswirtschaft zu lernen.«

Nein, dachte ich, Hauswirtschaft ist nicht mein Ding. Das sagte ich aber nicht. Es war ja noch fast ein ganzes Jahr hin bis zu meiner Schulentlassung.

Einige Wochen nachdem ich dieses Gespräch mit meinem Vater geführt hatte, erschienen zwei Mitarbeiter des Arbeitsamts zur Berufsberatung in unserer Klasse, eine Dame und ein Herr. Der Mann begab sich mit den Jungen in einen anderen Raum, während die Frau mit uns Mädchen in unserem Klassenzimmer blieb. Sie begann mit einem allgemeinen Blabla über die Notwendigkeit und den Reiz, einen Beruf auszuüben, und stellte uns eine ganze Palette von Frauenberufen vor. Danach ging es in die Einzelberatung. Als ich an die Reihe kam, fragte sie mich, ob ich mir schon Gedanken gemacht habe und was mir vorschwebe.

»Ich möchte Landwirtschaft lernen«, platzte ich heraus.

»Aha, ihr habt also einen eigenen Betrieb?«

»Ja, schon, aber den soll mein Bruder übernehmen.«

»Dann ist es doch nicht sehr sinnvoll, wenn du Landwirtschaft lernst«, gab sie zu bedenken. »Du willst doch sicher nicht als Magd bei deinem Bruder bleiben?«

»Bestimmt nicht! Aber ich könnte doch irgendwo einheiraten.«

Sie lachte. Ernst werdend fuhr sie fort: »Das wäre in der Tat eine Möglichkeit. Heiratswillige Jungbauern gibt es genug, und die Mädchen, die in eine Landwirtschaft einheiraten wollen, werden immer weniger. Aber wenn du diesen Weg anstrebst, wäre es das Vernünftigste, du machst eine hauswirtschaftliche Ausbildung.«

»Das meint mein Vater auch. Aber das liegt mir nicht. Ich möchte mit Feldern und Tieren zu tun haben.«

»Als Frau eines Bauern wird es gar nicht ausbleiben, dass du da mithelfen musst.«

»Das schon, aber das genügt mir nicht. Da ich seit früher Kindheit in der Landwirtschaft mitarbeiten musste, möchte ich auch die Theorie dazu lernen.«

»Eine solche Ausbildung ist gar nicht so einfach, wie du dir das vorstellst«, versuchte sie mich abzuschrecken. »Da sitzt du nicht nur im Klassenzimmer über Büchern und Heften, da geht es auch hinaus in die Betriebe. Dort wirst du nicht nur mit Tieren und der Feldarbeit konfrontiert, da musst du dich auch mit Düngemitteln und Futtermitteln herumschlagen und mit technischem Kram wie Feilen, Schleifen, Bohren und Sägen. Da nimmt niemand Rücksicht darauf, dass du ein Mädchen bist.«

»Das schreckt mich nicht ab. Im Gegenteil, ich möchte mir genau die Kenntnisse und Fertigkeiten aneignen wie ein Mann.«

»Wahrscheinlich hast du nicht die Kraft dazu. Du wirst weder schwere Säcke noch Metallteile heben können.«

»Im Ernstfall hätte ich ja einen Ehemann, der mir dabei helfen könnte.«

Die Beamtin lachte erneut: »Im Idealfall wäre das so. Ich sehe jedoch andere Probleme auf dich zukommen. Meiner Meinung nach kann das nicht gut gehen, wenn beide Ehepartner ausgebildete Landwirte sind. Im Betrieb kann nur einer das Sagen haben. Und das war bisher der Mann, selbst wenn er eingeheiratet hatte. Er wird sich von seiner Frau das Heft nicht aus der Hand nehmen lassen.«

»Das braucht er auch gar nicht. Wenn beide die gleiche Ausbildung durchlaufen haben, können sie doch als gleichberechtigte Partner Hand in Hand arbeiten und dadurch viel erfolgreicher sein.«

»Kindchen, Kindchen«, lächelte die Berufsberatungstante herablassend. »Das wäre zu schön, um wahr zu sein. Sicher, theoretisch existiert die Gleichberechtigung seit fast 17 Jahren, aber in der Praxis sieht das ganz anders aus. Glaube mir, es wäre vertane Zeit, wenn du diese berufliche Ausbildung wählst. Du würdest später überall anecken und todunglücklich sein. Du musst dich ja jetzt nicht gleich entscheiden. Weil viele junge Menschen unsicher sind, hat man vernünftigerweise die Berufspraktika eingeführt. Sie können eine wertvolle Entscheidungshilfe sein. Mein Rat: Wähle dir einen Praktikumsplatz im sozialen Bereich, vielleicht in einem Krankenhaus oder in einem Kindergarten. Möglicherweise gefällt dir die Arbeit dort so gut, dass du anschließend eine entsprechende Ausbildung machen willst.«

Dieser Rat war gar nicht so schlecht. Sicher war es vernünftig, seine Nase erst mal in einen anderen Betrieb zu stecken, um zu sehen, wie es dort läuft. Denn außer Land- und Hauswirtschaft kannte ich ja nichts.

»Also Kindergarten interessiert mich überhaupt nicht«, verkündete ich im Brustton der Überzeugung. Mit Schrecken gedachte ich der Zeit, in der ich meine Geschwister immer hinter mir hatte herschleifen müssen. »Dann schon eher Krankenpflege.«

Also machte ich ein zweiwöchiges Praktikum im Elisabeth-Krankenhaus zu Trier. Doch schon während dieser kurzen Zeit merkte ich: Krankenpflege ist nicht mein Ding.

Auch ein Büroleben sagte mir nicht zu oder der Beruf der Verkäuferin. Das waren weitere Vorschläge meiner

Eltern, nachdem ich mich vehement gegen Krankenpflege entschieden hatte.

»Nein«, sagte ich, »das ist alles nichts für mich, ich bleibe bei der Landwirtschaft.«

Natürlich hatte ich mir ausgemalt, dass ich die praktische Ausbildung in einem Fremdbetrieb machen würde oder zumindest ein oder zwei Jahre davon. Doch das lehnte mein Vater kategorisch ab, da gab es keine Diskussion. »Wenn du dir diesen Beruf schon in den Kopf gesetzt hast, dann machst du die Ausbildung selbstverständlich auf unserem Hof. Er wird nach den neuesten Erkenntnissen geführt und ist mit modernsten Maschinen ausgestattet. Da lernst du alles, was erforderlich ist. Ich halte nämlich nichts davon, dass du in der Weltgeschichte herumfliegst.«

Was sollte ich machen? Ich musste mich fügen. Es wurde also ein richtiger Ausbildungsvertrag aufgesetzt, den mein Vater zweimal unterschrieb, einmal als mein Lehrherr und einmal als mein gesetzlicher Vertreter.

Die theoretische Ausbildung sollte in der landwirtschaftlichen Berufsschule Trier erfolgen, die sich anfangs in der Paulinstraße befand, unweit des Krankenhauses, in dem ich fünfzehn Jahre zuvor das Licht der Welt erblickt hatte. Der Unterricht sollte drei Blöcke von jeweils sechs Wochen im Jahr umfassen, nur der letzte Block im dritten Lehrjahr war auf drei Monate angesetzt.

Am ersten Schultag war ich natürlich sehr aufgeregt. Ich hatte ja keine Ahnung, was auf mich zukommen würde. Mit anderen Schülern, die sich anscheinend ebenso unsicher fühlten wie ich, landete ich schließlich im richtigen Klassenzimmer. Einige kannten sich wohl schon und setzten sich spontan nebeneinander. Die Übrigen sahen zu, dass sie auch ganz schnell einen Platz fanden. Nun wurde es mir doch etwas mulmig zumute. Ich war in eine reine Jungenklasse geraten. Zwanzig Mitschüler zählte ich, und ich war das einzige Mädchen. Die jungen Herren sagten zwar nichts zu mir, aber an ihren Blicken merkte ich, dass sie glaubten, ich hätte mich verirrt. Die beiden einzigen Plätze, die noch frei waren, befanden sich in der ersten Bank, direkt vorm Lehrerpult.

Gerade als ich mich auf einem der beiden Stühle niedergelassen hatte, schlurfte auch schon der Lehrer herein, und wir erhoben uns von unseren Sitzen. Er war ein richtiger Tattergreis mit grauem, schütterem Haar und einer dicken Warze am rechten Nasenflügel. Er begrüßte uns freundlich und bedeutete uns, wieder Platz zu nehmen. Er selbst ließ sich auf seinen Stuhl fallen und begann mit monotoner Stimme seinen Text herunterzuleiern. Verwundert nahm ich zur Kenntnis, dass er keine Notiz von mir nahm. Überhaupt schien er gar nicht zu bemerken, dass Schüler vor ihm saßen. Für ihn waren wir augenscheinlich nur eine graue Masse, vor der er seine Zeit abzusitzen hatte.

Nach zwei Stunden kam das erlösende Klingelzeichen: große Pause. Die Jungen stürmten hinaus und stellten sich auf dem Hof zu kleinen Gruppen zusammen. Was sollte ich als einziges Mädchen tun? Ja, das hatte ich bei meiner Berufswahl nicht bedacht, dass ich hier so isoliert sein würde.

Auf einmal füllte sich der Schulhof mit Leben. Wie eine Gänseschar quollen lauter Mädchen aus der Schultür heraus, lauter Mädchen mit weißen Schürzen, unschwer als Schülerinnen der Hauswirtschaftsabteilung zu erkennen. Gleich gesellte ich mich zu ihnen. Neugieriges Fragen auf beiden Seiten. Aber damit hatte es sich auch schon. Mit mir, dem »Fremdkörper«, schienen sie nichts weiter zu tun haben zu wollen. Für mich war es wie eine Erlösung, als die Schulglocke endlich das Ende der Pause ankündigte.

Kaum aber saß ich wieder in meiner »Armensünderbank«, wurde die Klassenzimmertür erneut aufgerissen. Herein stürmte eine weibliche Person. Heute würde ich sagen, sie war höchstens Anfang vierzig, aber damals kam sie mir uralt vor, weil sie völlig unmodern gekleidet war. Sie trug einen engen, grauen Rock, der ihr aber viel zu weit war und bis über die Waden hinunterreichte, dazu eine cremefarbene Bluse mit einer unordentlich gebundenen Schleife am Hals. Die muss eine Anleihe im Kleiderschrank ihrer Großmutter gemacht haben, dachte ich. Sie hatte zwar einen Kurzhaarschnitt, aber auch der wirkte altbacken. Mit einem Blick zum Lehrerpult rief sie: »Entschuldigen Sie bitte, Herr Kollege, hier liegt ein Irrtum vor.«

Dann steuerte sie geradewegs auf mich zu, fasste mich am Handgelenk und zerrte mich aus der Klasse. »Du hast dich sicher verlaufen«, belehrte sie mich auf dem Gang. »Du gehörst in meine Klasse. Du lernst doch Hauswirtschaft.«

»Nein«, protestierte ich. »Ich habe mich nicht verlaufen. Ich mache Landwirtschaft.«

»Das ist doch Unsinn! Du bist ein Mädchen. Du kannst doch keine Landwirtschaft machen.«

»Warum soll ich das nicht können? Wenn es mir doch Spaß macht.«

»Weil das kein Beruf für Mädchen ist«, versuchte sie es nun in Güte. »Guck mal, für Frauen sind andere Aufgaben vorgesehen. Landwirtschaft ist doch viel zu schwer für dich.«

»Wieso? Seit meinem neunten Lebensjahr arbeite ich auf unserem Hof. Warum soll das auf einmal für mich zu schwer sein?«

»Ja, du meinst vielleicht, wenn du den Hühnern ein paar Körner hinstreust, dann wäre das schon landwirtschaftliche Arbeit. Du würdest dich wundern, wenn du wüsstest, was da alles auf dich zukommt!«

»Erstens haben wir gar keine Hühner und zweitens würde ich mich nicht wundern, denn ich weiß genau, was auf mich zukommt.«

Es gingen noch ein paar Sätze hin und her, dann fasste sie mich mütterlich bei der Hand und zog mich mit sanfter Gewalt in ihre Klasse. Da saß ich nun zwischen all den anderen Mädchen und ließ den Stoff, den sie vortrug, an mir vorbeirauschen. Im Stillen dachte ich: Morgen werde ich dir beweisen, dass ich in der landwirtschaftlichen Klasse am richtigen Ort bin.

Am anderen Tag, noch vor acht Uhr, legte ich ihr meinen Ausbildungsvertrag vor. Jetzt sah sie schwarz auf weiß, dass ich bei den angehenden Landwirten in der richtigen Klasse war. Sie schlug die Hände vor dem Gesicht zusammen und murmelte: »Ich verstehe die Welt nicht mehr!« Dann ließ sie mich kopfschüttelnd ziehen. Triumphierend kehrte ich in meine rechtmäßige Klasse zurück.

Man hätte annehmen können, dass ich als einziges Mädchen in der Klasse »die Henne im Korb« gewesen wäre. Aber weit gefehlt. Meine Mitschüler, die aus verschiedenen Eifeldörfern und aus dem Hunsrück kamen, alle fünfzehn oder sechzehn Jahre alt, waren noch richtige »Bübchen« und interessierten sich nicht für Mädchen. Auf dem Schulhof hatten sie nichts anderes im Kopf, als sich zu balgen oder mit leeren Cola-Dosen Fußball zu spielen. Wollte ich irgendwie mit ihnen zu einer Gemeinschaft finden, blieb mir nichts anderes übrig, als mich kumpelhaft zu geben. Doch dazu war während des Blockunterrichts so gut wie keine Gelegenheit. In den Pausen waren die Jungs so in ihre albernen Spiele vertieft, dass ich keine Möglichkeit sah, mich anzubiedern. Im Unterricht dagegen schaute man aufmerksam nach vorne, weil man – im Gegensatz zur Hauptschule – möglichst viel lernen wollte. Aber schon bald merkte jeder von uns, dass unser alter Lehrer von der Landwirtschaft weniger Ahnung hatte als irgendeiner von uns. Mit der Zeit erfuhr ich, dass die einen hier waren, weil sie den väterlichen Hof übernehmen wollten, oder dass sie als Betriebshelfer arbeiten wollten.

Nach einem Jahr wurde unser Tattergreis zum Glück von einem jungen, kompetenten Lehrer abgelöst, sonst hätte ich schwarz gesehen für unsere Prüfung. Ihm gelang es in kurzer Zeit, uns das beizubringen, was der erste versäumt hatte.

Bei den Hauswirtschaftsmädchen versuchte ich es nie wieder, mich anzubiedern – nach der schlechten Erfahrung, die ich an meinem ersten Schultag gemacht hatte. Eines Tages, als ich wieder einmal als »Mauerblümchen« in der Ecke stand und darauf wartete, dass die Pause zu Ende gehe, sprach mich doch tatsächlich einer meiner Mitschüler an: »Warum stehst du immer so allein herum?«

»Gute Frage, du siehst doch, dass unsere Mitschüler Wichtigeres zu tun haben.«

»Ja, weil sie rechte Kindsköpfe sind. An Mädchen haben sie anscheinend noch kein Interesse.«

Von diesem Tag an stand ich in den Pausen nicht mehr allein herum. Kaum ging es auf den Hof, war Peter Clemens an meiner Seite. Er sei bereits siebzehn, erzählte er mir – er war wohl schon etwas reifer als die anderen –, und stamme von einem Bauernhof bei Hermeskeil, den er einmal übernehmen sollte. Nicht uninteressant, dachte ich. So kam ich an meinen ersten Freund. Dass nichts Ernsthaftes daraus wurde, lag daran, dass wir keinerlei Möglichkeit hatten, uns außerhalb der Schulzeit zu treffen. Gleich nach Unterrichtsschluss hasteten wir alle zum Pferdemarkt, von wo aus die Busse in alle Himmelsrichtungen fuhren. Nachdem wir uns drei Wochen kannten, war der Blockunterricht vorbei, und man sah sich für viele Wochen nicht mehr. Dass er mich zwischendurch einmal besucht hätte, scheiterte an der großen Entfernung und daran, dass er mit siebzehn noch keinen Führerschein besaß. Verständlicherweise fieberte ich dem nächsten Blockunterricht entgegen, und auch Peter schien sehr erfreut, mich wiederzusehen.

Im Rahmen der landwirtschaftlichen Ausbildung musste man in jedem Schuljahr vier Wochen lang an einer überbetrieblichen Ausbildungsmaßnahme teilnehmen. Darauf freuten Peter und ich uns sehr, weil wir endlich Gelegenheit haben würden, länger beisammen zu sein.

Für diese Ausbildung gab es in Rheinland-Pfalz an verschiedenen Orten die sogenannten Deula-Schulen. Eine davon befand sich in Alzey, eine in Bad Kreuznach, eine in Neumühle bei Münchwald und eine in Emmelshausen. Während es in der einen Schule um Ackerbau ging und in der anderen um Tierzucht, wurden in der dritten Kenntnisse über Maschinenbau und Fertigkeiten zur Reparatur von Landmaschinen vermittelt.

So musste ich z.B. einen verstellbaren Winkel selbst feilen. Mit einem Trennschneider, einer sogenannten Flex, musste ich ein Metallstück abschneiden. Dann musste ich es zurechtfeilen, bohren und ein Gewinde schneiden. Die technische Ausbildung ist enorm wichtig, damit sich der Landwirt bei kleinen Reparaturen selbst helfen kann. Man kann ja nicht für jede Kleinigkeit einen Handwerker rufen und darf oft auch keine Zeit verlieren. Wenn bei optimalem Erntewetter der Heuwender oder der Mähdrescher für Stunden oder gar Tage ausfällt, ist das für den Betrieb eine Katastrophe.

Deshalb ist es wichtig, dass sich der Landwirt zu helfen weiß. Meist sind es ja nur ein paar Handgriffe, die das Gerät wieder flottmachen. Für größere Schäden muss man selbstverständlich einen Fachmann kommen lassen. Aber während der Ausbildung lernt man auch, einen Schaden richtig einzuschätzen.

Ein Mädchen ist bei dieser Ausbildung noch mehr gefordert als ein Junge. Erstens haben viele Jungens von vorneherein mehr Interesse an technischen Dingen, und zweitens wird ein Mädchen sowohl vom Ausbilder als auch von den Mitschülern wesentlich kritischer beobachtet. Da muss man sich ganz schön ins Zeug legen, damit das entstandene Werk bestehen kann.

Dafür haben wir Frauen auf anderen Gebieten Vorteile, z.B. wenn es um emotionale Dinge geht. So hatte ich ein unheimlich gutes Gespür, wenn es um Tiere ging.

Mit einem Blick konnte ich erfassen, ob eine Kuh, ein Kälbchen oder ein Schwein krank war. Auf diesem Gebiet taten sich die Herren der Schöpfung wesentlich schwerer, und ich weiß nicht, ob sich so etwas überhaupt so einfach erlernen lässt wie Schleifen oder Feilen oder Bohren.

Abgesehen davon, dass diese Schulen ausgezeichnet waren und wichtige Dinge fürs Leben vermittelten, hatten sie den Vorteil, dass man für vier Wochen von zu Hause wegkam. Darüber hinaus entwickelte sich in dieser Zeit auch endlich so etwas wie Kameradschaft innerhalb der Klassengemeinschaft und es ergaben sich Kontakte zu anderen jungen Menschen aus verschiedenen Regionen. Einige davon hielten jahrelang.

Meine erste Ausbildung dieser Art fing schon sehr kommod an. Locker und gutgelaunt bestiegen alle Schüler meiner Klasse in Trier den Bus wie zu einem Ausflug. Plaudernd und singend fuhren wir durch den Hunsrück und landeten in Alzey. Bei unserer Ankunft auf dem Hof der dortigen Deula-Schule herrschte ein Gewimmel wie in einem Ameisenhaufen: lauter unternehmungslustige angehende Landwirte, ausgespuckt von einer Anzahl von Bussen, die aus den verschiedensten Himmelsrichtungen gekommen waren.

Zu meiner Freude entdeckte ich bald zwei weitere Mädchen, die mit ebenso erstaunten Augen wie ich schüchtern zwischen den vielen Jungen standen. Dann tauchte der Direktor auf. Mit seiner kräftigen Stimme brachte er bald Ordnung in das Chaos. Die männlichen Schüler mussten sich zwei und zwei zu einer langen Schlange aufstellen und wurden in das der Schule angeschlossene Internat geführt.

Was aber sollte mit drei versprengten Mädchen geschehen? Wie verloren standen wir in dem Haufen. Es ging ja nicht an, dass wir ebenfalls im Internat Wohnung nahmen. Die Gefahr für »Anstand und Sitte« wäre zu groß gewesen. Wir konnten aber unbesorgt sein, wie sich bald herausstellte. Im Vorfeld hatte man bereits für eine optimale Lösung gesorgt.

Wir drei Mädchen mussten – oder besser: durften – im Haus des Direktors wohnen! Er selbst führte uns in ein geräumiges Zimmer, in dem drei Betten standen, drei Nachttischchen und ein riesiger Kleiderschrank. Sogar ein eigenes Badezimmer mit Toilette gab es für uns drei. Das Haus des Direktors gehörte zur Schule.

Die Mahlzeiten durften wir allerdings gemeinsam mit den Jungen im Internatsgebäude einnehmen, in einem großen Speisesaal, der Platz für alle bot.

Nach dem Abendessen, das pünktlich um 18.30 Uhr beendet war, zogen wir mit einigen Jünglingen, darunter auch Peter, los und machten das Städtchen unsicher. Alzey ist zwar nur eine Kleinstadt, aber uns Kindern vom Land kam sie groß und bedeutend vor. Natürlich sind wir nicht nur durchs Städtchen geschlendert. An jedem Abend kehrten wir in eine andere Kneipe ein, wo wir uns mit Begeisterung einem Würfelspiel hingaben, das man »Mäxchen« nennt. Über die normalen Spielregeln hinaus hatten die Burschen noch festgelegt, dass der Verlierer eine Runde Cognac ausgeben musste. Da wir Mädchen gleichberechtigt dazugehören wollten, machten wir das Spielchen notgedrungen mit, obwohl uns gar nicht nach Cognac zumute war. Da jeder einmal der Verlierer war, musste auch jeder einmal zahlen. Finanziell hat das niemandem von uns weh getan, denn im ersten Lehrjahr »verdiente« man bereits hundert Mark im Monat.

Was mich aber im Nachhinein wundert, ist die Bereitwilligkeit, mit der die Wirte einschenkten. Obwohl wir allesamt minderjährig waren, kam keiner von ihnen auf die Idee, nach unserem Alter zu fragen.

Um 22.00 Uhr war Zapfenstreich. Da musste jeder auf seinem Zimmer sein, sonst hätte man eins auf den Deckel gekriegt. Bei uns Mädchen kontrollierte das der Herr Direktor persönlich. Deshalb hieß es, den Spielabend früh genug abbrechen. Dennoch hatte man es auf sechs bis sieben Cognac gebracht, ehe man heim schwankte, und manch einer guckte ganz schön schief aus den Augen. Am nächsten Morgen ging es den meisten dann nicht besonders gut, dennoch musste man vollen Einsatz bringen. Und am Abend zog man wieder los. Nach diesem Praktikum kühlte die nur auf die großen Pausen beschränkte Liebe zwischen Peter und mir sehr schnell ab.

Nach meinem 16. Geburtstag strebte ich – von meinen Eltern unterstützt – den Führerschein für Traktoren an, damit ich mich damit endlich auf öffentlichen Wegen sehen lassen durfte. Mit dem Traktor fahren konnte ich längst. Oft genug war ich in unseren Feldern herumgedüst, wenn Not am Mann war.

Die uns am nächsten gelegene Fahrschule befand sich in Ralingen, sechs Kilometer von meinem Heimatort entfernt. Damit ich am theoretischen Unterricht teilnehmen konnte, brachte mich mein Vater treu und brav mit dem Motorrad hin. Er, der selbst nur eine Fahrerlaubnis für Motorrad und Trecker besaß, verabschiedete sich dann von mir, um einen Kollegen am Ort zu besuchen. Deshalb hatte ich meinem Vater bereits vor meiner ersten Theoriestunde empfohlen: »Statt die Zeit, die ich in der Fahrschule bin, bei einem Kollegen zu verplaudern, könntest du dich auch mit in den Unterricht setzen und für den PKW-Führerschein lernen.«

Doch mit diesem Vorschlag kam ich schlecht bei ihm an. »Was brauch ich einen Autoführerschein? Ich werde ja doch nie Auto fahren. Mit meiner NSU-Max komme ich überall hin, wo ich hin will.« So kommt es, dass er bis auf den heutigen Tag noch keinen PKW-Führerschein besitzt. Seit seinem 70. Geburtstag aber kommt er mit seinem Motorrad nirgends mehr hin. Denn nachdem ihm ein künstliches Hüftgelenk eingesetzt wurde, konnte er mit seiner geliebten, alten NSU-Max nicht mehr fahren, weil ihm das Aufsteigen Probleme machte. An ein Auto dachte er trotzdem nicht. Um weiterhin mobil zu bleiben, kaufte er sich einen Motorroller. Auf den lässt es sich nämlich leichter aufsteigen.

Der Neue

Aschermittwoch 1977, meine Ausbildungszeit war schon zur Hälfte herum und unsere Schule inzwischen komplett in die Egbertstraße umgezogen. Kurz nach acht saßen wir vollzählig in unseren Bänken und lauschten brav dem Unterricht, obwohl sicher der eine oder andere am Vorabend noch fröhlich Fastnacht gefeiert hatte. Da wird die Klassentür noch einmal geöffnet. Herein tritt – besser gesagt wankt – ein groß gewachsener junger Mann. Dem erstaunt aufblickenden Lehrer lallt er zu: »Ich bin der Neue.« Dann guckt er sich mit glasigen Augen um, entdeckt den freien Platz neben mir und lässt sich auf den Stuhl fallen. Er kreuzt seine Arme auf dem Tisch, lässt seinen Kopf darauf sinken und ist bald darauf – wie ich an seinen regelmäßigen Atemzügen erkenne – eingeschlafen.
Davon scheinbar unbeeindruckt, fährt unser Lehrer in seinem Vortrag fort. Ich dagegen bin sehr beeindruckt. Wieso setzt sich der Neue ohne Zögern neben mich, wo sich bisher noch keiner hingetraut hat? Vielleicht hat er gar nicht bemerkt, dass ich ein Mädchen bin, denn seit einigen Tagen trage ich einen modernen Kurzhaarschnitt. Was mich ebenfalls beeindruckt, aber auf negative Weise, ist die Alkoholfahne, die den Mitschüler umweht. Nach einiger Zeit gehen seine Atemzüge in lautes Schnarchen über. Das wird dem Lehrer dann

doch zu bunt. Da der Schnarcher auf den Zuruf des Namens Horst Jakoby nicht reagiert, schreitet der Lehrer zur Tat. Er begibt sich zur ersten Bank und rüttelt so lange an meinem Nachbarn herum, bis der mit irrem Blick in die Realität zurückkehrt. Er scheint gar nicht zu wissen, wo er sich befindet. »Herr Jakoby, ich meine, Sie fahren jetzt besser nach Hause«, spricht der Lehrer in väterlicher Weise auf ihn ein, »und schlafen erst mal Ihren Rausch aus.«

Am folgenden Tag tauchte der Neue, diesmal nüchtern, aber wieder mit leichter Verspätung in der Klasse auf, entdeckte den einzigen freien Platz neben mir und fragte: »Habe ich gestern auch schon hier gesessen?«

Alle lachten. Davon unbeeindruckt, nahm er hoheitsvoll neben mir Platz. Verstohlen musterte ich ihn von der Seite. Er schien schon ein paar Jahre älter zu sein als wir. Sein weizenblondes Haar war leicht gewellt, und seine Augen waren blau, also alles in allem eine angenehme Erscheinung. Schnell wandte ich den Blick wieder nach vorn, weil er den Kopf leicht drehte, um mich offensichtlich ebenfalls zu taxieren. Kaum ertönte das Pausenzeichen, platzte er heraus: »Du bist ja ein Mädchen. Was willst du denn hier?«

»Ganz einfach: Ich will Landwirtschaft lernen. Und was willst du?«

Während wir uns nach draußen bewegten, gab er mit einem resignierenden Schulterzucken die Antwort: »Ich muss Landwirtschaft lernen.«

Erstaunt fragte ich zurück: »Du musst?«

»Ja, mein alter Herr besteht darauf.«

»Das heißt, ihr habt daheim einen eigenen Hof und du als Ältester musst ihn übernehmen?«

»So ist es.«

»Das scheint deinem alten Herrn aber reichlich spät eingefallen zu sein. Denn wenn ich mir dich so ansehe, scheinst du doch ein paar Jährchen älter zu sein als wir.«

»Scharf beobachtet! Nächste Woche werde ich 21«, verriet er mit leichtem Grinsen. »Und was meinen alten Herrn angeht, so hatte er mir freie Hand in der Berufswahl gelassen. Da ich mich von klein auf für alles, was mit Technik zu tun hat, mehr interessiert habe als für Ackerbau und Viehzucht, durfte ich Landmaschinenmechaniker lernen. Das fand mein Erzeuger gar nicht so verkehrt. ›Inzwischen haben wir so viele Maschinen im Betrieb‹, sagte er, ›dass es kein Fehler ist, wenn du was davon verstehst. Und da die Entwicklung rasant weitergeht, werden wir bald einen ganzen Park an Maschinen haben, von dem immer irgendeine kaputt ist. Und weil sie immer komplizierter werden, kann unsereins nicht mehr viel ausrichten. Da ist es gut, einen Fachmann in der Familie zu haben. Dadurch können wir viel Geld sparen.‹ Bei meiner Berufswahl dachte ich aber nicht in erster Linie an die betriebseigenen Maschinen, sondern an die anderer Bauern. Ich weiß, dass man damit gutes Geld verdienen kann, denn rundum auf den Höfen nehmen die Maschinen immer weiter zu, und die Mechaniker sind noch rar.«

Das klang für mich alles überzeugend. Nun wollte ich noch mehr von ihm wissen: »Und was hatte der Vater mit seinem Betrieb vor?«

»Den sollte mein Bruder Alfred übernehmen, der ist zwei Jahre jünger als ich.«

»Und der wollte nicht?«, schätzte ich die Lage richtig ein.

»Genau. Zuerst schon. Aber als er aus der Schule entlassen wurde, zog er es vor, Schlosser zu werden. ›Da habe ich eine geregelte Arbeitszeit und ein geregeltes Einkommen‹, war sein Argument. Das erschütterte meinen alten Herrn ebenfalls nicht allzu sehr, denn es gab ja noch einen dritten Sohn, den Walter, Jahrgang 1961, der zeigte sich schon als kleiner Kerl an der Landwirtschaft mächtig interessiert.«

»Lass mich raten: Der wollte plötzlich auch nicht mehr.«

»Stimmt. Letztes Jahr ist er aus der Schule gekommen und hat eine Lehre als Metzger angefangen. ›Auch nicht schlecht‹, fügte sich mein Vater in die neue Situation. ›Dann richten wir ihm eine betriebseigene Metzgerei ein und vermarkten unsere Tiere direkt.‹ Und jetzt bleibt der Betrieb an mir hängen.«

»Aha! Aber wenn sich das schon letzten Sommer entschieden hat, warum hast du dann nicht gleich mit der landwirtschaftlichen Ausbildung angefangen?«

»Weil ich meinen Wehrdienst noch zu Ende machen musste.«

Das leuchtete mir ein, aber etwas anderes war mir noch nicht klar. »Wieso steigst du in diese Klasse ein und nicht in die Anfängerklasse?«

»Weil ich bereits eine abgeschlossene Lehre hinter mir habe. Als Umschüler brauche ich nur anderthalb Jahre zu machen. Daher ist der Einstieg an dieser Stelle genau richtig für mich.«

»Aber dadurch fehlt dir nachher sehr viel. Wie willst du da deine Prüfung bestehen?«

»Die ist für mich doch ein Klacks«, tönte er großspurig. »Alles, was ich da können muss, kann ich doch längst. Ich könnte von heute auf morgen den Betrieb führen, habe ja schon jahrelang darin mitgearbeitet.«

»Warum gehst du dann überhaupt noch zur Schule?«

»Aus finanziellen Gründen. Wenn ich keine abgeschlossene Ausbildung in der Landwirtschaft vorweisen kann, bekomme ich keine Fördergelder vom Land und von der EWG.«

So läuft der Hase also, dachte ich, jetzt habe ich schon wieder was dazugelernt.

Großen Fleiß legte er auch in der nächsten Zeit nicht an den Tag. Nun ja, wenn er schon alles kann und weiß! Ich dagegen saugte alles gierig in mich auf. Im Sommer hatten wir wieder eine überbetriebliche Ausbildung, diesmal in Emmelshausen, ebenfalls in einer Deula-Schule. Dort ging es um Pflanzenschutz. Hier war ich das einzige Mädchen und wurde genau wie die Jungs im Internat untergebracht. Horst Jakoby war auch mit von der Partie, obgleich er natürlich der Ansicht war, diese Ausbildung nicht nötig zu haben. Viele von uns gingen abends in die nahegelegene Diskothek. Einige von meinen Klassenkameraden, inzwischen reifer geworden, schauten sich dort nach den Schönen des Ortes um. Horst aber hatte nur Augen für mich, was mir sehr schmeichelte. Immerhin war er kein Bübchen mehr, sondern ein ausgewachsener Mann. Er tanzte auch gerne – wenn man das Diskogehüpfe als Tanzen bezeichnen kann –, was mir sehr gefiel, weil ich ebenfalls gern tanzte. So kamen wir uns näher.

Einige Wochen später verkündete mein Vater, er wolle nach dem Essen nach D. fahren. Da wurde ich hellhörig. Denn D. war genau der Ort, in dem Horst Jakoby wohnte.

»Was willst du denn in D.?«, fragte ich und versuchte dabei ein möglichst unbefangenes Gesicht zu machen.

»Unser Viehhändler hat mir erzählt, dass der Jakoby in D. ausgezeichnete Milchkühe anbietet. Die will ich mir mal ansehen, vielleicht ist etwas Passendes für uns dabei.«

Noch bevor ich dazu kam, zu bitten, ob ich mitfahren dürfe, fragte der Vater: »Hast du nicht Lust, mitzukommen? Es kann nicht schaden, wenn du einen Blick für gutes Milchvieh kriegst.«

Mit gespielter Gleichgültigkeit sagte ich: »Wenn du meinst.« Er brauchte ja nicht zu merken, wie begeistert ich über seinen Vorschlag war. Im Stillen aber dachte ich: Es kann auch nicht schaden, wenn ich mal einen Blick in diesen Betrieb werfe und mir Horsts Familie angucke. Man konnte ja nie wissen …

Von diesem Hof war ich dann wirklich beeindruckt. 25 prächtige Milchkühe standen säuberlich in Reih und Glied in einem Stall, der wesentlich moderner war als der unsere. Von den meisten Kühen werde man sich trennen, hieß es, weil man weitgehend auf Bullenmast umstellen wolle. 130 Stellplätze waren vorhanden und schon etwa zwei Drittel davon belegt. Und die Sauen konnten sich ebenfalls sehen lassen.

Auch das Haus gefiel mir. Am Ortsrand gelegen, machte es von außen einen guten und soliden Eindruck. Nach dem, was ich von innen zu sehen bekam, musste das Haus sehr geräumig sein, es war gut und geschmackvoll eingerichtet.

Beide, Herr und Frau Jakoby, machten einen sympathischen Eindruck. Sie bedauerten, dass alle ihre Söhne nicht daheim seien. Die beiden Jüngeren seien auf der

Arbeit und der Älteste sei auf dem Feld. Das war mir sehr angenehm, denn womöglich wäre er überrascht gewesen, mich hier zu sehen. Mein Vater und Herr Jakoby wurden schnell handelseinig. So waren wir bald um drei Milchkühe reicher.

»Ein schöner Betrieb«, stellte mein Vater anerkennend fest, als wir daheim vom Motorrad abstiegen.

»Finde ich auch. Was hieltest du davon, wenn ich dort einheirate?«

»Das wäre gar nicht so verkehrt. Du kannst es ja mal versuchen. Wie ich herausgehört habe, gibt es drei unverheiratete Söhne auf dem Hof.«

»Vielen Dank für den Tipp, Papa.«

Am nächsten Morgen in der Schule fragte Horst: »Sag mal, kann es sein, dass du mit deinem alten Herrn gestern bei uns auf dem Hof warst und dass ihr drei Kühe gekauft habt?«

»Wie kommst du denn darauf?«, tat ich scheinheilig.

»Na ja, dass der Ortsname und der Familienname des Käufers mit dem deinen übereinstimmten, kann ja noch Zufall sein. Als mir meine alte Dame aber erklärte, dass dessen Tochter Helena heiße und ihre Beschreibung genau auf dich passte, wollte ich nicht mehr an Zufall glauben.«

Da gab ich es lachend zu.

»Warum hast du mir vorher nichts davon gesagt? Dann wäre ich nämlich daheim geblieben.«

»Weil mich mein Vater erst nach dem Mittagessen gefragt hat, ob ich mitfahren wolle.«

»Du hast meine alte Dame jedenfalls stark beeindruckt«, gestand er dann. »›Das wäre ein Mädchen für dich‹, hat sie gesagt.«

Ich spürte, wie mir vor Verlegenheit die Röte ins Gesicht stieg, dennoch stellte ich ganz cool die Frage: »Und wie hast du darauf reagiert?«

»›Ja, wenn du meinst‹, habe ich gesagt. ›Dann rück mal die Adresse raus, damit ich sehen kann, ob sich was machen lässt.‹«

Am Sonntag darauf hielt er tatsächlich vor unserem Haus. Er trat auf meinen Vater zu, stellte sich als ältester Jakoby-Sohn vor und fragte, wie er mit den neuen Kühen zufrieden sei. Dann erklärte er, seine Mutter habe so von mir geschwärmt, dass er mich persönlich kennenlernen wolle. Nur mit Mühe konnte ich verhindern, loszuprusten. Großmütig erlaubte mein Vater, dass der junge Mann mich für einige Stunden entführte, aber zum Melken musste ich wieder zurück sein.

Mich beeindruckte es mächtig, dass Horst – er hieß übrigens wie mein kleiner Bruder – bereits einen Führerschein Klasse III besaß und einen eigenen Wagen. Sein Fiat 128 war weder der schnellste noch der jüngste – er mochte so fünf, sechs Jahre auf dem Buckel haben –, aber es war immerhin ein Auto! Das war doch etwas ganz anderes, als mit dem Vater auf dem Motorrad mitzufahren! Von da an holte Horst mich jeden Sonntag ab und brachte mich abends wieder nach Hause.

An Weihnachten blieb ich das erste Mal über Nacht im Hause Jakoby. Nach dem Mittagessen am ersten Weihnachtstag hatte Horst mich bei meinen Eltern abgeholt und zu seiner Familie gebracht, wo wir alle miteinander Kaffee tranken.

Am zweiten Feiertag sollte mein Freund mich aber wieder heimbringen, damit ich pünktlich um sechs wieder im Stall sein konnte. Doch an diesem Tag war er schon vor dem Mittagessen verschwunden. Einige seiner Kameraden hatten ihn abgeholt und waren mit ihm losgezogen, und ich saß allein in seinem Elternhaus herum. Das hätte mir schon zu denken geben sollen. Aus Langeweile fing ich nach dem Essen an, die Wäsche zu bügeln, was seiner Mutter nicht unangenehm war.

Da sich Horst um 16.00 Uhr noch immer nicht blicken ließ, wurde ich unruhig. Das würde mit meinen Eltern ganz schön Ärger geben, wenn ich zum Melken nicht daheim war.

»Wo können die nur sein?«, wandte ich mich besorgt an seine Mutter. Sie wusste gleich, was ich mit der Frage meinte, und erklärte: »Weit weg können die nicht sein. Bestimmt sind sie in einem Nachbarort in einer Kneipe versackt.«

»Und wie soll ich jetzt heimkommen?«, jammerte ich. Die Bäuerin überlegte kurz. »Die Ursula, die Kleincousine vom Horst, weiß bestimmt, wo sie die suchen muss. Sie wohnt schräg gegenüber und hat schon ein Auto. Ich frag mal, ob sie dich rumfährt.«

Die Ursula war sehr nett und fuhr wenig später mit mir los. Bereits in der dritten Kneipe fanden wir die Clique. Auf den ersten Blick sah man ihnen an: Die hatten ganz schön getankt.

»Du solltest mich doch um vier Uhr heimfahren«, erinnerte ich meinen Freund in leicht vorwurfsvollem Tonfall.

»Ah, stehst du jetzt schon unterm Pantoffel«, lästerte einer seiner Kumpane. Als er sich trotzdem spontan erhob, erkannte ich, dass er Mühe hatte, das Gleichgewicht zu halten. »Nein, das geht nicht. In dem Zustand kannst du mich unmöglich heimfahren.«

Ich hatte bereits beschlossen, daheim anzurufen, um zu sagen, dass ich erst am nächsten Tag kommen würde. Die würden auch mal ohne mich zurechtkommen.

»Fahren kann ich noch allemal«, widersprach er. »Auf jeden Fall besser als laufen.«

»Das glaube ich dir gern«, lenkte ich ein, schon allein, um ihn nicht zu reizen. »Auf der Landstraße lass ich mir das noch gefallen, aber in dem Zustand kannst du unmöglich durch Trier fahren. Da lauert doch an jeder Ecke ein Polizist.«

Von diesen Worten ließ er sich zu meiner Erleichterung beeindrucken. »Also gut, meinetwegen. Dann bleibst du eben noch eine Nacht bei uns.«

Cousine Ursula bot sich an, uns in ihrem Wagen mitzunehmen. »Wo denkst du hin?«, lehnte er vehement ab. »Ich lasse doch mein Auto nicht hier stehen. Die paar Kilometer packe ich auf jeden Fall. Außerdem habe ich dem Otto und dem Werner versprochen, dass ich sie wieder mit heim nehme. Aber ich habe einen Mordskohldampf. Bis nach Hause halte ich das nicht mehr aus. Unterwegs muss ich unbedingt was essen. Lasst uns in Steinbachweiher einkehren.« Damit waren alle Beteiligten einverstanden. Der Ort lag genau auf halbem Wege zu seinem Elternhaus. Doch an diesem Abend kamen wir nicht einmal mehr bis Steinbachweiher.

Horst setzte sich ans Steuer seines Wagens, und ich nahm auf dem Beifahrersitz Platz. Die beiden Saufkumpane Otto und Werner setzten sich in den Fond. Ursula wollte mit ihrem Wagen hinter uns herfahren. So ging es im »Konvoi« in Richtung B 268. Ob sich Horst davon überzeugen wollte, dass seine Cousine noch hinter uns sei, war nachher nicht mehr festzustellen. Fest steht nur, dass er sich während der Fahrt umguckte, und schon war es passiert. Das Auto nahm Kurs auf den Straßengraben. Das wäre vermutlich nicht besonders tragisch gewesen, aber im Graben tauchte unerwartet ein Hindernis auf. Ein Betonpfeiler, der einen Überweg trug, der die Bundesstraße überspannte, stand uns im Weg. Ehe wir wussten, wie uns geschah, prallte das Auto dagegen und überschlug sich. Das Letzte, was ich in diesem Moment wahrnahm, war, dass die Uhr am Armaturenbrett 17.30 Uhr zeigte. Wir purzelten alle wild durcheinander. Damals gab es ja noch keine Anschnallpflicht. Einen Augenblick lang war es im Wagen gespenstig still. Als wir wieder landeten, steckte mein rechter Fuß im Handschuhfach. Der ließ sich verhältnismäßig leicht herausziehen. Mein linkes Bein dagegen wollte nicht mehr so wie ich. Da es im Wagen zu dunkel war, um etwas zu erkennen, betastete ich es, um zu ergründen, was mit ihm passiert war. Ich erfühlte oberhalb meines Stiefels eine warme, klebrige Nässe und etwas Hartes, unregelmäßig Gezacktes. Medizinisch korrekt wurde das später als offener Schienbeinbruch bezeichnet.

Die beiden Freunde schienen ebenfalls Verletzungen davongetragen zu haben. Denn von hinten erhob sich auf einmal ein leises Stöhnen und Wehklagen. Unser Fahrer dagegen schien ungeschoren davongekommen zu sein. Seine einzige Sorge war: »Ich muss unbedingt hier raus, sonst ist mein Führerschein weg.«

Das mit dem Herauskommen war aber gar nicht so einfach. Denn die Türen waren verklemmt. Mit Mühe gelang es Horst, ein Fenster aufzukurbeln und sich hinauszuschlängeln. Er lief auf das Auto seiner Cousine zu, die ziemlich dicht hinter uns zum Stehen gekommen war. Von ihr war allerdings keine Hilfe zu erwarten; sie stand unter Schock. Plötzlich hielt, wie herbeigerufen, ein Bekannter aus seinem Wohnort, der sich gerade auf dem Heimweg befand, neben dem Unfallauto. Ohne viel Aufhebens zu machen, nahm er Horst in seinem Wagen mit.

Wo die Leute plötzlich alle hergekommen waren, konnte ich mir gar nicht erklären. Auf einmal standen jede Menge Menschen um uns herum. Jeder versuchte zu helfen, vor allem mit guten Ratschlägen, von denen aber keiner etwas nützte. Deshalb atmete ich auf, als ich ein Martinshorn vernahm. Wieso Polizei und Krankenwagen so schnell an der Unfallstelle auftauchten, ist mir bis heute unerklärlich. Denn das Zeitalter des Handys hatte noch nicht begonnen. Nachdem zwei Sanitäter uns aus dem Wrack herausgeholt hatten, fragten die Polizisten uns der Reihe nach, wer am Steuer des Wagens gesessen habe. Weil keiner von uns dreien einen Führerschein Klasse III besaß, konnten wir schlecht behaupten, einer von uns habe den Wagen gefahren. Da die Beamten anhand des Kennzeichens ganz schnell den Besitzer ermitteln würden, konnten wir auch gleich mit der Wahrheit herausrücken.

»Und wo befindet sich der saubere Herr Jakoby jetzt?«, fragten sie höhnisch.

»Der steht unter Schock«, reimte ich mir zurecht, um seine Abwesenheit zu erklären. »Deshalb hat ihn jemand, der vorbeigekommen ist, mitgenommen.«

Nachdem die Polizeibeamten unsere Personalien aufgenommen hatten, kam endlich der Notarzt zum Zuge. Er schaute sich kurz mein Bein an und veranlasste, dass mich die Sanitäter in den Sanka luden. Bei einem unserer Mitfahrer stellte der Arzt außer einigen Prellungen und Hautabschürfungen einen Nasenbeinbruch fest und dem anderen fehlten zwei Zähne. Die beiden Helden wurden ebenfalls im Sanka mitgenommen. Im Herz-Jesu-Krankenhaus zu Trier, das an diesem Tag Notaufnahme hatte, wurden Werner und Otto ambulant behandelt und durften später nach Hause gehen.

Ich aber wurde in den Operationssaal geschoben und bekam eine Spritze ins Rückenmark, eine sogenannte Lumbal-Anästhesie. Dadurch blieb ich die ganze Operation über hellwach. Sehen konnte ich zwar nicht, was die Ärzte mit mir anstellten, aber akustisch bekam ich alles mit. Von einer Metallplatte war die Rede. Sie sollte die beiden Knochenteile miteinander verbinden und wurde mit sieben Schrauben befestigt. Sie müsse ein ganzes Jahr lang drin bleiben, wurde mir gesagt, und ich dürfe das Bein über viele Wochen hinweg nicht belasten.

Mir kam es wie eine Ewigkeit vor, die sich die Mediziner an meinem Bein zu schaffen machten. Deshalb erkundigte ich mich bei der Ärztin, die meine Vitalfunktionen überwachte: »Wie lange dauert das noch?«

»Schwer abzuschätzen«, zuckte sie die Schultern, »aber zum Tanzen gehen Sie heute nicht mehr.«

Endlich war die Operation doch beendet, und man schob mich in ein Zweibettzimmer, in dem das andere Bett leer war. »Diese Patientin ist über die Feiertage nach Hause gefahren«, erklärte man mir. »Aber ab morgen haben Sie Gesellschaft.«

Anfangs war es mir ja ganz lieb, dass ich allein war. Da konnte ich mir noch mal alles durch den Kopf gehen lassen. Aber wenig später schon wurde es mir langweilig. Noch ehe ich aber dazu kam, das heulende Elend zu kriegen, klopfte es an der Tür und mein Vater kam mit todernstem Gesicht herein, begleitet von Onkel Klaus. Der hatte ihn wohl hergefahren, denn mein Vater hatte ja – wie bereits erwähnt – weder ein Auto noch einen Autoführerschein.

»Ja, wie kommst du denn hierher?«, überfiel ich ihn sofort freudig überrascht, um ein peinliches Verhör zu verhindern.

»Das wollte ich eigentlich dich fragen«, antwortete er, und seine Miene hellte sich auf, weil er mich so munter vor sich sah. Dann ließ er sich aber doch zu folgenden Erklärungen herab: »Die Mutter vom Horst hat bei uns angerufen und hat uns erklärt, dass du heute nicht zum Melken kämst. Als ich gerade losschimpfen wollte, um dich doch noch zur Heimkehr zu bewegen, erzählte sie, du seiest in einen Unfall verwickelt. Näheres war aus ihr nicht herauszukriegen. Vor allem konnte sie uns nicht sagen, wo du steckst. Das erfuhren wir erst später durch den Anruf vom Krankenhaus. Sie haben uns auch gesagt, dass keine Lebensgefahr besteht.«

Nach dieser Auskunft ging es dann doch los, das peinliche Verhör: »Was ist passiert?« »Wo ist das passiert?« »War er betrunken?« »Wie konntest du dich da zu ihm ins Auto setzen?«

Nachdem ich alle Fragen leidlich beantwortet hatte, prasselten die väterlichen Vorwürfe auf mich hernieder: »Wärst du mit deinem Hintern daheim geblieben! Was brauchst du mit siebzehn schon einen Freund zu haben! Wie kannst du dich an so einen hängen! Musst du dich ausgerechnet mit einem Säufer abgeben! Du hast was Besseres verdient!«

Schuldbewusst zog ich bei jedem Satz den Kopf weiter ein. Dennoch lag mir auf der Zunge zu sagen, dass ihm der Horst anfangs schließlich auch gut gefallen habe. Aber ich schwieg. Denn sicher hatte der Vater recht: Nach diesen neuen Erkenntnissen hätten mir die Augen aufgehen müssen. Aber jetzt kam mein angeborener Eigensinn zum Tragen. Ob das mit meinem Sternzeichen zusammenhängt? Ich bin im Zeichen Stier geboren. Die Worte meines Vaters riefen nichts anderes als Trotz in mir hervor. Jetzt erst recht! Ich lasse mir doch von ihm nicht meinen Freund ausreden! Außerdem, was heißt hier Säufer? Es ist doch klar, dass man an einem Feiertag mal ein bisschen trinkt! Damals sah man das mit dem Trinken ohnehin noch viel lockerer als heute. Schließlich hatten wir bei unseren Würfelspielen auch ganz schön getrunken, noch dazu waren wir alle keine sechzehn gewesen.

Nachdem mein Vater und Onkel Klaus gegangen waren, kam ich mir wie von aller Welt verlassen vor. Ich musste an Horst denken, der den Unfall verursacht und anschließend nur an sich gedacht hatte. Es war nicht richtig von ihm, dass er sich so schnell aus dem Staub gemacht, dass er sich einen Dreck darum gekümmert hatte, was mit uns anderen war. Er lag bestimmt daheim in seinem Bett und schlief seinen Rausch aus, während ich mutterseelenallein mit einem geschraubten Bein im Krankenhaus lag und noch dazu am zweiten Weihnachtstag! Tränen der Wut und Enttäuschung und der Trauer über mein Schicksal quollen mir aus den Augen, bis mich endlich ein gnädiger Schlaf umfing.

Verwundert schlug ich am anderen Morgen die Augen auf und musste mich erst besinnen, wo ich war.

Wieder kam das heulende Elend über mich. Als mir aber ein leckeres Frühstück mit knusprigen Brötchen ans Bett gebracht wurde, sah die Welt schon wieder freundlicher aus. Denn daheim bekam ich so etwas nie. Hungrig stürzte ich mich darauf, und in dem Moment wurde mir erst bewusst, dass ich seit dem Mittagessen am Vortag nichts mehr zu mir genommen hatte. Natürlich kreisten meine Gedanken wieder um Horst. Ganz bestimmt würde er, wenn er wieder nüchtern war, heute nach mir gucken. Tatsächlich, gegen elf Uhr klopfte es an meine Tür und zaghaft schob sich jemand herein. Es war ein Jakoby, aber nicht mein Freund, sondern sein Vater. Was hatte das zu bedeuten?

»Ich musste den Horst herbringen«, erklärte er mir. »Dem geht es nicht so gut, wie er erst gedacht hat. Er ist noch bei der Untersuchung.«

Nun war ich doch bestürzt. »Was hat er denn?«

Als der Vater mir dann erzählte, dass sein Sohn Beschwerden beim Gehen habe, war ich wieder erleichtert. Jetzt interessierte mich wesentlich mehr, wie es ihm nach seiner Flucht ergangen war. Dabei sparte Herr Jakoby nicht aus, wie sie von der Geschichte erfahren hatten. »Wir saßen nichtsahnend beim Abendessen, als es bei uns anklopfte. Zwei Uniformierte standen vor der Tür. Du kannst dir vorstellen, wie erschrocken wir waren. ›Die haben den Horst in alkoholisiertem Zustand erwischt‹, war mein erster Gedanke. ›Eine schöne Bescherung, und das am zweiten Weihnachtstag‹, war mein zweiter Gedanke. Als sie dann wissen wollten, ob der Horst mein Sohn sei und ob sie den mal sprechen könnten, atmete ich erst mal auf. Erwischt haben konnten sie ihn demnach nicht. ›Der ist nicht daheim‹, antwortete ich. ›Und wo er steckt, kann ich Ihnen auch nicht sagen. Er wollte sich mit Freunden treffen.‹ ›Das hat er anscheinend auch gemacht. Seine Freunde haben wir verletzt aus den Trümmern eines Fiat 128 herausgeholt. Nur von Ihrem Sohn fehlt jede Spur.‹ Die Tatsache, dass Horst sich offenbar sehr schnell vom Unfallort entfernt hatte – den Grund dafür konnte ich mir schon denken –, beruhigte mich noch mehr. Demnach konnte ihm nichts Ernstliches passiert sein. Da sie uns weiterhin mitteilten, dass dir und den beiden Begleitern nicht viel passiert sei, atmeten wir auf. Sie stellten noch ein paar Fragen, wo er sein könnte, die wir nur mit Schulterzucken beantworten konnten. Dann baten sie uns, deine Eltern zu benachrichtigen, dass man dich ins Krankenhaus gebracht habe. Mit der Bemerkung, sie wollten nun zu Ottos und Werners Eltern fahren, verabschiedeten sie sich. Sie hofften, Horst vielleicht dort zu finden, und wenn nicht, zumindest etwas über seinen Aufenthaltsort zu erfahren. Ich dagegen hoffte, dass sie dort nichts erfahren würden. Gleich nachdem sie gegangen waren, rief meine Frau, die Katharina, deine Eltern an.

Erst Stunden später, die wir in großer Sorge verbracht hatten, erfuhren wir etwas über Horsts Verbleib. Der Hans-Karl, der Bekannte, der Horst vom Unfallort mitgenommen hatte, schlich bei uns zur Hintertür herein. Eher habe er sich nicht getraut, erklärte er uns. Er meinte, wenn wir von der ganzen Sache nichts wüssten, seien wir unbefangener. In dem Punkt hatte er wirklich recht. So unbefangen, wie wir waren, was Unbefangeneres gibt es gar nicht. Das haben die Polizisten gleich gemerkt. Der Hans-Karl erklärte auch, er habe so lange gewartet, um den Polizisten nicht in die Arme zu laufen. Sonst hätten die gleich vermutet, dass er in die Sache verwickelt sei. Selbst als er das Polizeiauto wegfahren sah, traute er sich nicht gleich zu uns. Er nahm an, sie könnten unser Haus von einem Versteck aus observieren, um Horst abzufangen, wenn er nach Hause käme.«

Bei dem bloßen Gedanken daran überlief mich eine Gänsehaut, zumal wir Horst ja gewissermaßen die Polizei auf den Hals gehetzt hatten.

»Und wo hat der Horst die ganze Zeit gesteckt?«

»Ja, der Hans-Karl war nicht blöd«, grinste Vater Alfred anerkennend. »Dem war klar, dass er ihn nicht zu uns bringen durfte, weil die Polizei dort als Erstes suchen würde. Bei sich zu Hause wollte er ihn aber auch nicht unterbringen. Es hätte ja sein können, dass jemand sein Auto am Unfallort erkannt hatte. Deshalb hatte er den Horst bei seinen Nachbarn im Schweinestall versteckt. Damit er nicht erfror, hatte er einige Decken um ihn gewickelt und eine Rotlichtlampe über sein Lager gehängt.« – Rotlichtlampen benutzt man, um die Ferkel warm zu halten. – »Bevor wir den Hans-Karl wieder hinausließen, hat die Katharina ihm Essen für den Horst mitgegeben, der musste ja ziemlich ausgehungert sein.«

Mit diesem Bericht war meine Neugier noch nicht gänzlich gestillt. »Und wie ging es weiter?«

»Der arme Kerl hat die ganze Nacht im Schweinestall verbracht. Erst heute Morgen kam er, nachdem er seinen Rausch ausgeschlafen hatte, humpelnd, halb erfroren und nach Schweinestall stinkend bei uns an.«

Trotz des Ernstes seiner Lage mussten wir beide schallend lachen. »Nachdem er geduscht und frische Sachen angezogen hatte, habe ich ihn hergebracht.«

Die Untersuchung ergab, dass mein Freund einen Bänderriss am linken Fuß hatte. Das brauchte aber nicht operiert zu werden. Dennoch wurde er stationär aufgenommen. Man legte ihm einen Zinkleimverband an und brachte ihn in das Zimmer, das genau unter dem meinen lag. Wir hätten uns also durch Klopfzeichen verständigen können, zogen es aber vor, uns übers Haustelefon zu unterhalten.

Meine größte Sorge war nun, wie ich mit dem lädierten Bein den nächsten Blockunterricht besuchen sollte. Denn wenn ich den versäumte, konnte ich meine Abschlussprüfung im Sommer vergessen. Das besprach ich mit Horst, als er mich besuchen kam. Auf Krücken durfte er sich schon bald im Krankenhaus bewegen.

»Das ist doch kein Problem«, hatte er gleich eine praktische Lösung parat. »Du ziehst für diese Zeit zu mir. Da ich ja dann auch in die Schule muss, kann ich dich jeden Morgen mitnehmen.«

»Und dein Bein?«

»Das ist in zwei Wochen so weit verheilt, dass ich wieder Auto fahren kann, hat der Oberarzt gesagt.«

»Und mit welchem Auto?«, fragte ich verwundert. »Das deine hat doch nur noch Schrottwert.« Auch das wusste ich von Horsts Vater. In welchem Zustand sich das Auto tatsächlich befand, konnte ich später den Polizeifotos entnehmen. Es war wirklich nichts Brauchbares mehr dran, und das Lenkrad ragte oben zum Dach heraus. Nachdem ich diese Bilder gesehen hatte, wunderte ich mich, dass wir alle lebend und mit so relativ geringen Verletzungen davongekommen waren.

»So bald wie möglich werde ich mir ein neues Auto kaufen, einen Gebrauchtwagen, für ein wirklich neues reicht mein Geld nicht. Bis es aber so weit ist, wird mir mein Vater das seine leihen.«

Mit dieser Lösung war ich einverstanden. Nun mussten wir das nur noch meinen Eltern beibringen. Sie brummelten zwar, waren aber einverstanden.

Da mein Schienbein mit einer Platte zusammengeschraubt war, brauchte ich keinen Gips. Nach vierzehn Tagen wurden wir beide entlassen. Ein Freund von Horst holte uns mit seinem Auto ab. Eine Woche später begann der Blockunterricht. Mein Bein durfte ich allerdings noch nicht belasten. An Krücken humpelte ich zum Auto, von dort in die Schule und mittags das Ganze wieder zurück. Das ging ganz gut.

An den Wochenenden musste Horst mich nach Hause fahren. Darauf bestanden meine Eltern. Dann nahm ich mir auch immer alles an Kleidung mit, was ich für die nächste Woche brauchte. Nach sechs Wochen durfte ich anfangen, das Bein zu belasten. Ich durfte vorsichtig auftreten, ging aber immer noch an Krücken, die das meiste an Gewicht abfingen.

Nach dem Mittagessen habe ich Horsts Mutter geholfen. Wenn ich auch draußen nichts machen konnte – es war ja noch tiefster Winter –, so half ich doch im Haushalt, wo immer es möglich war. Im Sitzen bügelte ich, im Sitzen spülte ich, und im Sitzen half ich, das Abendessen vorzubereiten.

Darüber hinaus hatte ich eine Menge für die Schule zu tun. Wir mussten nämlich Berichtshefte führen. Im ersten Lehrjahr hatten wir Tagesberichte geschrieben, im zweiten und dritten Wochenberichte. Darin musste man beschreiben, was in der Woche an Arbeit angefallen war und welche Aufgaben man übernommen hatte.

Dazu kamen im dritten Lehrjahr noch Erfahrungsberichte, z.B.: Wie melkt man eine Kuh? Wie ferkelt eine Sau? Wie zieht man Ferkel auf? Diese Hefte mussten dem Klassenlehrer und dem Prüfungsausschuss vorgelegt werden und wurden von ihnen bewertet. Von Anfang an führte ich meine Berichtshefte gewissenhaft, und in der Zeit, in der ich wegen meines gebrochenen Beines teilweise außer Gefecht gesetzt war, erst recht. Der Horst dagegen tat nicht nur kaum etwas in Haus und Hof, er war auch noch zu faul, seine Berichte zu schreiben. Damit er überhaupt eine Chance hatte, zur Prüfung zugelassen zu werden, ließ er mich seine Berichte schreiben. Dazu wandelte ich die meinen nur ein bisschen ab und trug sie in seine Hefte ein. Dabei machte ich mir noch nicht einmal die Mühe, meine Schrift zu verstellen, ich nahm lediglich andere Tinte. Das war nicht einmal allzu riskant, weil der Prüfungsausschuss für die Hunsrücker in Saarburg saß und der für die Eifeler in Trier.

Wenn mein Freund geglaubt hatte, mit seiner raschen Flucht nach dem Unfall und seinem nächtlichen Versteckspiel im Schweinestall sei er dem Arm des Gesetzes endgültig entkommen, so hatte er sich gründlich getäuscht. Die Geschichte hatte nämlich noch ein Nachspiel. Kurz nach unserer Entlassung aus dem Krankenhaus flatterte eine Anzeige wegen Fahrerflucht ins Haus. Horsts Vater kannte jedoch einen guten Anwalt, dem es gelang, den Fall so darzustellen, dass der Übeltäter nur zu einer Geldbuße von 200 DM verdonnert wurde. Die »Fahrerflucht« war sowohl für den Vater als auch für den Filius leichter zu verschmerzen als eine Verurteilung wegen Trunkenheit am Steuer.

Während der Wochen, die ich bei Jakobys verbrachte und nur an den Wochenenden heimkam, wuchs in meinen Eltern die Besorgnis, aus der Beziehung zwischen Horst und mir könne etwas Ernsthaftes werden. Sicher, anfangs hatten meine Eltern diese Verbindung nicht ungern gesehen, da der stattliche Hof und der prächtige Viehbestand sie beeindruckt hatten. Aber nach dem Unfall, der unter Alkoholeinfluss geschehen war, wurden sie skeptisch. Hinzu kam, dass ein Verwandter meiner Mutter, der Viehhändler war, ihnen die Augen öffnete. Viehhändler kennen sich nicht nur in den Ställen, sondern meist auch in den Familien der Bauern aus. Eindringlich warnte er meine Eltern: »Passt bloß auf, dass eure Tochter nicht in das Haus Jakoby einheiratet. Der Alte hängt an der Flasche, und gemäß dem Sprichwort ›der Apfel fällt nicht weit vom Stamm‹, guckt der Junior auch schon viel zu oft und zu tief ins Glas.«

Bei meinem nächsten Besuch im Elternhaus berichtete meine Mutter mir brühwarm von diesem Gespräch. Aber, wie bereits erwähnt, ich war ziemlich eigensinnig. Mit Argumenten wie: »Jeder trinkt mal ein Gläschen« – und mit der »Mäxchen-Geschichte« im Hinterkopf – »das sollte man nicht überbewerten«, schlug ich ihre Warnungen in den Wind. Sie aber sagte: »Wir haben dich gewarnt. Wenn du den Kerl trotzdem heiratest, brauchst du dich nachher nicht zu beschweren, wenn du Probleme mit ihm bekommst.«

Ich lachte nur: »Du brauchst keine Angst zu haben; von Heiraten ist sowieso noch keine Rede.«

Ich heirate einen Bauernhof

Anfang April war unser Blockunterricht beendet, und weil ich von diesem Zeitpunkt an mein krankes Bein wieder voll belasten durfte, stand meiner Rückkehr ins Elternhaus nichts mehr im Wege. Mit gepacktem Koffer wartete ich im Hof darauf, dass Horst mit dem Wagen vorfahre – inzwischen besaß er wieder einen eigenen. Als er meinen Koffer nahm, um ihn in den Kofferraum zu wuchten, stellte er fest: »Wie schade, dass du jetzt wieder heim musst. Du wirst mir sehr fehlen.« In der Bewegung innehaltend, fügte er in einer plötzlichen Eingebung hinzu: »Weißt du was? Wir zwei passen doch ganz gut zusammen, wollen wir nicht heiraten?«

»Das ist doch nicht dein Ernst«, sagte ich lachend.

»Doch, das ist mein völliger Ernst.«

»Die Idee ist nicht schlecht«, gab ich nachdenklich zu. »Aber ich bin noch keine achtzehn, und auf das Einverständnis meiner Eltern können wir nicht rechnen.«

Von dieser Antwort ließ er sich nicht beirren. »Dann warten wir eben, bis du achtzehn bist. Das sind ja nur noch ein paar Wochen.«

Diese seine Entschlossenheit gefiel mir ganz gut, zumal ich unbedingt von zu Hause fort wollte. Zwar huschte für einen Moment die Warnung meiner Mutter durch meinen Hinterkopf, aber ich verscheuchte sie ganz schnell, weil doch hinter Horst ein ansehnlicher

Bauernhof stand. Der wog all meine Bedenken auf. Durch meinen dreimonatigen Aufenthalt kannte ich mich im Haus schon bestens aus, und mit der zukünftigen Schwiegermutter verstand ich mich gut. Das war immerhin eine wichtige Voraussetzung, wenn man künftig unter einem Dach leben wollte. Auch der Schwiegervater in spe war nicht verkehrt. Ich hatte schon mitbekommen, dass er mich schätzte ob meiner zupackenden Art.

Da wir also erst meinen 18. Geburtstag abwarten wollten, brachte mich Horst wie geplant zu meinen Eltern zurück, wo ich sogleich meine täglichen Pflichten wieder aufnahm. Von der geplanten Heirat erwähnten wir beide nichts in unseren Elternhäusern. Ich redete mir damals ein, dass die Geheimniskrämerei mir diebisches Vergnügen bereite. Wenn ich aber heute recht darüber nachdenke, so steckte doch wohl die Sorge dahinter, meine Eltern könnten mir die Heirat ausreden. Horst mag ähnlich gedacht haben. Bei ihm war es aber weniger die Angst, seine Eltern könnten es ihm ausreden, als die Angst, ich könnte noch absagen.

Auch nach meinem 18. Geburtstag heirateten wir nicht gleich. In dieser Zeit gab es noch so viel zu tun, wir mussten fleißig lernen für die schriftliche Abschlussprüfung. Erst als wir die hinter uns hatten, konnten wir ans Heiraten denken.

Am Vormittag des 2. Juni 1978 war es aber so weit. Wir nahmen uns einen freien Tag und marschierten in Kell aufs Standesamt. Im Schlepptau hatten wir Horsts Freunde Otto und Werner, diejenigen, die ein halbes Jahr zuvor mit uns im Unfallauto gesessen hatten. Sie wurden unsere Trauzeugen. Vorher hatten wir uns die

Ringe, die billigsten, die wir auftreiben konnten, in Trier bei einem Juwelier gekauft. Ich hatte zwar daran gedacht, die Eheringe bei meinem Patenonkel in Speicher zu kaufen, fürchtete aber, meine Eltern könnten dadurch Wind von unserem Vorhaben bekommen und uns einen Strich durch die Rechnung machen.

Nach der kurzen, schmerzlosen Zeremonie auf dem Standesamt gingen wir noch mit den beiden Trauzeugen in ein Restaurant zum Mittagessen. Anschließend fuhren wir zu Horsts Eltern. Denen die Situation zu erklären, war kein Problem. Sie waren überglücklich, endlich eine Schwiegertochter im Haus zu haben. Noch dazu eine, die schon bewiesen hatte, dass sie zu arbeiten verstand und Ahnung von der Landwirtschaft hatte.

Aber wie sollte ich diesen Schritt meinen Eltern beibringen? Schon bei dem Gedanken daran bekam ich Bauchweh und schob den Besuch immer weiter hinaus. Endlich rafften wir uns aber doch auf und fuhren gemeinsam zu den beiden. Bei unserer Ankunft saß mein Vater gerade am Küchentisch. Ohne ein Wort zu sagen, legte ich das Kästchen mit den Trauringen vor ihn auf den Tisch. Interessiert schaute er es an, dann machte er es auf. »Was soll das denn sein?«, fragte er überrascht.

»Das sind unsere Eheringe. Wir haben heute Morgen standesamtlich geheiratet.«

Alles hätte ich von ihm erwartet, aber nicht die nun folgende Reaktion: »Also eines will ich euch sagen: Wenn du deine Eheringe nicht bei deinem Patenonkel kaufst, kommt der nicht auf deine kirchliche Hochzeit.«

»Ja, Papa, aber was soll ich denn machen? Wir haben nicht das Geld, um noch ein Paar Ringe zu kaufen.«

Was machte der Papa? Er öffnete sein Portemonnaie und legte einige Scheine auf den Tisch. »So, die müssten reichen für ein Paar anständige Ringe. Ihr fahrt jetzt sofort zum Onkel und kauft euch andere Eheringe.«

Bevor es sich der Vater anders überlegen konnte, nahm ich das Geld, und wir fuhren nach Speicher, wo wir noch kurz vor Ladenschluss ankamen. Onkel Theo freute sich, mich so unverhofft wiederzusehen, und er freute sich noch mehr, als wir ein Paar prächtige Trauringe bei ihm kauften. Bei der Gelegenheit sprach ich auch gleich die Einladung zur kirchlichen Hochzeit aus, konnte ihm aber noch keinen Termin nennen.

So kam es, dass wir für unsere Hochzeit zwei Paar Trauringe zur Verfügung hatten. Bei der kirchlichen Trauung wurden selbstverständlich die vom Onkel angesteckt. Die beiden anderen blieben in der Schachtel. Was aus ihnen geworden ist, weiß ich nicht.

Als wir wieder daheim waren und dem Vater die neuen Ringe präsentierten, war auch die Mutter zurück. Anstatt uns Glück zu wünschen, machte sie mir Vorwürfe. Unter anderem sagte sie: »Beschwere dich nicht, wenn es dir irgendwann einmal schlecht geht! Ich habe dich rechtzeitig gewarnt! Du hast dir das ausgesucht, was du wolltest!«

Damals war ich – und bin es auch heute noch – davon überzeugt, dass es weniger ihre berechtigte Sorge um mein Wohlergehen war, die sie zu solchen Sätzen hinriss, sondern die Verbitterung über den Verlust meiner Arbeitskraft. Bisher war immer alles so selbstverständlich gewesen, was ich geleistet hatte, dass sie nie ein Wort des Dankes oder der Anerkennung für mich gehabt hatte. Doch während der Zeit, die ich im Hause meines Zukünftigen verbracht hatte, musste ich ihr so gefehlt haben, dass sie sich nichts sehnlicher gewünscht hatte als meine baldige Rückkehr. Und nun dies: mein endgültiger Abschied von der Familie. Bis heute, über dreißig Jahre später, hat sie mir noch nicht verziehen, dass ich so früh geheiratet habe. Mein Vater dagegen fand sich schnell mit der Tatsache ab. »Natürlich wird deine kirchliche Hochzeit mit allem Pomp und Gepränge gefeiert«, schmiedete er gleich Pläne. »Das sind wir der ganzen Verwandtschaft schuldig. Zu diesem Anlass musst du natürlich richtig tanzen können.«

In der Berufsschule hatten wir zwar irgendwann einmal einen Tanzkurs gemacht, aber kaum mehr als ein paar Grundschritte gelernt. Für das Herumwackeln in der Disko, das wir Tanzen nannten, hatte es völlig ausgereicht, aber klassische Tanzschritte beherrschte ich nicht. »Du musst wenigstens einen anständigen Brautwalzer aufs Parkett legen können, sonst blamierst du dich hoffnungslos und uns gleich mit«, forderte mein Vater.

An diesem Abend wurde im Fernsehen zufällig der Walzer »Im Prater blühn wieder die Bäume« gespielt. Wie elektrisiert sprang mein Vater auf und begann damit, mir die ersten Walzerschritte beizubringen. Noch bevor ich sie aber richtig kapiert hatte, war das Stück zu Ende. Mein Vater aber wusste Abhilfe. Bis zum folgenden Wochenende hatte er in seiner Plattensammlung eine Scheibe mit dem Walzer »Zwei Herzen im Dreivierteltakt« gefunden.

Nach den Klängen dieser Platte übten wir an jedem Wochenende im Wohnzimmer den Walzerschritt, bis ich ihn perfekt beherrsche. Als ich danach meinem

Mann den Walzer beibringen wollte, lachte er: »Die Mühe kannst du dir sparen. Ich bin seit Jahren in einer Volkstanzgruppe. Da habe ich auch Walzer gelernt.«

Drei Tage nach unserer standesamtlichen Trauung stand der praktische Teil unserer Abschlussprüfung an. Dazu musste ich mit der Hälfte meiner Mitschüler auf einen großen Hof, der etwa vier Kilometer von meinem Elternhaus entfernt lag. Geführt wurde dieser von einem ledigen Jungbauern, der erst kurz zuvor seine Meisterprüfung als Landwirt abgelegt hatte. Außer ihm gab es eine Prüfungskommission von weiteren sechs oder sieben jungen Landwirtschaftsmeistern. Geprüft wurde im tierischen, pflanzlichen und technischen Bereich. Da ich unter den Prüflingen das einzige Mädchen war, widmete mir der Hofbesitzer seine besondere Aufmerksamkeit. Als er mich mit »Fräulein Lehnen« ansprach – so stand das noch in den Prüfungsunterlagen, die ihm schon einige Tage vorher zugegangen waren –, korrigierte ich ihn nicht ohne Stolz: »Seit drei Tagen bin ich Frau Jakoby.«

Daraufhin machte er ein süßsaures Gesicht, entfernte sich ein Stück und tuschelte seiner Mutter, die sich in der Nähe aufgehalten hatte, etwas zu. Worum es dabei gegangen war, konnte ich mir aufgrund ihrer späteren Reaktion meinem Mann gegenüber zurechtreimen. Er, der unterdessen mit der anderen Hälfte der Mitschüler seine Prüfung auf einem anderen Betrieb abgelegt hatte, kam nämlich anschließend, um mich abzuholen. Da trat die Mutter des Jungbauern auf ihn zu und fauchte ihn an: »Wie kannst du dich unterstehen, uns die Mädchen hier vor der Tür wegzuschnappen!«

Darauf erwiderte mein frischgebackener Ehemann: »Wenn dein Sohn zu dumm ist, um sich eine Frau zu suchen, dann kann man ihm nicht helfen.«

Diese Antwort war mir furchtbar peinlich, vor Scham wäre ich am liebsten im Erdboden versunken. Froh war ich nur, dass die Prüfung schon abgeschlossen und die Note vergeben war, sonst hätte das womöglich noch einen negativen Einfluss auf meine Zensur gehabt.

Auch nach dem Examen verbrachte ich meine Wochentage weiterhin im Hause meiner Schwiegereltern. Katharina, die Schwiegermutter, arbeitete voll im Betrieb mit. Ich nannte weder sie noch ihren Mann beim Vornamen. Vater und Mutter konnte ich sie aber auch nicht nennen, und Mama und Papa kamen mir erst recht nicht über die Lippen. Deshalb versuchte ich immer, eine direkte Anrede zu vermeiden.

Geduldig führte mich Katharina in alle anfallenden Arbeiten ein. Im Bullenmaststall, der erst wenige Jahre zuvor gebaut worden war, standen 130 Jungbullen, die bis zum Alter von 20 Monaten gemästet und dann als Schlachtvieh verkauft wurden. Bullenhaltung und Feldarbeit war Sache der Männer, Katharina dagegen hatte 10 Milchkühe unter sich und 25 Sauen.

Alfred, der Schwiegervater, war wie gesagt für die Feldarbeit zuständig. Eines Tages benötigte er mich dringend zum Rübenhacken. Das brauchten wir aber nicht von Hand zu machen, wie ich das von daheim gewohnt war. Denn Alfred besaß bereits ein Rübenhackgerät. Das sieht etwa so aus: vier Pflugscharen sind in V-Form zueinander angebracht und werden von einem Trecker mit Pflegebereifung durch die Furchen gezogen. Pflegebereifung bedeutet, dass die Reifen schmaler sind als die üblichen und genau in die Reihen zwischen den Rüben passen.

Das Hacken war zum einen nötig, um die Erde aufzulockern, zum anderen, um das Unkraut einzudämmen. Was man früher im Schweiße seines Angesichtes mit einer Hacke tun musste und was einem ganz schön auf den Rücken ging, erledigte man in der modernen Landwirtschaft mit dem bereits erwähnten Hackgerät. Zur Bedienung desselben benötigte man allerdings zwei Personen. Mit einem solchen Gerät war ich also mit meinem Schwiegervater unterwegs. Er lenkte den Trecker, und ich saß hintendrauf und lenkte das Hackgerät, damit es genau in der Reihe blieb.

Als wir so übers Feld tuckerten, blieb ein Nachbar auf dem Feldweg stehen und beobachtete uns mit lebhaftem Interesse. Sobald wir in seine Nähe kamen, fragte er in breitem Hunsrücker Dialekt: »Gitt dat lo dein nei Schnur?«

»Nä«, antwortete mein Schwiegervater in ebenso breitem Dialekt. »Dat lo gitt dat net, dat is dat schon.«

Mein Kommentar dazu in Hochdeutsch: »Ich bin keine Schnur, ich bin die Helena.«

»Ei ja«, antwortete er, »gut dat ich dich mal kennenlern.« Dann verzog er sich.

Als Schnur fühlte ich mich in meinem neuen Zuhause durchaus nicht. Die Zeiten, in denen eine eingeheiratete Frau auf einem Hof als Schnur galt, waren ja wohl überwunden, dachte ich selbstbewusst. Schließlich hatte ich eine fundierte Ausbildung als Landwirtin aufzuweisen. Erst wesentlich später kam ich dahinter, dass ich mich in diesem Punkt mächtig geirrt hatte.

Bei mir daheim wurde im Familienrat beschlossen, dass die kirchliche Hochzeit am 16. September stattfinden sollte. Bis dahin, so hoffte man, seien Raps- und Getreideernte längst abgeschlossen.

Da mein zukünftiger Mann aktives Mitglied im Musikverein war, da er der freiwilligen Feuerwehr angehörte und da er viele Freunde und Verwandte in der Nähe wohnen hatte, war es vernünftig, die Hochzeit in seinem Wohnort zu feiern, genauer gesagt, im Nachbarort. Das Dorf D. war nämlich so winzig, dass es keine eigene Pfarrkirche besaß. Mehrere kleine Dörfer waren zu einer Pfarrei zusammengefasst worden, und die Pfarrkirche für alle diese Dörfer befand sich in Hentern, einige Kilometer von D. entfernt.

Dorthin mussten wir zur Bestellung des Aufgebots, und dort mussten wir auch den Brautunterricht besuchen. Der fand an drei oder vier Abenden im Pfarrhaus statt. Was uns der freundliche Pfarrer erzählte, weiß ich nicht mehr, ich weiß nur noch, dass außer uns drei andere Pärchen anwesend waren, ebenfalls sehr junge Leute. Mit diesen gingen wir anschließend immer zum Essen in ein Wirtshaus. Das war für mich der interessantere Teil des Brautunterrichts. Auch entsinne ich mich noch, dass in dem Jahr, in dem wir geheiratet haben, in der Pfarrei insgesamt dreizehn Paare zum Traualtar geschritten sind – viel für so eine kleine Pfarrgemeinde. Alle waren in unserem Alter. Es war damals ganz normal, dass man sehr jung den Schritt in die Ehe wagte.

Während der Zeit unseres Brautunterrichts liefen in beiden Elternhäusern die Hochzeitsvorbereitungen auf vollen Touren. Es wurden schließlich über 120 Gäste erwartet. Denn außer Horsts Vereinskameraden musste alles, was irgendwie verwandt war, und sei es noch so weitläufig, eingeladen werden. Da galt es allein schon, eine riesige Menge Kuchen zu backen.

Vorher aber war die Frage des Brautkleides geklärt worden. Sowohl meine als auch Horsts Barschaft war inzwischen so zusammengeschmolzen, dass es zum Kauf eines neuen Kleides nicht mehr reichte. Das fand ich aber nicht weiter tragisch. Denn seinerzeit war es noch üblich, dass die Brauteltern das Kleid kauften. Mein Vater, der schon die neuen Ringe bezahlt hatte, wollte jedoch nicht noch einmal in die Tasche greifen. Auch meine Mutter, die sich nach wie vor nicht mit der Hochzeit – und schon gar nicht mit dem Partner – abgefunden hatte, sah nicht ein, dass für ein Kleid, das man nur einmal trägt, so viel Geld ausgegeben werden sollte. Deshalb machte sie den – sehr vernünftigen – Vorschlag: »Lass uns zu deiner Cousine Julia fahren. Die hat doch erst vor drei oder vier Jahren geheiratet. Vielleicht passt dir ihr Kleid.«

Das war mir gar nicht so recht. Eitel, wie ich war, hätte ich mir gerne ein neues ausgesucht, eines nach meinem Geschmack. Julias Kleid gefiel mir jedoch ganz gut, es war mir lediglich ein bisschen zu eng. Deshalb musste ich vor der Hochzeit noch ein paar Kilo abnehmen. Auch war noch eine Winzigkeit daran zu ändern. Das machte mein Schwiegervater. Der war nämlich gelernter Schneidermeister. Er stammte zwar aus einer Landwirtschaft, aber sie waren daheim drei Brüder, von denen nur einer den Betrieb übernehmen konnte. Weil der Älteste, der Matthes, sich freiwillig für das Schneiderhandwerk entschied, bekam der zweite, der Pitter, den Hof. So blieb dem dritten, meinem Schwiegervater, der den Hof auch gerne genommen hätte, nichts anderes übrig, als ebenfalls ein Handwerk zu erlernen. Also machte er es dem großen Bruder nach und wurde ebenfalls Schneider.

Matthes fand eine Anstellung als Änderungsschneider in einem namhaften Trierer Modehaus, betrieb aber zusätzlich zu Hause ein Atelier, das zur Zeit unserer Hochzeit noch florierte. Inzwischen hat er es aber aufgegeben, während er mit seinen nunmehr 90 Jahren immer noch für das Modehaus arbeitet. Wenn komplizierte Änderungen zu machen sind, wird Onkel Matthes gerufen. Mein Schwiegervater war nicht lange im Schneiderhandwerk tätig. Als sich ihm die Chance bot, in Katharinas Bauernhof einzuheiraten, griff er mit beiden Händen zu.

Da Onkel Matthes praktisch dachte, schenkte er uns zur Hochzeit eine elektrische Nähmaschine, und mein Schwiegervater brachte mir dann das Nähen bei. Als Frau muss ich nähen können, meinte er, zumal ich keine hauswirtschaftliche Ausbildung nachzuweisen hatte.

Aber zurück zu meinem Brautkleid. Es war schneeweiß und wirklich wunderschön. Es bestand aus einem glatten, fließenden Stoff und hatte eine Schleppe, die an der Taille angesetzt war. Über der Schleppe befand sich eine Lage Spitzentüll, und nach vorne öffnete sich die Schleppe wie ein Schmetterling. Die Brustpartie wurde betont durch die Schleife, die darunter angenäht und mit einer Blüte verziert war. Die Ärmel waren halblang und mit Spitzen abgesetzt. Das ganze Gebilde wurde vervollständigt durch einen Tüllschleier, der auf dem Kopf festgesteckt werden sollte und so lang war wie die Schleppe.

Nun soll ja ein Bräutigam das Kleid vor der Hochzeit nicht zu sehen bekommen. Meine Schwiegermutter wusste Rat: Sie versteckte es in ihrem Kleiderschrank. Nun waren nur noch die Brautschuhe zu kaufen, wofür mein Vater das Geld bereitwillig spendierte. Denn abgesehen davon, dass ich nicht die gleiche Schuhgröße hatte wie meine Cousine, hatten deren Brautschuhe schon verschiedene Tanzveranstaltungen überstehen müssen und waren entsprechend mitgenommen.

Was den Brautstrauß anging, so fuhr ich mit Horsts Kleincousine Ursula zu einem Blumenladen, wo ich ihn höchst eigenhändig – rosa Rosen mit Schleierkraut – mitsamt einem Gesteck fürs Brautauto bestellte, weil mein Zukünftiger keine Anstalten machte, in dieser Hinsicht etwas zu unternehmen.

Zwei Tage vor der Hochzeit, an einem Donnerstag, sollte um 18.00 Uhr auf dem Hof meiner Eltern der Polterabend stattfinden. Meine ganze Verwandtschaft war bereits versammelt, alle Freunde und Nachbarn ebenfalls. Nur der Bräutigam, seine Eltern und Brüder fehlten noch. Als es auf 19.00 Uhr zuging, wurde ich allmählich unruhig. Gegen 20.00 Uhr tauchten sie endlich mit lautem Gehupe auf. Für diese Verspätung gab es einen triftigen Grund.

Während man meist Mitte bis Ende August mit der Getreideernte fertig war, war in diesem Sommer der Wurm drin. Im August hatte es so viel geregnet, dass man nur selten mit dem Mähdrescher fahren konnte. So war Anfang September das meiste Getreide noch auf dem Halm. Doch endlich gab es beständiges Wetter und man konnte das Versäumte nachholen. Zu der Zeit gab es im Betrieb bereits zwei Mähdrescher, und beide,

Vater und Sohn, waren damit den ganzen Tag im Einsatz. Nicht dass sie selbst so ausgedehnte Getreidefelder gehabt hätten, aber sie hatten einen Lohnbetrieb. D. h., bei gutem Erntewetter waren sie auch für andere Bauern tätig. Am Tag unseres Polterabends nun, am 14. September, hatten sie den Ehrgeiz, nicht eher zu feiern, bis das letzte Feld des Dorfes abgeerntet war.

Dann wurde es doch noch ein fröhlicher Polterabend, für den wir jede Menge Schnittchen und Kranzkuchen vorbereitet hatten. Es versteht sich, dass Bier und Wein in Strömen flossen. Wie das bei Polterabenden üblich ist, wurden auch eine Menge Porzellan zerschlagen und kistenweise Papierschnitzel verstreut. Und das Brautpaar musste – auch das ist eine alte Tradition – in der Nacht noch den ganzen Dreck wegräumen.

Schon tagelang vor dem Polterabend und am Tag danach wurde bei uns zu Hause eifrig Kuchen gebacken. Alles, was Arme hatte zum Kneten und Rühren und zu den weiblichen Verwandten gehörte, war eingespannt worden. Die Ergebnisse mussten anschließend mit diversen Personenwagen von meinem Elternhaus in die Wirtschaft nach Hentern transportiert werden, wo die Hochzeitsfeier stattfinden sollte.

Meine Tante Ida, eine Schwägerin meiner Mutter, hat die Hochzeitstorte gebacken. Dieses dreistöckige Prachtstück musste ebenfalls von der Eifel herunter, quer durch Trier, bis hinauf in den Hunsrück befördert werden. Für die etwa 35 Kilometer braucht man normalerweise ebenso viele Minuten. Mit der Torte durfte sich meine Tante aber nur ganz vorsichtig bewegen, zumal es ganz schön bergauf, bergab ging, deshalb benötigte sie über eine Stunde. Zur Sicherheit saß meine Mutter auf dem Rücksitz neben der Torte und hielt sie krampfhaft fest.

Während im Haus der Braut die Kuchen gebacken wurden, sorgte man im Haus des Bräutigams für die »fleischlichen Genüsse«. Rechtzeitig vor dem Fest hatte man einen fertig gemästeten Bullen geschlachtet. Schließlich hatte man einen gut bestückten Bullenmaststall, und der jüngste Sohn war angehender Metzger. Für ihn hatte man im Betrieb bereits eine eigene Metzgerei eingerichtet, damit man, sobald er den Gesellenbrief in der Tasche hatte, zur Selbstvermarktung schreiten konnte. Davon erwartete man sich wesentlich höhere Einkünfte als durch den Lebendverkauf der Bullen. Von dem »Hochzeitsbullen« wurde alles in die Gastwirtschaft geliefert, was man für die Zubereitung des Hochzeitsmahles brauchte.

Für 10.30 Uhr war in der Pfarrkirche das Brautamt angesetzt. Deshalb ging es an dem Tag besonders früh in den Stall, damit uns genügend Zeit blieb zum Duschen und Ankleiden. Allein die festliche Frisur der Braut würde reichlich Zeit in Anspruch nehmen. Dafür zuständig war die bereits mehrfach genannte Cousine Ursula. Sie war es auch, die mir kunstvoll den Schleier aufsteckte.

Während wir noch dabei waren, uns für die Hochzeit herzurichten, marschierte vor dem Haus die Musikkapelle auf und spielte uns zu Ehren drei oder vier Stücke. Danach setzte sich der Hochzeitskonvoi in Bewegung, zuerst der Wagen mit dem Brautpaar, gefolgt von den beidseitigen Eltern und dem Rest der Festgesellschaft.

Der Musikverein übernahm auch die musikalische Gestaltung des Traugottesdienstes. Meine Schwester und mein älterer Bruder waren meine Trauzeugen, für meinen Mann übernahmen der mittlere der drei Brüder und eine Cousine diese Aufgabe.

Nach dem Amt bewegte sich der lange Brautzug hinüber zum Gasthaus, das auf der anderen Straßenseite lag, wo es einen Sektempfang gab. Danach setzten sich alle an die Tafel, um sich das üppige Hochzeitsmahl munden zu lassen. So gestärkt, legten die Musikanten wieder richtig los und spielten bis zum Kaffee, wo den Torten tüchtig zugesprochen wurde. Bei dem abendlichen Mahl, das genauso reichlich ausfiel wie das mittägliche, schwächelten aber viele. Die meisten der Gäste schwangen anschließend das Tanzbein zur Musik einer Vier-Mann-Tanzkapelle, nachdem das Brautpaar einen sensationellen Eröffnungswalzer hingelegt hatte. Mit den über 120 Gästen war die kleine Kneipe geradezu überfüllt. Das tat der Stimmung aber keinen Abbruch, im Gegenteil. Alles war bester Laune, und vor Mitternacht dachte niemand ans Heimgehen. Erst gegen Morgen leerte sich der Saal allmählich, und auch wir, die Brautleute, begaben uns nach Hause.

Von meinen Eltern hatte ich ein komplettes Schlafzimmer geschenkt bekommen, das ich mir selbst hatte aussuchen dürfen. Es war hochmodern, mit einem dunkelgrünen Polsterbett, dazu ein Eichenschrank mit Schiebetüren, wovon die mittlere von oben bis unten mit einem Spiegel versehen war. Man hätte das als üppiges Hochzeitsgeschenk oder als magere Mitgift ansehen können. Ich nahm es als Geschenk, denn von meinen Eltern konnte ich keine Mitgift mehr erwarten, da sie mir ja eine fundierte Ausbildung ermöglicht hatten, die ich als Kapital mit in die Ehe brachte. Man durfte auch unseren Hof, der noch verschuldet war und den mein

Bruder Gerald einmal übernehmen sollte, nicht noch mehr belasten.

Die Schlafzimmermöbel waren rechtzeitig vor der Hochzeit geliefert und im ersten Stock des Hauses meiner Schwiegereltern aufgestellt worden. In der Frühe um vier Uhr betraten wir endlich das »Brautgemach«. Zu meiner Erleichterung wirkte es auf den ersten Blick völlig unangetastet. Von jung verheirateten Verwandten und Bekannten hatte ich bereits die reinsten Horrorgeschichten vernommen. Nachbarn und Freunde hatten denen einigen Schabernack gespielt. Bei dem einen Pärchen hatte man die Betten komplett zerlegt. Unser Polsterbett ließ sich zum Glück nicht auseinandernehmen. Auch konnte man bei diesem nicht, wie bei meiner Cousine Julia geschehen, die Matratzen entfernen und an ihrer Stelle aufgeblasene Luftballons dicht an dicht auf den Sprungrahmen legen, sorgfältig mit dem gespannten Betttuch verdeckt. Als sich das Brautpaar aufs Bett fallen ließ, waren viele der Ballons geplatzt, und danach musste sich das Pärchen auch noch auf die Suche nach den Matratzen begeben.

Auch auf den zweiten Blick entdeckte ich in unserem Zimmer nichts Verdächtiges. Ein drittes Paar hatte mir nämlich berichtet, dass überall im Schlafzimmer aufgezogene Wecker versteckt worden waren, und jede Viertelstunde schrillte ein anderer. Man kann sich vorstellen, dass so etwas für ein Brautpaar in der Hochzeitsnacht nicht gerade erbauend ist. Aber auch Wecker fand ich keine, obwohl ich sorgfältig alle Ecken absuchte. Dennoch war die Hochzeitsnacht eine Enttäuschung. Denn mein Angetrauter hatte sich mit Alkohol dermaßen vollgeschüttet, dass er bereits in Tiefschlaf gefallen war, noch ehe ich ins Ehebett kroch. Das hatte ich mir vorher doch ein bisschen anders vorgestellt. Aber wir konnten wenigstens ungestört schlafen.

Aber warum hatte man uns nicht den üblichen Schabernack gespielt? Die Antwort auf diese Frage bekam ich beim Mittagessen von meinem Schwiegervater: »Ja, weißt du, in unserer Nachbarschaft ist bekannt, dass unser Hund sehr scharf ist. Deshalb hat sich von denen niemand hergetraut.« Braver Hund!

Nachdem das geklärt und mein Mann wieder nüchtern war, setzten wir uns ins Auto und fuhren zu meinen Eltern. Dort erschien wieder die ganze Verwandtschaft meinerseits, und es wurde mit dreißig Personen weitergefeiert. Die passten mit Mühe und Not in unser Wohnzimmer, und es herrschte eine Mordsstimmung. Mit der Verköstigung gab es kein Problem. Denn am Vormittag hatte Onkel Klaus aus der Wirtschaft in Hentern alles an Fleisch abgeholt, was vom Festmahl übrig geblieben war. Inzwischen hatten meine Patentante Helene und meine Mutter einen Berg Kartoffelsalat dazu gemacht und einige Schüsseln grünen Salat. Es wurde spät an diesem Abend, deshalb verbrachten wir die Nacht bei meinen Eltern. Am anderen Morgen fuhren wir dann nach Hause und der Ehealltag begann.

Ehealltag

Bei meiner kirchlichen Heirat war ich zwar schon fast achtzehneinhalb, aber ich hatte noch immer keinen PKW-Führerschein. Das lag daran, dass ich wegen meines gebrochenen Beines monatelang gehandikapt gewesen war. Als ich das Bein dann wieder gebrauchen konnte, war für den Führerschein keine Zeit, weil die Prüfung anstand, danach die Ernte in vollem Gang war und anschließend die Hochzeitsvorbereitungen folgten. Ohne Fahrerlaubnis aber kam ich mir vor wie ein halber Mensch, deshalb meldete ich mich wenige Tage nach der Hochzeit bei der Fahrschule an.

In einem Crashkurs von vier Wochen lernte ich alles, was man bei der Fahrprüfung wissen und können muss. Am 23. Oktober legte ich dann die Prüfung zum Führen eines PKW mit Erfolg ab und machte die Fahrprüfung für Motorräder gleich dazu.

Zu dieser Zeit befand sich noch immer die Metallplatte in meinem Bein. Es war vorgesehen, dass sie erst nach einem Jahr entfernt werden sollte, also kurz nach Weihnachten. Ich weiß nicht, was da schiefgelaufen ist, jedenfalls bekam ich plötzlich Schmerzen im Bein und begab mich am Tag nach der Führerscheinprüfung ins Krankenhaus. Dort stellte man fest, dass sich unter der Platte Eiter gebildet hatte. Also musste sie sofort entfernt werden. Nach drei Tagen durfte ich wieder nach

Hause. Die Wunde verheilte gut, und es gab keine weiteren Komplikationen.

Marianne, eine Cousine meines Mannes, hatte etwa vier oder fünf Wochen nach unserer standesamtlichen Trauung einen Schulfreund geheiratet. Auf unserer Hochzeitsfeier hatte sie mir anvertraut, sie habe deshalb so überstürzt geheiratet, weil sie schwanger sei. Dieser Erklärung hätte es nicht bedurft, es hatte ihr ohnedies jeder angesehen.

Nach unserer Hochzeit ging nun in der Verwandtschaft und im Dorf das große Rätselraten los: Erwarten die jetzt auch ein Kind? Mussten die auch heiraten? Das wurde mir so von der einen oder anderen Ecke zugetragen. Ich hielt mich unterdessen bedeckt und dachte: Das werdet ihr noch früh genug erfahren. Obwohl meine Mutter es nicht für nötig befunden hatte, mich sexuell aufzuklären, hatte sie mir doch ab meinem vierzehnten Geburtstag ständig mit der Warnung in den Ohren gelegen: »Dass du mir ja nicht mit einem unehelichen Kind nach Hause kommst!« Als ich sechzehn war, schien ihr diese Warnung nicht mehr ausreichend. Sie ergriff die Initiative, um einem solchen Geschehen vorzubeugen, und schleppte mich zu ihrem Gynäkologen, damit er mir die Pille verschreibe. Das aber verriet ich niemandem. Das große Rätselraten, wann sich bei uns endlich Nachwuchs einstellen würde, blieb also bestehen. Es amüsierte mich köstlich, wenn aufmerksame Blicke meinen Bauch abtasteten, sobald jemand Bekanntes meiner ansichtig wurde.

Obwohl ich sehr gerne schon bald ein Kind gehabt hätte, nahm ich nach der Heirat noch einige Monate lang die Pille. Falls das Schicksal mir ein echtes Siebenmonatskind bescheren würde, sollte sich keiner darüber das Maul zerreißen können.

Sobald ich sie absetzte, klappte es gleich. Freudestrahlend berichtete ich meinem Mann davon. Der knurrte dazu nur etwas Unverständliches. Es kam das Frühjahr, und es kam der Sommer, und alle rechneten fleißig nach, dass das Kind doch bald kommen müsse. Aber es kam nicht. Auf den Feldern und im Stall gab es viel für mich zu tun. Weder ich selbst noch sonst jemand im Haus nahm Rücksicht auf meinen Zustand. Das hielt ich auch nicht für nötig. Ich war ja jung, ich war gesund und hatte keine außergewöhnlichen Beschwerden. So wurde es Herbst, und es gab immer noch genug zu tun. Den Geburtstermin hatte der Arzt, bei dem ich mich ein einziges Mal vorgestellt hatte, für den 8. Oktober errechnet. Am 6. Oktober, es war ein Samstag, bemerkte ich beim Aufstehen, dass mir Wasser davonlief. Deshalb sagte ich zu meinem Mann: »Ich glaube, wir müssen ins Krankenhaus.«

»Ach was«, war seine Reaktion. »Wart noch ein bisschen. Der Termin ist doch erst übermorgen.«

»Ich glaub nicht, dass sich das Kind daran hält. Die Fruchtblase ist geplatzt, deshalb muss ich ins Krankenhaus.«

»Jetzt wart noch mal«, vertröstete er mich. »Ich hab keine Zeit, wir müssen heute Mais häckseln.«

»Ja, meinst du vielleicht, das Kind wartet, bis du mit Häckseln fertig bist?«

Da ich also gar keine Ruhe gab, wandte sich Horst an seinen Bruder: »Alfred, du hast doch heute in Trier einen Termin beim Augenarzt. Da kannst du gleich meine Frau mitnehmen und ins ›Herz-Jesu‹ bringen.«

Ich schnappte meine Reisetasche – die stand zum Glück schon seit Wochen griffbereit – und stieg zu meinem Schwager ins Auto. Am Herz-Jesu-Krankenhaus hielt er an und ließ mich aussteigen. Da er Anstalten machte, gleich weiterzufahren, bat ich: »Trag mir wenigstens die Tasche bis zum Zimmer.«

In jenen Tagen wurden schon Schwangerschafts- bzw. Geburtsvorbereitungskurse angeboten. An so etwas teilzunehmen, hätte ich keine Zeit gehabt. Während wir nun im Krankenhaus die Stufen zum ersten Stock hinaufstiegen, dachte ich, du hättest doch besser mal so etwas mitgemacht. Nun hast du keine Ahnung, was auf dich zukommt und wie du dich verhalten sollst.

Schon standen wir vor der Tür zur Entbindungsstation. Mein Schwager drückte auf den Klingelknopf. Die Hebamme machte auf, Alfred drückte ihr wortlos meine Tasche in die Hand, drehte sich um und schickte sich an zu gehen. Zunächst sprachlos über dieses Verhalten – damals war es bereits üblich, dass Väter bei der Entbindung dabei waren –, rief sie ihm schließlich nach: »Ja, was ist? Wollen Sie nicht bei der Geburt ...?« Aber er war bereits auf der Treppe.

»Wie, geht Ihr Mann denn nicht mit?«, fragte sie verwundert.

»Das ist nicht mein Mann«, antwortete ich verschämt, »das ist mein Schwager.«

»Noch schlimmer«, murmelte sie vor sich hin.

Es war etwa 10.00 Uhr, als Alfred mich ablieferte. Da hatte ich noch immer keine Wehen. Gegen 15.00 Uhr tat meine Tochter ihren ersten Schrei, ohne dass ich nennenswerte Wehen gehabt hätte.

Bei der Voruntersuchung hatte mein Arzt zwar schon

eine Ultraschalluntersuchung gemacht, die waren aber zu der Zeit noch nicht so genau, dass sich das Geschlecht eines Kindes eindeutig feststellen ließ. Deshalb hatten wir ausgemacht, im Fall, dass es ein Junge wird, darf mein Mann den Namen bestimmen, falls es ein Mädchen wird, darf ich den Namen aussuchen. Vorsorglich hatte ich mir zwei Namen ausgesucht: Stefanie und Antonia. Als die Hebamme mir das Kind in den Arm legte und ich es mir genau anschaute, stellte ich fest: »Das ist keine Stefanie, das wird eine Antonia.«

Sobald ich in meinem Zimmer war, rief ich zu Hause an. Meine Schwiegermutter war am Apparat. »Wir haben eine Tochter!«, verkündete ich in Hochstimmung, »Mutter und Kind sind wohlauf.«

»Eine Tochter«, wiederholte sie bedächtig. »Endlich ein Mädchen hier im Haus.« Aus diesem Satz hörte ich so etwas wie Stolz und Anerkennung heraus, was meine Stimmung noch mehr hob.

»Rufst du bitte mal meinen Mann«, bat ich.

»Ja, der ist in der Werkstatt.«

Damals gab es noch keine tragbaren Telefone, zumindest bei uns war so etwas noch nicht bekannt. Ich hörte, dass sie den Hörer ablegte und durch die Hintertür in den Hof ging. Da sie die Tür offen gelassen hatte, hörte ich auch, wie sie zur Werkstatt hinüberrief: »Horst komm schnell! Deine Frau ist am Telefon, ihr habt eine Tochter!«

Seine Antwort vernahm ich ebenfalls, und die hätte nicht enttäuschter klingen können: »Auch noch eine Tochter!«

Immerhin bemühte er sich persönlich an den Apparat. Die Enttäuschung, die mich angesichts seiner Aussage überfallen hatte, überspielend, wiederholte ich betont fröhlich: »Wir haben eine Tochter, sie soll Antonia heißen.« Darauf nuschelte er etwas in die Muschel, wovon ich kein Wort verstand. Trotzdem fragte ich beschwingt: »Kommst du mich heute noch besuchen?«

Seiner Antwort war nicht zu entnehmen, ob es ein Ja oder ein Nein sein sollte. Frustriert legte ich auf. An diesem Tag kam er nicht mehr. Erst am nächsten Morgen ließ er sich blicken. Aber nicht allein. Zur Verstärkung hatte er seine beiden Brüder mitgebracht. Blumen aber hatte er keine. Ich hielt ihm zugute, dass Sonntag war, da war es vielleicht nicht so einfach, Blumen aufzutreiben. Er öffnete den Mund noch nicht mal zur Begrüßung. Stumm wie ein Fisch stand er an meinem Bett und machte sich noch nicht einmal die Mühe, seine kleine Tochter anzuschauen, die in einem gläsernen Bettchen über meinen Füßen schwebte. Sein Bruder Alfred aber – derjenige, der mich ins Krankenhaus gebracht hatte – bestaunte seine Nichte: »Ach, ist die aber klein!« Und Walter, der offensichtlich noch nie ein Neugeborenes gesehen hatte, fügte hinzu: »Und Zähne hat sie auch noch keine.«

Damals war es noch üblich, dass eine Wöchnerin zehn Tage in der Klinik blieb – zum Glück, muss ich sagen. So hatte ich wenigstens meine Ruhe und kam mir vor wie im Urlaub. Besuch bekam ich kaum. Meinen Eltern und Schwiegereltern war der Weg wohl zu weit, und mein Ehemann ließ sich erst wieder blicken, als er mich mit dem Baby abholen kam.

Meine Patentante Helene aber erschien, was mich sehr freute. Bisher hatte ich mir ihren Geburtstag nie merken können. Entweder gratulierte ich zu früh oder zu spät. Nun war meine Antonia genau zum 40. Geburtstag dieser Tante zur Welt gekommen, und als sie mich in der Klinik besuchte, sagte sie: »Ich habe im Stillen gehofft, dass dein Kind an meinem Geburtstag auf die Welt kommt.«

»Jetzt werde ich das Datum auch bestimmt nicht mehr vergessen«, erklärte ich.

Interessanterweise haben meine Tochter und diese Tante ein besonders gutes Verhältnis zueinander.

Am zehnten Tag nach Antonias Geburt kam ich also mit dem kleinen Würmchen – bei seiner Geburt hatte es knapp sechs Pfund gewogen und war 49 Zentimeter groß gewesen – auf dem Bauernhof an. Von dem Tag an hatte ich auch eine Anrede für meine Schwiegereltern. Oma und Opa.

Auf dem Hof ging es sofort wieder rund. Gnadenlos musste ich wieder voll mitarbeiten. Niemand fragte danach, ob ich noch Schonung brauchte oder ob ich stillen musste. Daher war ich nach dem ersten Tag zu Hause so kaputt, dass ich in der Nacht wie ein Murmeltier schlief und nicht einmal mein Kind schreien hörte. Dabei lag es in einem Kinderwagen, den wir gebraucht gekauft hatten, direkt neben meinem Bett. Mein Mann rüttelte mich wach: »Ja, sag mal, was ist mit dir los? Das Kind brüllt das ganze Haus zusammen, und du schläfst.«

Das passierte mir aber nur einmal. Bei dieser Arbeitsbelastung war es kein Wunder, dass bei mir bald die Milch wegblieb. Viel Zeit für mein Kind hatte ich auch nicht. Als hätte es das geahnt, war es ausgesprochen brav und pflegeleicht und wurde ganz nebenbei groß.

Um sechs Uhr morgens ging es im Stall los. Danach ging es hinaus in die Kartoffeln. Wir hatten einen Hektar Kartoffeln einzubringen, und das in einer »steinreichen« Region. Da konnte man keinen Vollernter einsetzen, der wäre gleich kaputt gewesen. Außerdem wären durch die Steine die Kartoffeln beschädigt worden und einige Steine wären auch in den Säcken gelandet.

Bei uns benutzte man einen Siebroder, den mein Mann fuhr, um die Kartoffeln aus der Erde zu holen. Sie lagen dann in Reihen auf dem Acker und mussten von Hand aufgelesen werden. Dabei war ich voll im Einsatz – sowohl vor als auch nach der Entbindung. Da ich mich mit dickem Bauch nicht mehr hatte bücken können, war ich auf den Knien vorwärts gerutscht. Außer mir waren beim Sammeln die Schwiegermutter, ihre Cousine und deren zwei Töchter im Einsatz. Im Gegenzug halfen meine Schwiegermutter und ich auch mit, wenn auf deren Hof die Kartoffeln gerodet wurden.

Das Sammeln musste sehr schnell gehen, deshalb blieb keine Zeit, die Kartoffeln zu sortieren. Wie sie kamen, wurden sie in die Draht- oder Plastikkörbe gerafft, die von den Männern – dem Mann und dem Sohn der Cousine – auf den Kipper entleert wurden. In der Scheune ließ man sie dann acht bis zehn Tage liegen, bis sie sortiert wurden. Die großen Kartoffeln wurden zum Verkauf zentnerweise in Säcke gefüllt und brachten gutes Geld. Die kleinen Kartoffeln behielt man für die Schweine. Früher hatte man davon jeden Tag einen Kessel voll für die Schweine gekocht. Das kannte ich noch von zu Hause. Auf dem Hof meiner Schwiegereltern war man aber schon so fortschrittlich, dass man eine Kartoffeldämpfmaschine besaß. In der wurden die Saukartoffeln in großen Mengen gedämpft, so etwa 20 bis 25 Zentner gleichzeitig. Das dauerte etwa eine Stunde. Anschließend musste das Wasser ablaufen, dann wurden die Kartoffeln luftdicht in einem Silo gelagert. Davon konnte man dann den ganzen Winter über die Schweine füttern.

Nach der Kartoffelernte, bei der sich mein Schwiegervater kein einziges Mal auf dem Feld hatte sehen lassen, sagte ich zu ihm: »Wenn du nächstes Jahr wieder so viele Kartoffeln anpflanzt, dann gehst du auch mit zum Sammeln. So geht das ja nicht, dass du uns die ganze Arbeit allein machen lässt.«

Seine Antwort war: »Meinst du, ich tät mir von dir jungem Schnösel sagen lassen, was wir anzupflanzen haben?«

»Du kannst ja anpflanzen, was du willst, aber dann kannst du nächstes Jahr allein ins Feld gehen.«

Das geschilderte Gespräch hört sich vielleicht ein bisschen grob an, aber im Großen und Ganzen hatten wir ein gutes Verhältnis, und einer wusste vom andern, dass solche Äußerungen nicht bös gemeint waren.

Von Anfang an musste ich mit allen Maschinen fahren, die es im Betrieb gab. Das bereitete mir keine Schwierigkeiten. Dafür hatte ich ja die landwirtschaftliche Ausbildung gemacht.

1980 war ein total verregnetes Jahr. Da wollte sich partout kein Wetter zum Heumachen einstellen. Bestenfalls schien zwischendurch für zwei Tage die Sonne, und wenn das Gras so weit abgetrocknet war, dass man es hätte mähen können, kam der nächste Dauerregen. Davon ließen sich mein Mann und sein Vater jedoch nicht beirren. Beide waren ausgefuchste Tüftler, und so »bastelten« sie sich eine Heutrocknungsanlage. Dieses Gebilde stellten sie in der Scheune auf. Es bestand aus

Lochblechen und bildete eine Art Straße, die rund vierzig Meter lang und etwa zwei Meter breit war. Vor diese Straße setzten sie ein Warmluftgebläse. Das Gras luden sie auf diese Straße, die sich an dem Warmgebläse vorbeibewegte. Das hat wirklich funktioniert. Am Ende war aus dem Gras Heu geworden – eigentlich eine geniale Erfindung. Im Endeffekt war es für uns aber doch nicht die Lösung. Der Trocknungsvorgang dauerte viel zu lange, als dass man die Masse an Heu, die wir benötigten, bewältigt hätte. Zu dieser Zeit hat man zwar auch schon aus Gras Silage gemacht, aber für die Rinder war Heu als Grundfutter unerlässlich.

Meine Schwiegermutter versorgte, wie bereits erwähnt, außer ihren 10 Kühen auch noch 25 Zuchtsauen, von denen es regelmäßig Ferkel gab. In der Regel kamen Kleinbauern, die ihr zwei bis fünf Ferkel abkauften. Die verbliebenen Ferkel fütterte man selbst bis zur Schlachtreife und verkaufte einige davon an den Metzger. Der Rest landete in der hauseigenen Metzgerei bei Schwager Walter zur Direktvermarktung. Auch die Bullen aus unserem Maststall gingen großenteils durch die hofeigene Metzgerei. Mit der Zeit hatte sich ein ganz ansehnlicher Kundenstamm gebildet, und die meisten kauften gleich ganze Bullenviertel. Da die Familien damals noch größer waren, lohnte sich das für sie. Heute ist so etwas nicht mehr denkbar. Damals aber brachte uns diese Art der Vermarktung schöne Einkünfte.

Wenn man als Landwirt überleben wollte, musste man nicht nur darauf bedacht sein, seinen Betrieb ständig zu vergrößern – durch Zupachten, denn keiner verkauft gern Land –, man musste aber auch ganz schön findig sein und sein Ohr ständig am Puls der Zeit haben.

Irgendwann im Jahre 1980 waren die Preise für Rindfleisch dermaßen gefallen, dass sich die Bullenmast kaum noch lohnte. Deshalb machte ich meinem Mann und seinem Vater einen Vorschlag: »Wenn wir unsere Landwirtschaft erhalten wollen, müssen wir uns umstellen. Ihr seht doch selbst, die Bullenmast bringt nichts mehr ein. Was haltet ihr davon, wenn wir uns stattdessen weitere Milchkühe in den Stall stellen?«

»Jetzt guck dir die an«, spottete mein Schwiegervater, »ist noch keine zwei Jahre auf dem Hof und will uns schon sagen, wo es langgeht.«

»Das muss euch ja mal einer sagen, weil ihr die Augen vor der Realität verschließt.« Stattdessen guckt ihr beiden lieber ins Glas, hätte ich am liebsten hinzugefügt, hielt es aber für klüger, es nicht zu tun. – »Jaa, wenn du so klug bist, dann mach, was du willst, aber wir melken nicht!«, war die einmütige Antwort von Vater und Sohn. »Wenn du diese Umstellung willst, musst du auch melken.«

»Wenn ihr den Betrieb bankrott gehen lassen wollt, dann müsst ihr so weiterwirtschaften wie bisher«, fauchte ich die beiden an. Doch das ließ die beiden Bauern völlig kalt. Ich aber wollte nicht mit ansehen, wie der so mühsam aufgebaute Betrieb den Bach hinunterging. Das ließ mein Verantwortungsgefühl nicht zu. Schließlich waren wir sieben Personen, die vom Ertrag des Anwesens lebten, und wie es aussah, würden es noch mehr werden. Obwohl ich die jüngste Erwachsene auf dem Hof war, sah ich klarer als alle anderen zusammen, was auf uns zukam, und fühlte mich sowohl für den Betrieb als auch für dessen Bewohner mehr verantwortlich als die beiden Familienväter. Und das, obwohl ich nur die »Schnur«, also die Eingeheiratete war. Schließlich gaben sie zähneknirschend nach, blieben aber bei ihrer Weigerung, sich am Melken zu beteiligen. Das blieb dann tatsächlich allein an mir hängen. Ich nahm es aber in Kauf. Hauptsache, unsere Existenz war gesichert.

Es gelang uns auch, günstig eine gebrauchte Absauganlage zu erstehen. Sie stammte von einem expandierenden Betrieb, der sich eine neue gekauft hatte. Eine Absauganlage befördert die Milch von der Kuh direkt durch Rohre in einen Sammeltank. Damit entfällt das lästige Hantieren mit den Milchkannen. Dann haben wir die Bullen nach und nach verkauft. Auf der einen Seite des vormaligen Bullenstalles, also da, wo die Kühe hinkommen sollten, haben wir die Melkanlage installiert und auf der anderen Seite eine Milchkammer gebaut, deren Tank 1500 Liter fasste.

Im Frühjahr 1981 habe ich dann angefangen, 35 Kühe auf dieser Anlage zu melken. Die Arbeitseinteilung war damals so, dass Horst im vorderen Stall mit seiner Mutter bei den Schweinen schaffte und ich hinten, also im Kuhstall, mit dem Schwiegervater, wobei dessen Aufgabe das Ausmisten und Füttern war und die meine das Melken. Das wäre ja alles ganz gut und schön gewesen. Mein Schwiegervater aber war ein Langschläfer. Er ließ sich meist erst blicken, wenn ich seine Aufgaben schon erledigt hatte. Jeden Morgen musste ich mich also mit den lieben Tieren, die auch nicht immer so pariert haben, wie sie sollten, allein herumplagen.

Nachdem das eine ganze Weile so gegangen war, platzte mir schließlich der Kragen. »Also Horst, so geht das nicht weiter. Dabei mache ich mich kaputt. Ab sofort schaffen wir beide zusammen hinten im Stall und deine Eltern können vorne arbeiten. Dass wir beide so getrennt herumwurschteln, das passt mir nicht.«

Das haben dann alle Beteiligten eingesehen, und so arbeiteten mein Mann und ich gemeinsam im Kuhstall. In dieser Zeit bemerkte ich, dass ich wieder schwanger war. Nachdem mir mein Arzt als Termin für die Niederkunft den 1. August errechnet hatte, verkündete ich das bevorstehende freudige Ereignis der versammelten Familie beim Abendessen. »Und wer soll in der Zeit die Kühe melken?«, war das Einzige, was dem werdenden Vater dazu einfiel.

»Da wird sich schon jemand finden«, war meine ebenso lakonische Antwort. Mir sollte das auch egal sein, wenn ich im Krankenhaus lag. Obwohl nun alle im Haus wussten, dass ich in anderen Umständen war, wäre niemand auf die Idee gekommen, mich bei der Arbeit ein wenig zu entlasten. Zum Glück verlief meine zweite Schwangerschaft ebenso problemlos wie die erste, trotz des randvollen Tageslaufs. Denn ich hatte ja nicht nur meine Pflichten in Haus und Stall, ich hatte ja auch noch meine kleine Antonia zu versorgen, die ich notgedrungen überallhin mitschleppte.

Als der errechnete Geburtstermin um einige Tage überschritten war und sich nichts tat, war ich ein wenig beunruhigt und meldete mich für den 7. August bei meinem Frauenarzt an. Wie zu erwarten war, hatte mein Mann an diesem Morgen wieder eine »sehr dringende Sache zu erledigen« und konnte mich nicht zum Arzt fahren. Deshalb wandte ich mich an meine Nachbarin, die Cousine meines Mannes: »Du, Ursula, kannst du mich vielleicht runter nach Trier fahren?«

»Ja, runterfahren kann ich dich. Und wenn es nicht zu lange dauert, kann ich dich auch wieder mit zurücknehmen. Du weißt ja, um 11.00 Uhr heiratet die Birgit (ein Nachbarmädchen), und ich bin eingeladen ...«

»Es wird sicher nicht lange dauern«, versuchte ich, ihre Bedenken zu zerstreuen. »Entweder kann ich nach der Untersuchung gleich wieder heim oder ich muss direkt ins Krankenhaus. Vorsichtshalber nehme ich meine Tasche schon mal mit. Vielleicht kannst du mich noch zur Klinik fahren und dann gleich heim.«

Nach der Begrüßung schilderte ich dem Arzt, dass meine Fahrerin es eilig habe, nach Hause zu kommen und bat ihn, sich mit der Untersuchung zu beeilen. Als er damit fertig war, erklärte er: »Nein, Frau Jakoby, nach Hause lassen kann ich Sie nicht mehr. Wir machen eine Einleitung; das Kind kommt heute noch auf die Welt.«

Ursula brachte mich also zum Herz-Jesu-Krankenhaus und begleitete mich noch bis zum Kreißsaal, wo ich mich mit den Worten verabschiedete: »Vielen Dank. Jetzt kannst du heimfahren. Grüß das Brautpaar von mir und richte dem Horst einen schönen Gruß aus, ich wäre schon im Krankenhaus. Er soll so bald wie möglich vorbeikommen.«

Doch was machte der Kerl? Der meldete sich den ganzen Tag nicht. Es erfolgt kein Anruf, und blicken lässt er sich erst recht nicht.

Unterdessen wurde die Geburt eingeleitet, indem man mich an einen Wehentropf hängte. Wenig später bekam ich eine Rückenmarksspritze, wie ich das schon von meiner Beinoperation her kannte. Die Hebamme erklärte beruhigend: »Innerhalb von zwei Stunden haben Sie Ihr Kind.«

Aber wie es der Teufel wollte – nach einer halben Stunde setzten die Herztöne des Kindes aus. In Panik setzte die Hebamme den Wehentropf ab, und siehe da, die Herztöne des Kindes kamen wieder. Sonst tat sich nichts. Ich lag da, konnte weder laufen noch mich bewegen, weil ja die Wirkung der Anästhesiespritze anhielt. Also hing ich den ganzen Tag in dem blöden Kreißsaal herum. Am Nachmittag, so gegen drei wurde die Hebamme durch eine andere abgelöst. Diese sagte: »Jetzt probier ich was anderes aus. Dann wird das Kind schon kommen.«

Für mein Gefühl lag das Kind aber noch viel zu hoch. »Das will noch nicht«, erklärte ich der Hebamme, »es liegt noch viel zu weit oben.«

»Das wird schon kommen«, antwortete sie als Profi siegesbewusst. »Ich habe jetzt ein anderes Wehenmittel genommen.«

Tatsächlich stellten sich ordentliche Wehen ein. Wegen der Spritze merkte ich zwar nicht viel davon, aber der Wehenschreiber zeichnete sie gewissenhaft auf.

Gegen 18.00 Uhr endlich ein Fortschritt: Die Fruchtblase platzte. Im Nu verbreitete sich hektisches Treiben um mich herum. Mein Arzt erschien nebst einer Krankenschwester, und eine zweite Hebamme tauchte auf. In die scheinbare Ratlosigkeit hinein rief die erste Hebamme: »Ich sehe das Köpfchen schon, aber es kommt nicht. Anscheinend ist es mit der Nabelschnur verheddert. Jetzt pressen Sie so schnell wie möglich!«

»Das sagen Sie so leicht, aber wie macht man das?«, fragte ich hilflos.

»Wir müssen einen Dammschnitt machen«, rief der Arzt.

Eine knappe halbe Stunde später war das Kerlchen endlich da. Ganz blau angelaufen war mein Sohnemann, 52 Zentimeter lang und gut sieben Pfund schwer. Er würde den Namen Gerd bekommen, den sein Vater rechtzeitig für ihn ausgesucht hatte. Mächtig stolz war ich auf meine Leistung. Jetzt hatte er endlich den ersehnten Sohn! Aber ehe ich ihm diese tolle Neuigkeit mitteilen konnte, musste ich erst genäht werden. Als ob er es geahnt hätte, rief mein Ehemann endlich um 18.30 Uhr an. Eine der Hebammen nahm den Hörer ab. Horst wollte wissen, ob das Kind schon da sei. Stolz berichtete die Geburtshelferin: »Sie haben gerade einen Sohn bekommen! Sie können Ihre Frau jetzt noch besuchen.«

Doch welche Antwort bekommt sie von ihm? »Das geht nicht. Heute Abend bin ich auf einer Hochzeit.« Das war also seine Reaktion auf seinen Sohn, den er sich so brennend gewünscht hatte! Und ich hatte erwartet, dass er Luftsprünge machen und mit einem Strauß roter Rosen zu mir eilen würde.

Stattdessen kam noch nicht einmal die Frage, wie es mir gehe oder ob der Sohn gesund sei, geschweige denn eine Frage nach Einzelheiten, etwa dem Gewicht oder der Größe. In diesem Moment zerbrach etwas in mir.

Es war ein Freitag, an dem Gerd geboren worden war. Aber auch am Samstag kam sein Vater nicht. Außer mir waren zwei weitere junge Mütter in dem Zimmer. Deren Ehemänner erschienen schon am Vormittag strahlend mit Blumen. Noch lebte eine kleine Hoffnung in mir. Nachdem der ganze Samstag vergangen war, ohne dass mein Mann sich hatte blicken lassen, stänkerte eine meiner Zimmergenossinnen: »Ich glaube, du hast gar keinen Mann, der käme doch sonst gucken.«

»Ja, doch«, beteuerte ich. »Sicher habe ich einen Mann, der wird schon irgendwann auftauchen.«

»Der wartet wohl, bis der Sohn laufen kann«, frotzelte die andere. Solche Bemerkungen waren mir nicht nur furchtbar peinlich, ich fühlte mich auch unendlich verlassen und verletzt. Nach mir kräht kein Schwein, ging es mir wieder und wieder durch den Kopf. Als es im Zimmer endlich dunkel war, weinte ich still in mein Kissen.

Am Sonntagnachmittag ließ er sich endlich blicken. Ich wäre froh gewesen, wenn er unsere Tochter dabeigehabt hätte. Das wäre eine nette Geste gewesen. Aber stattdessen hatte er seinen besten Freund im Schlepptau. Immerhin hatte er diesmal Blumen dabei! Aber was für Blumen! Keine Rosen! Er brachte einen Strauß Gladiolen, diese langen, unhandlichen Dinger, die in keine Krankenhausvase passen. Aber sie waren billig und schnell zu besorgen gewesen. Denn die hatte er in meinem Nutzgarten nur abzuschneiden brauchen. Und das hatte wohl sogar noch seine Mutter für ihn gemacht. Zu allem Überfluss begann er auch noch aufzuschneiden: »Auf der Hochzeit am Freitag ist mir mehr gratuliert worden als dem Brautpaar.« Zu seinem Sohn natürlich! Für den er ja so viel geleistet hatte und auf den er so stolz war, dass er ihn erst am dritten Tag anschauen kam!

Wahrscheinlich hatte er auf dessen Wohl so viel getrunken, dass er am Samstag weder fahrtüchtig noch zurechnungsfähig gewesen war. »Und mich lässt du hier so allein liegen«, warf ich ihm vor. Aber ich hatte den Eindruck, dass ihn diese Worte nicht einmal erreichten.

Ich empfand es als großes Glück, dass ich wieder bis zum zehnten Tag in der Klinik bleiben durfte.

Am 17. August holte mich mein Mann – o Wunder – eigenhändig, aber ziemlich schweigsam vom Krankenhaus ab. Daheim aber bekam ich etwas zu hören! Man war nämlich seit einigen Tagen damit beschäftigt, das Getreide zu ernten. Wie kann man aber auch Kinder kriegen, wenn Mähdreschen angesagt ist! Und sich zehn Tage ins Krankenhaus legen! Das gehört sich wirklich nicht!

Da Vater und Sohn bei dem guten Wetter den ganzen Tag über im Einsatz waren, blieb die Arbeit in den Ställen an uns beiden Frauen hängen. Noch am selben Tag, an dem ich aus dem Krankenhaus kam, musste ich abends in den Stall und mich um meine 36 Kühe kümmern. Daneben verlangte auch meine fast zweijährige Tochter, die in der Zwischenzeit von Oma Katharina gut versorgt worden war, ihr Recht ebenso wie der Säugling. Ich richtete es mir dann so ein, dass ich das Baby entweder vor oder nach dem Melken versorgte.

Schon äußerlich war Gerd ein ganz anderes Kind als Antonia. Sie hatte das dunkle Haar von mir und auch meinen dunkleren Teint. Gerd dagegen war das getreue Ebenbild meines Mannes. Er war hellhäutig und hatte wie dieser blondes Haar, das aber noch wesentlich heller war als bei Horst. Bis zum Alter von fünf, sechs Jahren waren seine Haare fast schneeweiß, dunkelten dann aber nach.

So pflegeleicht, wie Antonia gewesen war, so problematisch gestaltete sich die Pflege unseres Sohnes. Als Reaktion auf die schwere Arbeit versiegte bei mir wiederum bereits nach sechs Wochen der Milchstrom. Also war wieder Fläschchen kochen angesagt. Das bedeutete nicht nur zusätzliche Arbeit, es bekam meinem Sohn auch nicht. Es war geradezu kurios: Wir hatten 36 hervorragende Milchkühe im Stall, und ich musste für meinen Sohn Milchpulver kaufen! Aber egal, welche Babynahrung ich verwendete, mein Kind sah aus wie ein Streuselkuchen.

»Was hat das Kind nur?«, fragte ich besorgt einen Hautarzt. Der vermutete eine Milchallergie und empfahl mir weitere Milchsorten, die ich noch nicht probiert hatte. Es half aber alles nichts. Die sogenannte Milchallergie wurde nur noch schlimmer, und das arme Kind litt weiterhin unter Ausschlägen am ganzen Körper. Auch Ziegenmilch, die gar nicht so leicht zu bekommen war, half nichts. Schließlich riet mir der Arzt, es mit Sojamilch zu probieren. Die gab es damals aber nur in Pulverform, und sie musste extra in der Apotheke bestellt werden. Durch die Sojamilch besserte sich sein Zustand ein wenig, aber nicht so, dass ich zufrieden gewesen wäre. Bei einem weiteren Arztbesuch stellte sich endlich heraus, dass Gerd an Neurodermitis litt. Die Krankheit entwickelte sich so schlimm, dass er sich beide Arme und Beine und alle Körperstellen, die er erreichen konnte, immer wieder blutig kratzte. Ich wusste mir bzw. ihm nicht anders zu helfen, als ihm Handschuhe anzuziehen, damit er sich nicht mehr zerkratzen konnte.

Das Einzige, was der Hautarzt tun konnte, um Gerds Juckreiz zu lindern, war, ihm Cortison-Salbe zu verschreiben. Die trug ich auch immer wieder vorschriftsmäßig auf. Aber dadurch ging die Haut immer mehr kaputt, so dass ich die Salbe schließlich wieder wegließ.

Mir tat das arme Kerlchen unendlich leid, nicht nur wegen seiner Hautprobleme, sondern weil ich so oft mit ihm nach Trier musste. Zu allem Überfluss vertrug er nämlich das Autofahren nicht. Bei jeder Fahrt, egal ob ich schnell oder langsam fuhr, erbrach er sich. Aus diesem Grund nahm ich immer Ersatzklamotten mit. Denn so, wie er in Trier ankam, hätte ich ihn dem Arzt nicht vorstellen können.

Als ob das nicht schon Kummer genug gewesen wäre, stellte der Kinderarzt auch noch fest, dass Gerds Wirbelsäule nicht die normale Krümmung aufwies, sondern dass sie eher wie ein Fragezeichen aussah. Deshalb musste ich fortan zweimal die Woche mit ihm zur Krankengymnastik. Die Therapie musste durchgeführt werden, bis er laufen konnte. Also eine zusätzliche erhebliche zeitliche Belastung für mich. Bei meiner ersten Fahrt zur Krankengymnastin hatte ich in der Eile vergessen, Ersatzkleidung für meinen Sohn mitzunehmen. Als ich ihn auf dem Parkplatz aus dem Auto heben wollte, bemerkte ich mein Versäumnis. Mein Söhnchen hatte sich dermaßen zugerichtet, dass es für die Krankengymnastin eine Zumutung gewesen wäre, ihn so zu präsentieren. Also steuerte ich mit Gerd zunächst auf die Babyabteilung eines Kaufhauses zu und kleidete ihn von Kopf bis Fuß neu ein.

Mit 16 Monaten begann er endlich zu laufen und war auch gleich ziemlich sicher auf den Beinen, so dass wir mit der Gymnastik aufhören konnten. Was aber weiterhin blieb, war sein nächtliches Gebrüll, weil ihn die Neurodermitis so plagte. Dadurch kam ich nachts nicht mehr richtig zur Ruhe. Beim ersten Piepser schreckte ich hoch, beruhigte ihn mit der Flasche und trug ihn umher, bis er wieder eingeschlafen war, während mein Mann – davon völlig unberührt – selig weiterschlief. Als der Junge zwei Jahre alt war, griff ich endlich zu einer drastischen Maßnahme: Ich verbannte ihn aus unserem Schlafzimmer. Das mag vielleicht grausam klingen, aber ich war mit den Nerven dermaßen am Ende, dass es so nicht mehr weitergehen konnte. Die Folge davon war, dass Gerd zwei Nächte durchbrüllte – was ich durch die angelehnte Kinderzimmertür hörte –, was mir fast das Herz zerriss. Mehr als einmal war ich drauf und dran, aufzuspringen und hinüber zu meinem gepeinigten Kind zu eilen. Aber ich blieb eisern. Meine Tochter, deren Bettchen neben dem ihres schreienden Bruders stand, hatte zum Glück einen bewundernswert festen Schlaf, so dass sie nicht aufwachte. Nach zwei Nächten war Ruhe. Von da an hat er durchgeschlafen und ich fragte mich, warum wir diese Maßnahme nicht schon früher durchgeführt hatten.

Eigener Herd ...

In der schwierigen Zeit, die ich mit meinem Sohn Gerd durchmachte, tauchten noch Probleme anderer Art auf, wie sie das Zusammenleben von so vielen Personen aus drei Generationen eben mit sich bringt. Außer meinen Schwiegereltern lebten nämlich noch ihre beiden anderen erwachsenen Söhne mit im Haus. Morgens ging es schon los mit dem Gerangel um das eine Bad. Sowohl in der Küche als auch im Wohnzimmer prallte man immer wieder aufeinander. Die Schwiegermutter kochte immer nur das, was ihre Herren Söhne gerne mochten, nach meinem Geschmack wurde nicht gefragt. Außerdem nahm man die Neurodermitis meines Sohnes nicht ernst. Dass er besondere Kost brauchte, ließ man nicht gelten. Kategorisch hieß es: »Du verwöhnst das Kind nur. Das soll essen, was auf den Tisch kommt.«

In dieser Zeit begann ich den Spruch immer besser zu verstehen, der in Kreuzstich gestickt in unserem alten Bauernhaus über dem Herd gehangen hatte. Als Kind hatte ich ihn unzählige Male gelesen, ohne ihn zu verstehen: Eigner Herd ist Goldes wert.

Auch um das Fernsehen gab es immer wieder Streit. Anfang der Achtzigerjahre war der Fernseher kaum noch aus deutschen Wohnzimmern wegzudenken. Mein Schwiegervater pflanzte sich jeden Abend davor und schaltete ein, was ihn interessierte. Dass einige von uns gerne etwas anderes gesehen hätten, interessierte ihn nicht. Sein Programm ließ er mit voller Lautstärke laufen, so dass es für uns andere nicht mehr möglich war, uns zu unterhalten. Lange Zeit hatte es im Fernsehen nur ein Abendprogramm gegeben. Als auch am Nachmittag Sendungen ausgestrahlt wurden, war das ein gefundenes Fressen für ihn. Er ließ seine Arbeiten liegen, schaltete die Glotze ein und hockte sich schon nach dem Mittagessen davor. Da er auch weiterhin das Abendprogramm bestimmte – meist politische Sendungen, während wir anderen lieber etwas Unterhaltsames gesehen hätten –, wurde es mir irgendwann zu bunt. Auch war ich nicht mehr bereit, meine spärliche Freizeit mit allen Familienmitgliedern verbringen zu müssen. Uns blieb überhaupt keine Privatsphäre. Denn nicht nur die liebe Familie schwirrte dauernd um einen herum. Im Haus gab es – durch die Direktvermarktung und die Lohndrescherei – auch viel Publikumsverkehr. Man konnte sich nicht einmal für eine halbe Stunde zurückziehen. Immer musste man präsent sein, und alles andere war wichtiger als ich. Unsere Schlafkammer war der einzige Raum im Haus, in dem wir für uns waren. Aber selbst darin standen anfangs die beiden Kinderbettchen, und der Kleine schlief auch tagsüber dort.

»Es muss etwas geschehen«, lag ich meinem Mann in den Ohren. »Die jetzige Situation halte ich nicht mehr aus. Ich möchte endlich ein eigenes Familienleben haben.«

Diese Forderung war keineswegs schwer zu erfüllen, wir lebten immerhin in einem riesengroßen Haus. Nur ein paar kleine Umbaumaßnahmen waren vonnöten, damit wir, die junge Familie, endlich unser eigenes Reich bekamen.

Als erster Schritt wurden auf dem geräumigen Dachboden zwei Kammern ausgebaut, für jeden meiner Schwager eine. Dadurch bekamen wir das Zimmer dazu, in dem die beiden bisher genächtigt hatten und das direkt neben unserem Schlafzimmer lag, mit diesem durch eine Tür verbunden. Es war ein ideales Kinderzimmer, denn so konnte ich auch nachts immer wieder nach den Kleinen gucken, wenn ich irgendetwas Auffälliges bemerkte. Als Gerd allmählich außer Milch noch etwas anderes zu sich nehmen konnte, häuften sich die Probleme erneut. Er vertrug keine Babynahrung aus dem Glas, egal von welchem Hersteller. Wie zu Urväter Zeiten bereitete ich ihm mühsam und auf zeitraubende Weise seine Mahlzeiten selbst zu, hauptsächlich mit Karotten und Kartoffeln. Auch Brot konnte er bedingt essen, ab und an mal einen Löffelbiskuit, eine Banane oder einen geriebenen Apfel.

Es waren aber nicht nur Nahrungsmittel, die meinem Sohn zu schaffen machten. Es schien auch am Waschmittel zu liegen. Also probierte ich eines nach dem anderen aus. Auf jedes reagierte er allergisch. Seine Sachen mussten aber doch gewaschen werden! Mit diesem Kind war ich schier am Verzweifeln. Ich wusste nicht, was ich noch alles mit ihm anstellen sollte. Es kam so weit, dass ich mich mit ihm nicht mehr auf die Straße traute. Ständig sah er aus, als sei er misshandelt worden. Immer war er an den Armen und Beinen übersät mit Kratzern und Blut.

Wieder einmal stand ich verzweifelt in einem Laden am Waschmittelregal und studierte intensiv die Aufdrucke, ob mir vielleicht von da eine Erleuchtung käme. Plötzlich sprach mich eine Bekannte an, die wohl schon eine Weile neben mir gestanden und mich beobachtet hatte. »Soll ich dir mal was anderes geben?«, fragte sie mich unvermittelt.

»Ja – wie? Was meinst du damit?«, stotterte ich vor Überraschung.

Mit wenigen Worten erklärte sie mir, dass sie Wasch- und Reinigungsmittel vertreibe, die speziell für Allergiker und Personen mit Neurodermitis geeignet seien. Sollte diese unverhoffte Begegnung die Lösung meiner Probleme bedeuten?

Jedenfalls ließ ich mir von ihr mal eine Packung des Waschmittels vorbeibringen und probierte es aus. Und siehe da, der Zustand meines Sohnes besserte sich sofort. Von da an kaufte ich meine Waschmittel und andere Reinigungsprodukte nur noch von dieser Bekannten.

Natürlich musste ich weiterhin auf Gerds Ernährung achten. Immer wieder experimentierte und probierte ich, bis ich schließlich herausgefunden hatte, was er essen durfte und was nicht. Zitrusfrüchte z. B. musste ich völlig streichen. Die zeigten eine verheerende Wirkung bei ihm.

Damit meine Kinder am frühen Morgen nicht ohne Aufsicht waren, nahm ich sie mit in den Stall. Damals kamen gerade die Tragetücher auf. So habe ich meinen Sohn immer und überall mitgeschleppt, je nachdem, wie es sich ergab, mal auf dem Rücken und mal auf dem Bauch. Antonia war zu der Zeit schon alt und vernünftig genug, dass ich sie zu den Schweinen setzen konnte. Noch heute amüsiert sie sich köstlich, wenn sie sich die Fotos anschaut, auf denen sie mit den Ferkeln bei der Muttersau liegt oder wie sie unter der Wärmelampe sitzt und ein Ferkel im Arm hält. Mit Begeisterung hat sie die Ferkelchen geknuddelt und an sich gedrückt, hat sich dabei aber stets an meine Warnung gehalten: »Du darfst nie zum Maul der Sau gehen, die beißt dich sonst.« Sie blieb also immer schön hinter der Sau unter der roten Lampe.

Wie bereits erwähnt, besaßen meine Schwiegereltern einen Hund, der recht scharf war. Der war mal draußen, mal in der Wohnung und mal im Stall. Das war für ihn kein Problem, denn er schaffte es, alle Türen aufzumachen. Nero hieß der Hund, und Antonia liebte ihn besonders. Vor dem Haus hatten wir eine Treppe mit acht Stufen, die in einem kleinen Podest endeten. Auf diesem pflegte meine Tochter zu sitzen und mit dem Hund zu spielen. Es war an einem Spätnachmittag im September, sie war noch nicht ganz zwei Jahre alt, da lag sie in der Sonne auf dem Podest, den Hund friedlich im Arm. Ich war mit einer Arbeit auf dem Hof beschäftigt. Plötzlich jaulte der Hund auf, und meine Tochter brach fast gleichzeitig in lautes Weinen aus. Natürlich dachte ich sofort, dass der Hund mein armes Kind gebissen hatte, und stürzte hin. Sogleich untersuchte ich meine Tochter, konnte jedoch keine Schramme an ihr finden. Besorgt fragte ich: »Wohin hat dich der Hund denn gebissen?«

Da erklärte sie treuherzig: »Ich Hund beißt«, und zeigte auf sein rechtes Ohr. Tatsächlich war dort eine Bissspur zu entdecken. Offensichtlich hatten wir versäumt, ihr ein Schild umzuhängen mit der Aufschrift: Vorsicht, bissiges Kind!

Im Jahr davor, als Antonia erst ein knappes Jahr alt war, hatte ich ihr am Mittag ihr Essen gegeben und sie dann zum Mittagsschlaf niedergelegt, ehe ich aufs Feld ging, um bei der Kartoffelernte zu helfen. Damit sie sich beschäftigen konnte, wenn sie aufwachte, gab ich ihr allerlei Spielsachen mit ins Bett. Als ich dann gegen halb fünf nach Hause kam, rief mir die Nachbarin schon von weitem zu: »Eure Antonia hat heute Nachmittag aber ganz schön rumgebrüllt. Das hättest du hören müssen.«

Das tut einer Mutter dann schon weh. An der Situation konnte ich jedoch nichts ändern. Ins Kartoffelfeld konnte ich das Kind wirklich nicht mitnehmen, es musste ja seinen Mittagsschlaf haben. Auch sonst gab es niemanden im Haus, der sich nach seinem Aufwachen mit ihm hätte beschäftigen können. Es waren ja alle bei der Kartoffelernte. Vermutlich ist es damals vielen Bäuerinnen so ergangen, dass sie sich zu wenig um ihre Kinder kümmern konnten. Unser Gerd sagt heute noch vorwurfsvoll: »Mama, du hast für uns nie Zeit gehabt.«

Es war um die Jahreswende von 1982 auf 1983, da wagte ich wieder einen Vorstoß in Richtung Privatleben: »Du, Horst, das geht so nicht weiter, ich will meine eigene Küche haben.«

Auf dem Dachboden gab es nämlich neben den Schlafräumen meiner beiden Schwager noch eine Riesenfläche, die ungenutzt war – ideal für eine Küche. Der Vorschlag wurde zunächst abgetan mit den Worten: »Unten in der Küche ist Platz genug für alle.« Da ich aber beharrlich genug dran weiterbohrte und mir die Wohnsituation mit dem gemeinsamen Wohnzimmer und dem dominanten Großvater und dem Gedränge im Bad schon lange nicht mehr gefiel, erreichte ich es schließlich, dass für uns tatsächlich eine Küche, ein Wohnzimmer, ein Bad und ein Abstellraum ausgebaut wurden. Dazu übernahmen wir die zwei Schlafkammern, die für die beiden Schwager ausgebaut worden waren, und die Herren zogen nach unten in die beiden Schlafräume, die wir bisher benutzt hatten. Innerhalb von vier Monaten war alles fertig. Wir hatten für unsere Kleinfamilie endlich eine eigene Wohnung, eine Privatsphäre für unsere Familie. Ich konnte mich gelegentlich zurückziehen und Abstand gewinnen von der Hektik im Haus. Endlich gab es auch einen eigenen Fernseher, in dem ich gucken konnte, was mir gefiel. Opa konnte es sich allerdings nicht verkneifen, uns von Zeit zu Zeit zu ermuntern: »Ihr müsst jetzt das da gucken, das ist interessant, und das und das ...«

Meine Antwort darauf war jedes Mal: »Dein Ratschlag ist zwar gut gemeint, aber wir gucken bei uns, was wir wollen, und nicht das, was du willst.« Damit gab er sich für eine Weile zufrieden.

Unten in der großen Familienküche wurde aber weiterhin gemeinsam das Mittagessen eingenommen. Das war insofern zweckmäßig, als nicht zwei Frauen am Herd stehen mussten. Außerdem wurden dort die Aufgaben besprochen und verteilt.

Drei Jahre nach Gerds Geburt, also im Frühjahr 1984, war ich erneut in anderen Umständen. Der vom Arzt errechnete Geburtstermin war der 10. August. Das kann ja heiter werden, dachte ich, wieder genau zur Getreideernte. Da werden unsere Männer wieder hocherfreut sein. Die Probleme kamen aber schon wesentlich früher. Immer wieder plagte mich eine schreckliche Migräne, so dass ich fast gar nicht mehr arbeiten konnte. Immer wieder lag ich flach und konnte mich noch nicht einmal um die Kinder kümmern. Die nahm mir dann freundlicherweise die Schwiegermutter ab. Das Melken musste notgedrungen mein Mann übernehmen. Ging es mir dann wieder einigermaßen gut, stürzte ich mich wieder in die Arbeit und meinte, das Versäumte aufholen zu müssen. Das war aber ein Fehler, denn sofort lag ich wieder auf der Nase. Im vierten Monat suchte ich endlich wieder meinen Gynäkologen auf. Der schrieb mich für sechs Wochen krank und »verordnete« mir eine Betriebshelferin. Die wurde mir dann vom Bauernverband zur Verfügung gestellt und trat acht Tage später ihren Dienst bei uns an. Sie hieß Ulla, war 19 Jahre alt, kam aus dem Saarland und arbeitete von Montag bis Freitag bei uns. Ihren Tag begann sie bei uns morgens pünktlich um 7.30 Uhr und blieb bis 18.30 Uhr. Sie war eine ungemein tüchtige Person, dabei groß und stark. Sie hatte zwar keine Ausbildung in Land-, sondern in Hauswirtschaft, aber sie konnte einfach alles und packte ordentlich zu. Mit den Männern im Feld schaffte sie ebenso gut wie im Stall oder im Haushalt. In der Zeit, in der sie bei uns aushalf, besuchte sie nebenbei die Meisterschule im rund 30 Kilometer entfernten Morbach, um die Meisterprüfung abzulegen. Zum Glück hatte sie Führerschein und Auto.

Geschickt hatte man sie uns für sechs Wochen, ihr Aufenthalt dehnte sich jedoch auf fünf Monate aus. Denn mein Zustand besserte sich nicht. So bekam ich von meinem Arzt immer wieder ein Nachfolgeattest, und Ulla musste bleiben.

Wie es der Teufel wollte, war sie am 9. August zum Unterricht in Morbach, und nach dem Unterricht fuhr sie gleich heim. Gegen 18.00 Uhr waren Mann und Schwiegervater noch mit den Mähdreschern unterwegs, und es wurde langsam Zeit, die Kühe zu melken. Was sollte ich tun? Ich konnte die Tiere doch nicht warten lassen, bis die Männer nach Hause kamen. Es konnte 22.00 Uhr werden, denn das Wetter war ideal für die Getreideernte. Das musste man nutzen, so lange es hell war. Die Kühe brauchten aber ihre regelmäßige Versorgung. Die Schwiegermutter konnte man auch nicht einspannen. Sie war mit meinen Kindern und der Arbeit im Schweinestall voll ausgelastet. Außerdem wusste sie mit der Melkanlage nicht umzugehen. Also rappelte ich mich mühsam hoch, um in den Kuhstall zu gehen. Den ganzen Vormittag über hatte ich mich miserabel gefühlt, todmüde und völlig zerschlagen. Deshalb hatte ich den ganzen Nachmittag geschlafen. Um 18.30 Uhr kam ich endlich in den Stall zu meinen Kühen und setzte die Melkanlage in Betrieb. Als ich mit dem Melken fertig war, es war so gegen 20.30 Uhr, hörte ich einen Mähdrescher kommen. Ich sah aus dem Stall und erkannte, dass es mein Mann war. Der muss einen Schaden an seiner Maschine haben, dachte ich, sonst würde er nicht schon jetzt heimkommen. Unser Kuhstall lag etwa 300 Meter vom Wohnhaus entfernt. Ich eilte also zurück zum Wohnhaus, dem die Werkstatt angeschlossen war.

Vielleicht sollte ich noch erwähnen, dass ich bei meinen beiden ersten Schwangerschaften zwischen 12 und 13 Kilo zugenommen hatte, bei der dritten waren es jedoch 18 Kilo. Deshalb war ich rund wie eine Tonne. Von der Stallarbeit trug ich noch meine klobigen Gummistiefel, als ich vor der Werkstatt erschien, in die mein Mann gerade seinen Mähdrescher rückwärts einparkte.

Ich blieb stehen, um zu sehen, was an seiner Maschine repariert werden musste. In dem Moment spürte ich, wie mir das Fruchtwasser in die Stiefel lief.

»O Horst«, rief ich, »du kommst genau richtig. Jetzt geh ich duschen, und danach kannst du mich ins Krankenhaus fahren.«

»Wie bitte?«, fragte er, als hätte er nicht verstanden.

»Ja, bei mir ist gerade die Fruchtblase geplatzt.«

Er hat mich dann tatsächlich nach Trier gefahren. Um 21.30 Uhr kamen wir beim Krankenhaus an, und mein Mann begleitete mich erstaunlicherweise bis in den Kreißsaal. Jetzt ist er wenigstens bei der Geburt seines dritten Kindes dabei, dachte ich erfreut. Bei der ersten Untersuchung durch den Frauenarzt hatte dieser beim Blick auf das Ultraschallbild prophezeit: »Frau Jakoby, Sie kriegen ein Mädchen.« Und da er den Geburtstermin auf den 10. August berechnet hatte, fügte er hinzu: »Ich habe selbst am 10. August Geburtstag. Wenn Sie es schaffen, dass Ihr Kind tatsächlich an diesem Datum auf die Welt kommt, kriegen Sie von mir einen schönen Blumenstrauß.«

Daran musste ich jetzt denken. Es war der 9. August, 21.30 Uhr. Ob das Kind noch bis Mitternacht durchhalten würde? Die Hebamme untersuchte mich und stellte fest: »Der Muttermund hat sich noch kein bisschen geöffnet. Aber heimfahren können Sie auch nicht, weil die Fruchtblase geplatzt ist.« Mein Mann saß unterdessen auf einem Stuhl im Kreißsaal, und weil er vom pausenlosen Mähdrescherfahren müde war, nickte er ein.

»Bei mir tut sich ja doch nichts«, sprach ich ihn an. »Am besten, du fährst nach Hause. Ich ruf dich an, wenn es so weit ist.«

Das ließ er sich nicht zweimal sagen, schon war er weg. Weil bei mir ja wirklich noch nichts weiterging, wurde ich vom Kreißsaal auf ein Zimmer verlegt – auf ein Einzelzimmer sogar, weil sonst keines frei war. Dieses lag am hintersten Ende der Wöchnerinnenstation. Ich vermute, es waren fast hundert Meter bis zum Kreißsaal. Und da ich den ganzen Nachmittag geschlafen hatte, war ich in der Nacht putzmunter. Deshalb fragte ich die Schwester, ob sie ein Buch oder eine Zeitschrift für mich habe.

Während ich bis 23.30 Uhr las, verspürte ich immer wieder ein leises Ziehen und Ziepen, aber nichts, das irgendwie an Wehen erinnert hätte. Dennoch entschloss ich mich, vorsorglich hinüber in den Kreißsaal zu wandern. Als ich dort ankam, war es 23.45 Uhr. Überrascht stellte die Hebamme fest: »Gut, dass Sie gekommen sind. Sie gehen nicht mehr zurück in Ihr Zimmer. Der Muttermund ist schon zehn Zentimeter weit offen. Das Kind kommt gleich auf die Welt.«

»Darf ich erst noch meinen Mann anrufen?«

»Ja, aber beeilen Sie sich.«

Obwohl ich es lange klingeln ließ, ging niemand ans Telefon. Wahrscheinlich schliefen alle schon so fest, dass keiner das Läuten hörte. Um 0.20 Uhr – nach nur zwei Presswehen – war das Kind da. Das war wirklich eine wunderbare Geburt. Auch anschließend ging es mir hervorragend, ich brauchte nicht genäht zu werden, obwohl der Knabe acht Pfund wog und 54 Zentimeter lang war. Nachdem er abgenabelt und versorgt war, trug ich ihn eigenhändig ins Kinderzimmer, wo er die Nächte verbrachte. Dann ging ich in mein eigenes Zimmer und schlief wohlig ein.

Morgens um 7.30 Uhr rief ich erneut zu Hause an. Die Schwiegermutter war am Apparat.

»Hol mir doch mal den Horst ans Telefon«, bat ich sie. Mit Absicht ließ ich unerwähnt, dass das Kind schon da war. Als sich mein Mann endlich mit verschlafener Stimme meldete, überfiel ich ihn: »Du, ich habe heute Nacht versucht, dich anzurufen. Wir haben um 0.20 Uhr einen Sohn gekriegt.«

»Siehst du, das habe ich geahnt. Deshalb war ich um die Zeit in Hentern in der Kneipe und habe schon darauf angestoßen.«

»Das war aber sehr voreilig. Es hätte ja auch ein Mädchen werden können, wie es der Arzt prophezeit hatte.«

»Es hat auf jeden Fall gepasst. Wir haben vorsichtshalber erst auf einen Sohn und dann auf eine Tochter angestoßen.«

Zu meiner Verwunderung besuchte er mich tatsächlich noch am selben Tag. Und da es damals noch nicht üblich war, dass in jedem Krankenzimmer ein Fernseher stand, brachte er mir außer einem Strauß Blumen – einem echten, gekauften! – ein tragbares Fernsehgerät mit. Ich war richtig gerührt.

Für unseren zweiten Sohn hatten wir vorher gemeinsam den Namen Markus ausgesucht. Als mein Arzt seine erste Visite bei mir machte – an seinem Geburtstag –, brachte er mir die versprochenen Blumen mit. Es war ein Riesenstrauß von rosa Rosen. Dagegen verblassten die Blumen meines Mannes geradezu.

Da ich vor der Entbindung immer wieder mit meinem Gerd beim Hautarzt gewesen war, hatte dieser bald bemerkt, dass ich wieder schwanger war, und mit unheilschwangerer Stimme geunkt: »Also ich kann

Ihnen nur eins sagen, Ihr nächstes Kind wird die gleichen Hautprobleme bekommen wie Gerd.«

Am liebsten wäre ich ihm ins Gesicht gesprungen, begnügte mich aber damit, abzuwiegeln: »Jetzt machen Sie mal die Pferde nicht scheu. Eine solche Prognose muntert eine Schwangere nicht gerade auf. Es wäre schon schlimm genug, wenn sich das nach der Geburt des Kindes herausstellt.«

Die letzten Schwangerschaftsmonate hatte ich dann versucht, sein Geschwätz zu ignorieren, so weit mir das möglich war. Wie erleichtert war ich daher, als ich meinen Markus betrachtete. Er hatte die gleichen dunklen Haare wie Antonia und auch ihre dunkle Haut.

Als ich nach neun Tagen mit dem Baby nach Hause kam, quartierte ich es natürlich in unserem Schlafzimmer ein und beobachtete es einige Tage lang sehr aufmerksam. Die Prognose des Hautarztes hatte sich glücklicherweise nicht erfüllt, Markus war kerngesund und pflegeleicht.

Mein Sohn Markus

Ja, zu meiner Freude erwies sich Markus, im Gegensatz zu seinem Bruder Gerd, als unkompliziertes Kind, jedenfalls in den ersten neun Monaten. Er hat immer gelacht, war freundlich und vergnügt. Dann aber, von einem Tag auf den anderen und für mich völlig unerklärlich, hat er sich völlig verändert. Er wurde so aufsässig und eigensinnig, wie ich mir das bei einem Kleinkind nicht hatte vorstellen können. Es war abzusehen, dass er ein starrsinniger Mensch werden würde, und das wurde er auch. Wenn er etwas haben wollte, setzte er es durch und nach Möglichkeit sofort. Und so ist er noch heute.

Das fing schon mit dem Haareschneiden an. Als wir es eines Tages für nötig hielten, seine Löckchen das erste Mal abschneiden zu lassen, fragte er skeptisch: »Tut das weh?«

»Nein«, versuchte ich ihn zu beruhigen, »das tut kein bisschen weh.«

»Aber ich fahr nicht mit zum Friseur.«

Der Friseur musste also ins Haus kommen. Zu dieser Zeit besaß Markus schon einen kleinen Trettraktor, und er bestand darauf, auf diesem während des Haareschneidens zu sitzen. Also wanderten wir alle in die Werkstatt, wo sich das Spielzeug befand: Markus, der Friseur, mein Mann und ich. Als der Junge auf seinem kleinen Gefährt saß, hatte er einen weiteren Wunsch: »Aber der Papa muss Haare schneiden, kein Friseur.«

Der Papa stellte sich also hinter seinen Sohn und tat so, als ob er ihm die Haare schneide, in Wirklichkeit machte das aber der Friseur.

Das nächste Mal bewies Markus seinen Starrsinn an dem Tage, an dem im Hause meiner Eltern eine Doppelhochzeit stattfand. Es war der 13. November 1987. Meine Schwester und mein jüngster Bruder Horst heirateten am gleichen Tag. Schon die Tage zuvor waren für mich äußerst anstrengend gewesen. Denn ich hatte alle 20 Torten für die Hochzeitsgesellschaft gebacken. Diese brachte ich – noch ohne Krem und Sahne, was den Transport wesentlich erleichterte – am Vortag zu meiner Mutter und verzierte sie erst dort. Am Hochzeitstag fuhren mein Mann und ich mit den drei Kindern rechtzeitig zu meinem Elternhaus. Bei unserer Abfahrt waren alle drei noch völlig gesund. Kaum waren wir bei meinen Eltern angekommen – nach etwa vierzig Minuten Fahrzeit –, waren zwei davon krank. Mein Mann konnte also nicht mit in die Kirche, er musste auf die kranken Kinder aufpassen. Das war für ihn jedoch kein zu großes Opfer.

Antonia war zum Glück gesund. Sie hatte nämlich die ehrenvolle Aufgabe, für meine Schwester, ihre Patentante, aus einem kleinen Körbchen Blumen auf den Weg zu streuen. Wir fuhren also nach Ralingen, wo die Hochzeit stattfand. Nach dem Brautamt ging ich nicht mit den anderen ins Gasthaus, sondern ich fuhr zu meinem Elternhaus, um nach meinen kranken Jungs zu sehen. Mittlerweile hatten sie hohes Fieber. Was tun? Wir packten sie ins Auto und fuhren nach Trier ins

Krankenhaus. Es war schließlich Samstag und kein Hausarzt zu erreichen. Die erste Diagnose lautete: Verdacht auf Scharlach. Um sie aber sicherstellen zu können, musste ein Abstrich im Hals gemacht werden. Bei Gerd war das kein Problem. Markus aber presste beide Hände vor den Mund. Die konnte man zwar mit Gewalt wegziehen, aber er war nicht zu bewegen, den Mund aufzumachen. Es half kein Bitten und kein Flehen, und Befehle nützten erst recht nichts. Deshalb schlug der Arzt eine absolut sichere Methode vor: »Frau Jakoby, das machen wir jetzt ganz anders. Sie halten ihm die Nase zu, dann geht der Mund irgendwann ganz von alleine auf.«

Das klappte tatsächlich, und der Arzt machte seinen Abstrich. Sobald ich die Nase meines Kleinen wieder losließ, schimpfte er aus tiefstem Herzensgrund: »Du Arschloch!«

Ob er damit den Mediziner meinte oder mich, weiß ich nicht. Jedenfalls habe ich in dem Augenblick gemeint, ich müsste in Grund und Boden versinken. Dazu der Kommentar des Arztes: »Wir sind ja einiges gewöhnt, aber das habe ich auch noch nicht erlebt.«

Markus war zu der Zeit dreieinhalb.

Aber zurück zu unserer Doppelhochzeit. Meine Schwester hatte ein wunderschönes Brautkleid von der Schwester unseres Nachbarn gekauft, weil ihr das Kleid von Cousine Julia, das noch immer in meinem Kleiderschrank hing, nicht passte. Die Braut meines Bruders aber war zu der Zeit bereits hochschwanger. Ihr Brautkleid musste daher extra geschneidert werden, und das gelang so gut, dass man ihr ihren Zustand kaum ansah. Ich aber führte in meinem Auto ihren Koffer mit für den

Fall, dass plötzlich Wehen eingetreten wären. Im Ernstfall hätte das aber nichts genützt, weil ich mit meinem Auto – und damit dem Notfallkoffer – in Trier unterwegs war. Nachdem sich die Diagnose Scharlach bestätigt hatte und wir mit Antibiotika ausgestattet waren, fuhren wir zu unserem Hof im Hunsrück und lieferten die beiden kranken Kinder bei der Schwiegermutter ab.

Mein Mann und ich kehrten – er unbeschwert, ich nicht – zur Hochzeitsgesellschaft zurück und kamen gerade rechtzeitig zum Nachtisch. Nun ja, wir würden uns am Kuchen schadlos halten.

Aufatmend kam die Braut meines Bruders auf mich zu: »Da bist du ja endlich! Stell dir vor, es wäre losgegangen, während du mit meinem Koffer unterwegs warst.«

»Das Kind wäre auch ohne Koffer auf die Welt gekommen«, beschwichtigte ich sie. Das Kind war dann aber so anständig, dass es uns nicht die Hochzeitsfeier verdarb. Es ließ sich Zeit bis zum 4. Dezember.

Noch eine Anekdote zum Eigensinn meines Jüngsten. Während meine beiden »Großen« brav – wie alle anderen Kinder im Dorf – mit dem Bus zum Kindergarten im Nachbarort fuhren, weigerte sich mein Markus konstant. Mir blieb also nichts anderes übrig, als ihn Tag für Tag mit dem Auto zum Kindergarten zu bringen. Und selbst dann musste die Kindergärtnerin den Raum abschließen, damit er nicht ausbüxte. Nach Kindergarten-Schluss musste ich ihn wieder abholen. Nach sechs Wochen endlich fuhr er wenigstens mit dem Bus heim. Und dann dauerte es noch weitere Wochen, bis er endlich bereit war, auch morgens den Bus zu besteigen. Wie übellaunig er anschließend seine Zeit im Kindergarten verbrachte, ist durch viele Fotos dokumentiert. Unter all den Aufnahmen aus seiner Kindergartenzeit gibt es keine einzige, auf der er freundlich lächelnd zu sehen wäre. Mürrisch und starrsinnig blickt er aus jedem Bild.

Natürlich war ich glücklich über unsere eigene Wohnung im Dachgeschoss. Diese hatte aber auch Nachteile, wie sich bald herausstellte. Eines Tages gerieten meine beiden Söhne in Streit. Da geschah es, dass Gerd seinem Bruder einen Schubs gab und der die Treppe herunterkollerte. Das Geländer war aus Schmiedeeisen und mit einigen Schnörkeln verziert, und genau an einem solchen Schnörkel landete Markus mit seinem Kopf. Dabei erlitt er eine Platzwunde an der rechten Schläfe. Sofort raste ich mit ihm im Auto zu unserem Hausarzt. Der desinfizierte die Wunde und wollte sie klammern. Auf normalem Weg aussichtslos! Fünf Erwachsene mussten schließlich das strampelnde und schreiende Kerlchen festhalten. Als wir endlich die Praxis verließen, war ich schweißgebadet.

Eigenartigerweise hatte dieser Sohn sehr schwache Ellenbogengelenke. Wenn man ihn am Arm packte, das brauchte gar nicht sehr fest zu sein, sprang der Ellenbogen aus der Gelenkkapsel. Das war aber nicht weiter dramatisch. In solchen Fällen fuhr ich mit ihm zu unserem Hausarzt, und der renkte das Gelenk ruck, zuck wieder ein.

Einmal aber ist das Unglück an einem Mittwoch passiert. Mittwochs aber waren alle Arztpraxen im näheren Umkreis geschlossen. Was sollte ich tun?

Ich packte meinen Jüngsten ins Auto und fuhr mit ihm nach Saarburg ins Krankenhaus. Dort bestand man darauf, das Gelenk vorher und nachher zu röntgen. War das eine Tortur, bis der Arm schließlich geröntgt war!

»Tut das auch wirklich nicht weh?«, erkundigte sich mein Sohn vorsichtig.

»Aber nein«, versicherte ihm der Arzt. »Ich mache nur ein Foto von deinem Arm, und dann kannst du dir nachher angucken, wie der von innen aussieht.«

»Ich will dat aber net«, beharrte er trotzig.

Mit zwei Mann mussten wir ihn also vor die Röntgenplatte zwingen. Ich dachte, das kann nicht wahr sein. Das schmerzhafte Einrenken ließ er dann willig über sich ergehen, das war er ja gewohnt. Und bei der nachher erfolgenden Röntgenaufnahme, weil er das ja nun kannte, war er ebenfalls friedlich.

Markus war nicht nur eigensinnig, mit zunehmendem Alter entwickelte er auch ein gewisses schauspielerisches Talent, wofür man bei uns den Ausdruck »markieren« verwendete. Dieses »Markieren« war für uns manchmal recht unterhaltsam, mitunter aber auch nicht ungefährlich.

In katholischen Gegenden ist es der Brauch, dass man an Allerheiligen die Gräber besucht. Deshalb kam am frühen Nachmittag dieses Tages immer die ganze Verwandtschaft zu uns ins Haus, damit man gemeinsam zum Friedhof gehen konnte zur Gräbersegnung.

In dem Jahr, Markus war gerade zehn Jahre alt, wollte ich noch, bevor der Ansturm von Verwandten kam, in mein Heimatdorf fahren, um ans Grab meiner Großmutter zu gehen. Deshalb hatte ich zeitiger als sonst gekocht. Zur Feier des Tages gab es etwas Gutes: Koteletts. Meine Schwiegermutter saß mit uns am Tisch und

Herbert, ein guter Bekannter, der uns manchmal in der Landwirtschaft half.

Mitten unter dem Essen stöhnte Markus plötzlich auf. »Hilfe – ich krieg keine Luft mehr!«, stieß er mit schmerzverzerrtem Gesicht aus.

»Markus, jetzt hör aber auf mit dem Blödsinn«, wies ich ihn zurecht. »Irgendwann glaubt dir ja niemand mehr, wenn du immer markierst. Über so etwas macht man keine Witze.«

Ich wandte mich wieder meinem Teller zu. Auf einmal beschwor mich Herbert, der meinen Sohn wohl aufmerksam beobachtet hatte: »Du, Lena, der Markus markiert nicht, das ist echt.« Herberts besorgter Tonfall ließ mich den Ernst der Lage erkennen. »Markus, was ist denn?«, wandte ich mich meinem Sohn zu. Der deutete nur auf seinen Hals, hustete und würgte und schien tatsächlich nach Atem zu ringen. Das Rätsel war schnell gelöst. Markus pflegte nicht mit der Gabel zu essen. Was auf den Teller kam, schnitt er sich klein, und dann schaufelte er alles mit dem Löffel in den Mund. Dabei machte er sich nicht die Mühe zu kauen, sondern schlang das Essen hinunter, wie es kam. Auf diese Weise musste er auch ein Knochenstück vom Kotelett hinuntergeschluckt haben, das ihm nun wohl quer in der Speiseröhre steckte. Ich zerrte ihn ins Bad und steckte ihm einen Finger in den Hals, damit er erbrechen sollte. Das funktionierte leider nicht. Als Nächstes rief ich bei meinem Hausarzt an, erreichte jedoch nur dessen Ehefrau. »Mein Mann ist zu einem Notfall gerufen worden, den kann ich nicht erreichen. Fahren Sie mit dem Jungen nach Saarburg ins Krankenhaus«, war ihr dringender Rat. Ich packte also meinen Sohn ins Auto und raste nach Saarburg. Es war aber kein Hals-Nasen-Ohren-Arzt da. »Ohne den können wir nichts machen«, erklärte man bedauernd. »Fahren Sie nach Trier ins Mutterhaus.«

Das waren noch einmal fast 25 Kilometer, und hinter mir das Kind, das ständig nach Luft rang. Etwa fünf Kilometer vor dem Ziel hörte ich hinter mir ein Würgen, so als ob er erbrechen müsse. Ich brachte den Wagen gerade noch rechtzeitig am Straßenrand zum Stehen, so dass sich Markus ins Freie erbrechen konnte. Es kam sogar Blut mit heraus. Kaum hatte sich der Junge danach den Mund abgewischt, sagte er: »So, Mama, jetzt geht es mir wieder gut. Jetzt will ich nach Hause.«

»Nein, Markus«, entgegnete ich, »da Blut gekommen ist, stimmt was nicht. Wir fahren ins Mutterhaus.«

Der diensthabende HNO-Arzt sah ihm in den Hals und stellte fest: »Der Junge muss sofort operiert werden. Da steckt ein Knochen in der Speiseröhre.«

Mein Sohn, der noch nie im Krankenhaus gewesen war, rief in Panik: »Mama, ich bleib doch net hier im Krankenhaus!«

Er hatte eben von klein auf kein Vertrauen zu Männern in weißen Kitteln.

»Markus, du musst hierbleiben«, beschwor ich ihn, »der Knochen muss raus.«

»Wie lange muss ich denn bleiben?«, war seine bange Frage.

»Das weiß ich nicht«, antwortete statt meiner der Mediziner. »Das lässt sich erst nach der Operation sagen.«

»Ich bleib auf jeden Fall bei dir, bis du in den Operationssaal kommst«, tröstete ich ihn. Es dauerte nicht lange, bis der Narkose-Arzt kam. Der war ein humorvoller Mann und wusste mit kleinen Patienten umzugehen. Er redete meinem Sohn so lange gut zu, bis der sich freiwillig operieren ließ. Schweren Herzens fuhr ich allein nach Haus. Es munterte mich nicht gerade auf, dass meine Schwiegermutter mich mit der Frage empfing: »Oh, der wird doch hoffentlich wieder lebend heimkommen?«

»Sicher kommt der lebend heim«, musste ich wieder die Starke spielen. »Das ist doch nichts Gravierendes.«

Nichts war es mehr für mich mit dem Friedhofsbesuch zu Allerheiligen. Die Verwandtschaft war längst ohne mich aufgebrochen.

Am andern Tag besuchte ich Markus in Trier. Ich konnte ihn gleich wieder mit nach Hause nehmen. Der Eingriff hatte sich als ziemlich harmlos erwiesen. Es gab nicht einmal einen Schnitt. Man hatte den Knochen durch Mund und Kehlkopf von innen aus der Speiseröhre geangelt.

Mein Sohn Gerd

Mein Gerd litt nach wie vor unter seiner Neurodermitis und sollte sich deshalb vor der Einschulung einer Kur unterziehen, damit er dem Schulalltag besser gewachsen war.

Hindelang im Allgäu war für diesen Aufenthalt vorgesehen. Weil es für einen Sechsjährigen nicht einfach ist, für sechs Wochen von daheim weg zu sein, kam ich mit meinem Arzt überein, dass wir eine Mutter-Kind-Kur beantragen sollten. Nicht schlecht, dachte ich, ein bisschen Erholung würde auch mir guttun. Ohne Wenn und Aber wurde diese Kur bewilligt. Jetzt galt es, von meiner Seite aus alles zu regeln und zu organisieren, damit der Betrieb während meiner sechswöchigen Abwesenheit ungehindert weiterlaufen konnte. Auch musste sorgfältig ausgewählt werden, was in den Koffer des Sohnes und was in den meinen musste. Zu schwer sollten die Koffer schließlich nicht werden, weil ich die beiden ja würde tragen müssen. Rollenkoffer, wie man sie heute verwendet, hatten wir damals noch nicht.

So weit war alles klar. Dann kam der Rückschlag: Drei Tage bevor ich mit meinem Sohnemann losfahren wollte, zog sich mein Mann einen Kreuzbandabriss zu. Zwei Wochen Krankenhausaufenthalt mindestens! Herrlich! Was tun? Die Kur für meinen Sohn war bewilligt, aufschieben ging nicht. Es war der letzte Termin vor seiner Einschulung. Ihn für sechs Wochen aus dem 1. Schuljahr zu nehmen, wäre pädagogisch unverzeihlich gewesen. Der Junge brauchte aber diese Kur dringend, damit er den Anforderungen der Schule gewachsen war.

Wer musste also wieder mal zurückstecken? Ich! Denn weder der Schwiegervater noch seine Frau waren bereit zu melken, und die lieben Brüder meines Mannes, die immer meinten, sie müssten sich in alles einmischen, waren auf diesem Ohr stocktaub.

Wenn ich auch selbst nicht zur Kur konnte, so war es das mindeste, dass ich meinen Sohn zu seinem Kurort brachte. Schließlich kann man einen Sechsjährigen nicht allein auf eine so weite Reise schicken. Das Auto kam nicht in Frage, weil er bei Autoreisen noch immer unter Erbrechen litt. Also blieb uns nur die Bahn. In Sonthofen war für uns Endstation. Gerd, der noch nie zuvor richtige Berge gesehen hatte, blickte sich staunend um. »O wie schön!«

Das beruhigte mich zunächst. Dann würde ihm der Abschied von der Mutter sicher nicht allzu schwerfallen. Wenig später bestiegen wir den Kleinbus, der vom Kurheim geschickt worden war, um die neuangekommenen Kinder von der Bahn abzuholen.

Zu meiner Enttäuschung durften die Eltern nicht mit in die Klinik. Wir mussten außerhalb der Einfriedung stehen bleiben, während die Kinder mit einem Betreuer auf das Gebäude zustrebten. Aber was war denn das? Ich dachte, mein Junge würde vor Kummer sterben, wenn er von mir getrennt würde. Aber der warf noch nicht einmal einen Blick zurück – und ich stand am Zaun, und meine Tränen flossen. Nun ja, besser so, dachte ich auf der Heimfahrt, als wenn er sich an mich geklammert hätte. Auch in der Folgezeit war ich es, die offensichtlich unter der Trennung mehr litt als er. Einmal in der Woche durfte man in dem Heim anrufen und sich erkundigen, wie es dem Kind ging. Diesem Anruf fieberte ich schon die ganze Woche entgegen.

Mit dem Jungen sprechen durfte ich allerdings nicht. Man hatte die Erfahrung gemacht, dass sich die Kinder besser einleben und weniger von Heimweh geplagt werden, wenn sie nicht immer wieder telefonischen Kontakt mit Vater oder Mutter haben. Das leuchtete mir ein.

In diesen sechs Wochen tat sich allerhand auf unserem Hof. Mein Mann kam zwar nach drei Wochen wieder heim, war aber noch für einige Zeit schonungsbedürftig, so dass er nicht viel arbeiten konnte. Hinzu kam, dass meine Schwiegermutter etwa um diese Zeit anfing zu kränkeln. Sie litt immer wieder untere Durchfall und wäre mir beinahe unter den Händen gestorben. Doch wegen dem »bisschen Durchfall« wollte sie von ärztlicher Behandlung nichts wissen. Als sie zusehends schwächer wurde, gelang es mir dann doch, sie dazu zu überreden, sich im Trierer Elisabeth-Krankenhaus untersuchen zu lassen. Die Diagnose: Colitis ulcerosa.

Mein Schwager Walter, der Metzger, klagte plötzlich über heftige Kniebeschwerden. Es blieb mir nichts anderes übrig, als ihn nach Losheim ins Krankenhaus zu bringen, das an diesem Tag Notaufnahme hatte. Nach einer Kniespiegelung und einigen anderen Untersuchungen behielten sie ihn gleich da.

Neben all meiner Arbeit – meine beiden anderen Kinder waren auch noch zu versorgen – sauste ich mal zu dem einen und mal zu dem anderen Krankenhaus. Erstens musste ich meinen Patienten hin und wieder frische Wäsche bringen und zweitens sollten sie nicht das Gefühl haben, von aller Welt verlassen zu sein. So vergingen die sechs Wochen, die ich ohne Gerd verbringen musste, wie im Flug. Trotzdem fieberte ich dem Tag entgegen, an dem ich ihn wieder in die Arme schließen konnte.

Die Bahn brachte mich wieder gen Süden. In Sonthofen bestieg ich ein Taxi und ließ mich nach Hindelang zur Klinik fahren. Vielleicht ließ sich wenigstens jetzt ein Eindruck von dem Ort gewinnen, an dem mein Kind sechs lange Wochen verbracht hatte.

Bei meiner Ankunft sah ich die ganze Belegschaft auf dem Spielplatz, meinen Sohn mitten unter ihnen. Er war so ins Spielen vertieft, dass er mich gar nicht wahrnahm. Bestimmt zwanzig Minuten stand ich am Rande des Platzes. Aber dann hatte er mich entdeckt! Mit einem lauten »Mama! Mama!« rannte er auf mich zu.

Mindestens zwanzig andere Kinder taten es ihm gleich. »Mama! Mama! Mama!«, riefen sie alle durcheinander und hätten mich fast erdrückt.

»Kommst du mich jetzt abholen?«, erkundigte sich Gerd, nachdem sich der Sturm gelegt hatte. »Klar, morgen fahren wir nach Hause.«

In Sonthofen hatte ich mir bereits ein Hotelzimmer reserviert. Dorthin begab ich mich, nachdem ich mich von meinem Sohn verabschiedet hatte. Weil mir vor dem Abendessen noch genug Zeit blieb, machte ich einen Stadtbummel. Vor einem Schaufenster mit Dirndlkleidern und Trachten blieb ich stehen. Wie magnetisch zog es mich in den Laden. So etwas hatte ich noch nie gesehen, Dirndl über Dirndl, eines schöner als das andere. Warum nicht?, sagte ich mir. Du hast auf deine Kur verzichten müssen, stattdessen hast du sechs Wochen geschuftet wie ein Galeerensklave. Jetzt hast du eine Belohnung verdient. Nach dem ersten Dirndl probierte ich ein zweites, ein drittes. Alle standen mir ausgezeichnet. Am liebsten hätte ich sie alle genommen. Das hätte aber nicht nur meine Reisekasse gesprengt, sie hätten auch keinen Platz in meiner Reisetasche gehabt. Und wie viele Gelegenheiten hatte ich schon, sie zu tragen? Aber eines musste mit! Schließlich entschied ich mich für ein wunderschönes Festtagsdirndl. Der Rock war zwar einfarbig schwarz, aber er wirkte, als bestehe er aus verschiedenen Schwarztönen, weil Blätter und Blüten eingewebt waren. Dazu gab es ein Mieder mit zartem Rot, Grün und Gelb, eine weiße Trachtenbluse mit kurzen Puffärmeln und eine Schürze in Weinrot. Ganz stolz war ich auf meine Errungenschaft.

Am anderen Tag holte ich meinen Sohn von der Klinik ab und bestieg mit ihm in Sonthofen den Zug, der uns wieder in die Heimat bringen sollte. Schon an der ersten Haltestelle fragte Gerd: »Mama, sind wir jetzt daheim?«

»Aber Gerd, wir fahren noch acht Stunden«, war meine Antwort. Darauf er: »Wie langweilig!«

Dabei hatte ich erwartet, er wäre überglücklich, nach einer sechswöchigen Trennung seine Mutter einmal so lange für sich allein zu haben. Zum Glück hatte ich vorgesorgt und einige Spielsachen mitgebracht. Mit denen vertrieb er sich dann einigermaßen die Zeit. Es war Spätnachmittag, als wir endlich am Trierer Hauptbahnhof ankamen. »So, jetzt gehen wir noch ins Krankenhaus, die Oma besuchen«, erklärte ich meinem Sohn.

»Ich will nach Hause, ich geh nicht zur Oma ins Krankenhaus.«

»Die Oma will dich doch auch wiedersehen«, redete ich mit Engelszungen, um ihm den Besuch bei ihr schmackhaft zu machen. »Sie ist sehr krank und freut sich bestimmt, wenn sie dich wiedersieht. Gestern konnte ich sie schon nicht besuchen, weil ich unterwegs war, um dich abzuholen, da muss ich wenigstens heute hin.«

»Meinetwegen, aber net lang«, schränkte er ein.

Die Oma freute sich wirklich sehr, als sie ihren Enkel wiedersah, und zeigte ihm das auch. Dennoch maulte der nach wenigen Minuten: »Aber jetzt will ich heim.«

Da Gerd durch seinen Kuraufenthalt die ärztliche Schuluntersuchung versäumt hatte, musste ich bereits am nächsten Tag erneut mit ihm nach Trier. Auf dem Gesundheitsamt sollte diese Untersuchung nachgeholt werden. Eigentlich hielt ich sie für völlig überflüssig. Denn die Kur war ihm ausgesprochen gut bekommen, wovon ich mich bereits durch eine kurze Inaugenscheinnahme hatte überzeugen können.

»Der junge Mann hat einen Leistenbruch! Er muss sofort operiert werden. Es besteht die Gefahr, dass sich der Bruch einklemmt, und das könnte gefährlich werden«, erklärte der untersuchende Arzt mit besorgter Miene. Auch das noch!

Es schien wirklich Eile geboten, denn die Sekretärin des Arztes vereinbarte für Gerd gleich einen Termin im Krankenhaus, und zwei Tage später lag er im Mutterhaus auf der Kinderstation. Das bedeutete, dass ich nunmehr zwischen drei Krankenhäusern hin und her pendeln musste.

Bei der Einlieferung hatte Gerd im Befehlston klargestellt: »Mama, du lässt mich hier nicht allein! Du bleibst jetzt hier! Du fährst nicht mehr heim!«

»Aber Gerd, das geht nicht. Du weißt doch, die Mama muss heute Abend ihre Kühe melken«, meldete ich einen leisen Widerspruch an.

»Nein! Du bleibst hier!« Vor lauter Angst, er müsse jetzt wieder viele Wochen ohne seine Mutter verbringen, machte er einen solchen Aufstand, dass ich es nicht wagte, sein Zimmer zu verlassen. Immer und immer wieder redete ich ihm gut zu: »Guck mal, Gerd, jetzt ist doch sowieso gleich Schlafenszeit. Und morgen früh, wenn du aus dem Operationssaal kommst, ist die Mama schon wieder bei dir.«

Allmählich wurde er ruhiger. Gegen 21.10 Uhr war er endlich eingeschlafen. Auf Zehenspitzen schlich ich mich aus dem Krankenzimmer und fuhr nach Hause, wo ich um 21.30 Uhr ankam. Dort warteten 60 Kühe ungeduldig auf mich. Kurz vor Mitternacht war ich mit dem Melken endlich fertig.

Nach einer sehr kurzen Nacht ging es am frühen Morgen wieder in den Stall. Trotzdem konnte ich mein Versprechen halten und war pünktlich am Krankenbett meines Kindes, als es nach der Operation die Augen aufschlug. Es war alles glattgelaufen, und es ging ihm den Umständen entsprechend gut. Weil die Narkose noch nachwirkte, schlief Gerd immer wieder ein. Und da es sehr eintönig ist, sein schlafendes Kind zu beobachten, nickte auch ich auf meinem Stuhl wiederholt ein. In seinen Wachphasen weckte mich mein Sohn immer wieder auf und erwartete Ansprache von mir. Da er bemerkte, dass ich ab 17.00 Uhr von Zeit zu Zeit verstohlene Blicke auf meine Uhr warf, sagte er schließlich gönnerhaft:

»Mama, du kannst jetzt ruhig nach Hause fahren und deine Kühe melken. Aber morgen kommst du wieder.« Überaus erleichtert antwortete ich: »Ja, mein Schatz, ich komm ganz bestimmt morgen wieder.«

An jedem der folgenden Tage saß ich treu und brav viele Stunden am Krankenbett meines Sohnes, obgleich ich dadurch auch die Besuche bei meinen übrigen Patienten vernachlässigen musste. Eines Nachmittags tauchte überraschend meine Schwester im Krankenzimmer auf. »So, jetzt gehst du mal eine Tasse Kaffee trinken«, entschied sie. »Ich bleibe in der Zeit beim Gerd.« Dafür war ich ihr unsäglich dankbar. In der Folgezeit praktizierten wir diese Regelung noch öfters. Nach zwei Wochen durfte mein kleiner Patient wieder nach Hause.

Und was mein Dirndl angeht, das ich mir in Sonthofen zugelegt hatte, so machte ich damit wirklich Furore. Mein Mann und meine Söhne verschwendeten zwar kaum einen Blick darauf und enthielten sich jeden Kommentars. Umso interessierter zeigten sich die weiblichen Mitglieder meiner Familie. Meine Tochter und meine Schwester beneideten mich unverblümt und hätten am liebsten auch so ein Teil besessen. Auch meine Schwiegermutter fand es todschick, und auf jeder Festlichkeit, auf der ich mich damit sehen ließ, erntete ich bewundernde Blicke, sei es auf Hochzeiten, auf Geburtstagen oder auf einer Kirmes. Auch zum Erntedankfest trug ich es viele Jahre.

Die der Einschulung vorausgegangene Kur hatte Gerd offensichtlich gutgetan. Er durchlief das erste und zweite Schuljahr ohne irgendwelche gesundheitlichen Probleme. Allerdings ernährte ich ihn weiterhin mit Sojamilch und mit der Diät, die ich mir mühsam für ihn zusammengestellt hatte. Vom zweiten zum dritten Schuljahr fand jedoch der übliche Lehrerwechsel statt. Mit dem neuen Lehrer kam mein Sohn absolut nicht zurecht. Vermutlich war es der daraus resultierende Stress, der bei Gerd das alte Leiden wieder ausbrechen ließ. Bald »blühte« er wieder an allen Stellen seines kleinen Körpers.

So geht das nicht weiter, sagte ich zu mir und stellte den Jungen wieder beim Hautarzt vor. Ohne lange Diskussion verordnete der eine zweite Kur, die auch sogleich genehmigt wurde. Die Kur allein wird nicht viel nützen, dachte ich, da müssen »begleitende Maßnahmen« her. Meine Verzweiflung ließ mich einen Schritt wagen, der mich viel Überwindung kostete. Ich suchte das Gespräch mit seinem Lehrer. Zu dem musste ich ohnehin, damit er mir den Lehrplan für die nächsten Schulwochen mitgeben sollte. In der Kur würde der Junge dann entsprechend unterrichtet werden, damit er nach seiner Rückkehr den Anschluss nicht verpasste. Nachdem ich mit dem Lehrer die Sachfragen besprochen hatte, gab ich mir innerlich einen Ruck und schilderte ihm die gesundheitlichen Schwierigkeiten meines Sohnes. Dabei erwähnte ich, dass sie mit Eintritt ins dritte Schuljahr wieder massiv aufgetreten seien, und äußerte vorsichtig die Vermutung, dass dies damit zusammenhängen könne, dass er sich mit ihm, dem neuen Lehrer, nicht so gut verstehe. Zu meiner Überraschung reagierte dieser großartig. Er versprach mir, sein Verhalten Gerd gegenüber zu ändern. Dieses Versprechen hat er wirklich gehalten. Mein Sohn kam zurück, und der Lehrer passte sich ihm an. Nicht der Schüler hat sich dem Lehrer angepasst, sondern der Lehrer dem Schüler. Und dann ging's. Die beiden waren nachher die besten Freunde, und Gerd hat heute noch einen guten Kontakt zu diesem Grundschullehrer.

Anfang Januar sollte Gerds neue Kur beginnen. Nun stand in diesem Jahr aber auch seine Erstkommunion auf dem Plan. Deshalb musste ich auch noch ein Gespräch mit unserem Pfarrer führen. Da mein Sohn wieder sechs Wochen wegbleiben würde, empfahl der Seelsorger, ein Kurheim zu wählen, in dem er den entsprechenden Kommunionunterricht bekommen könne. Nun ja, das war auch kein Problem. Da bot sich Oy-Mittelberg an, was ebenfalls im Allgäu liegt, unweit von Reutte in Tirol. Endlich war alles geklärt und vorbereitet, und am Montag, dem 6. Januar, sollte es losgehen. Am Vorabend jedoch fiel mir auf, dass mein zweiter Sohn eine geschwollene Backe hatte. Demnach musste er schon eine Weile unter Zahnschmerzen gelitten haben. In seiner panischen Angst vor dem Zahnarzt hatte er das vor mir geheim gehalten.

Diese Angst kam nicht von ungefähr. Denn etwa ein halbes Jahr vorher war er mit seinem Vater beim Zahnarzt gewesen, weil er über Zahnschmerzen geklagt hatte. Kaum waren Vater und Sohn ins Behandlungszimmer gerufen worden, hatte sich Markus in die hinterste Ecke verkrochen. Mit List und Tücke hatte der Zahnarzt versucht, ihn daraus hervorzulocken. Trotzig hatte der Junge darauf reagiert: »Ich geh da net auf den Stuhl. Ich will dat net.« In seiner Not wartete der Papa mit folgendem Vorschlag auf: »Guck, Markus, ich setz mich auf den Stuhl, dann setzt du dich auf meinen Schoß.«

Das hatte zwar funktioniert, aber den Mund machte Markus nicht auf. Die beiden Herren fuhren unverrichteter Dinge wieder heim. Da er aber weiterhin Schmerzen hatte, ließ er sich schließlich zu einem erneuten Zahnarztbesuch überreden. Wieder nahm Papa auf dem Zahnarztstuhl Platz und der Sohn setzte sich auf seinen Schoß. Der Zahnmediziner versprach: »Ich guck nur rein, ich mach nix.« Als er endlich einen Blick in den Mund seines kleinen Patienten werfen konnte, stellte er fest, dass seine Backenzähne – Milchzähne wohlgemerkt – voller Löcher waren. »Die müssen wir überkronen«, stellte der Arzt fest, »damit sie ihm noch eine Weile erhalten bleiben.« Irgendwie schaffte er es dann, Kappen über die Zähne zu stülpen.

Nun ja, am 5. Januar abends stellte ich die dicke Backe beim Markus fest. Deshalb sagte ich am folgenden Morgen zu meinem Mann: »Der Markus hat was mit den Zähnen. Du musst heute noch mit ihm zum Zahnarzt. Er hat bestimmt eine eitrige Entzündung.«

Mein Mann versprach es, und ich machte mich mit unserem Ältesten, in großer Sorge um den Jüngsten, auf den Weg zum Hauptbahnhof in Trier. Als wir im Zug in Richtung Süden saßen, wusste Gerd schon, was auf ihn zukommen würde. Er wusste auch, dass seine Mama nicht bei ihm bleiben konnte. Zwei Stationen vor unserem Ziel begann er, ganz jämmerlich zu weinen. Unter heftigem Schluchzen stieß er hervor: »Ich bleib da net! Ich will dat net! Ich fahr wieder mit dir heim!«

»Gerd, jetzt guck dir das erst mal an. Bis morgen bin ich noch im Hotel, und wenn es dir überhaupt nicht gefällt, dann nehme ich dich wieder mit.« Durch dieses Versprechen bekam ich ihn schließlich so weit, dass er wenigstens am Zielbahnhof ausstieg. Dort waren wir plötzlich im tiefsten Winter! So etwas hatte er noch nie erlebt, weder bei uns im Hunsrück noch bei seinen Großeltern in der Eifel. Freiwillig bestieg er den klinikeigenen Bus. Das erste, was er von der Kurklinik erspähte, war der hauseigene Skilift. Außerdem gab es eine Rodelbahn, die sich sehen lassen konnte, und eine Eislauffläche, also alles, was Kinderherzen höher schlagen lässt. Hochinteressiert schaute sich mein Sohnemann alles an, um bald darauf gnädig zu erklären: »Kommste morgen mal vorbei, dann sag ich dir, ob ich hierbleibe oder net.«

Nachdem ich am Abend in mein Hotel zurückgekehrt war, rief ich als Erstes meinen Mann an: »Warst du mit Markus beim Zahnarzt?«

»Sicher«, war seine Antwort, »aber du hast ja keine Ahnung, was wir mitgemacht haben! Der Markus hat den Oberkiefer aufgeschnitten gekriegt. Die ganze obere Zahnreihe war vereitert. Deshalb hat auch keine Spritze gewirkt. Als der Arzt den Schnitt machte, da ist der Eiter rausgelaufen, das kannst du dir nicht vorstellen. Dann hat er ihm Antibiotika gegeben, und jetzt müssen wir abwarten, was draus wird.«

Vor lauter Sorge um meine beiden Söhne fand ich lange keinen Schlaf. Wie gerädert wachte ich am anderen Morgen auf und begab mich zur Kurklinik. Bangenden Herzens fragte ich mich zu meinem Gerd durch. Der erklärte mir kurz und bündig: »Ich bleibe hier.«

Mir fiel ein Stein vom Herzen!

Am Abend war ich endlich wieder zu Hause. Markus hat mir dann sofort eine Standpauke gehalten, die ich nicht wiedergeben kann! Nachdem er seinem Frust Luft gemacht hatte, lenkte er ein: »Warum warst du nicht da und bist mit mir zum Zahnarzt gegangen?«

»Du weißt doch, dass ich mit dem Gerd zur Kur fahren musste«, machte ich einen Erklärungsversuch. »Außerdem, ich hätte auch nichts an der Behandlung ändern können.« Irgendwie sah er das ein. Der arme kleine Kerl – er war zu der Zeit noch nicht ganz fünfeinhalb – hatte wirklich eine Tortur erdulden müssen. Aber danach waren seine Zähne dauerhaft in Ordnung.

Sechs Wochen später stand ich erneut in der Empfangshalle des Kinderheimes in Oy-Mittelberg, um meinen »großen« Sohn wieder abzuholen. Der aber wollte gar nicht mehr heim! »Es ist hier so toll, Mama«, berichtete er stolz, »ich habe Skifahren gelernt.«

Das war aber nicht das Einzige, was er gelernt hatte, wie sich herausstellte. Auch sein Erstkommunionunterricht war ein voller Erfolg. In diesem Kurhaus gab es nämlich Ordensschwestern, von denen eine meinen Sohn entsprechend unterwiesen hatte. Sie muss eine sehr liebe- und verständnisvolle Person gewesen sein. Denn Gerd schwärmte geradezu von ihr. Sie hatte ihn nicht nur vorzüglich unterrichtet, sie hatte ihm auch alles Nötige zur Erstkommunion geschenkt: ein Buch zur Vorbereitung auf die Kommunion, ein Gebetbuch, einen Rosenkranz und einen Weihwasserkessel. Sicher hatte auch sie dazu beigetragen, dass der Kleine aufgeblüht war – in positivem Sinne. Er war völlig beschwerdefrei. Da seine Psyche in Ordnung war, war auch sein Körper in Ordnung.

Der übrige Unterricht war ebenfalls so gut verlaufen, dass Gerd ohne Probleme den Anschluss an den Lehrstoff in seiner Klasse fand.

Bald schon nahte der Weiße Sonntag. Bei der Überprüfung einige Tage vor der Erstkommunion zeigte sich der Pfarrer mit Gerds Kenntnissen sehr zufrieden. Und eine Überraschung gab es auch noch. Am Vortag zu seinem Fest kam bei meinem Sohn ein Päckchen aus dem Kinderkurheim an. Es war von der lieben Schwester, die ihn so trefflich auf seinen großen Tag vorbereitet hatte. Was alles in dem Päckchen war, weiß ich nicht mehr. Aber es war so liebevoll zusammengestellt und alles so sorgsam eingewickelt, dass Gerd beim Auspacken eine Riesenfreude hatte. Aber allein, dass sie noch einmal an ihn gedacht hatte, freute ihn sehr.

Der Tag von Gerds Erstkommunion wurde für uns alle unvergesslich. Und was die weltliche Organisation anging, so lief das auch alles wie am Schnürchen. Es gab nämlich noch einen Zusammenhalt in der Nachbarschaft. Die Kommunionfeiern fanden grundsätzlich zu Hause statt. Wenn bei uns Kommunion war, hat die Nachbarin bei uns gekocht, und wenn bei ihr Erstkommunion war, habe ich bei ihr gekocht.

Meine Schwester Marita

Das erste Kind meiner Schwester kam nach schicklichen neun Monaten – am 20. August 1988 – zur Welt. So weit schien alles gut, wenn da nicht schon eine unangenehme Vorgeschichte gewesen wäre. Vorausschicken muss ich, dass wir beiden Schwestern immer ein sehr gutes Verhältnis zueinander hatten. Deshalb hat es mich befremdet, dass ich erst viel später erfahren habe, was ihr vor der Hochzeit passiert ist.

Ich jedenfalls bekam erst Einblick in diese Ehe zwei Wochen bevor mein Gerd seine Erstkommunion feierte. Telegramm und Telefon waren zu dieser Zeit schon längst erfunden und als moderne Menschen machten wir auch oft genug Gebrauch davon, aber was Einladungen anging, so hielten wir an unserem »mittelalterlichen« Brauch fest, sie persönlich auszusprechen. Ob zu einer Hochzeit, zu einer Kindtaufe, zu einem runden Geburtstag oder zur Erstkommunion – man besuchte die Leute und lud sie persönlich ein, selbst wenn sie 35 Kilometer weit entfernt wohnten.

Marita wohnte zu jener Zeit in Trierweiler, rund 20 Kilometer entfernt. Zwei Wochen vor dem Weißen Sonntag standen mein Mann und ich also ganz unerwartet vor ihrer Haustür. Als sie auf unser Läuten hin öffnete, rief ich erschrocken aus: »Marita, wie siehst du denn aus? Was ist passiert?« Ihre Augen, ja ihr ganzes

Gesicht waren so verquollen, als ob sie stundenlang geweint habe. In diesem Moment war ich meinem Mann, der sonst nicht so feinfühlig ist, sehr dankbar. Denn er nahm Maritas Mann beiseite und verwickelte ihn in ein Gespräch, so dass wir Schwestern ungestört in einem anderen Raum miteinander reden konnten. »Das, was du sehen kannst, ist noch nicht alles«, erklärte sie. »Du solltest dir mal meinen Körper anschauen.« Der war nur so mit blauen Flecken übersät. Danach legte sie eine Art Beichte ab: »Mein Mann ist krankhaft eifersüchtig und hat mich schon öfters grundlos verprügelt.«

Meine spontane Reaktion war: »Marita, pack den Koffer und komm zu mir.«

»Das kann ich doch nicht machen«, wand sie sich. »Der Manfred ist doch erst sieben Monate alt.«

»Marita«, sagte ich, »das ist doch kein Grund, in dieser Hölle auszuharren. Das ist doch kein Leben!«

Ich habe lange auf sie eingeredet. Meine Schwester war jedoch unbelehrbar und blieb bei diesem Tyrannen.

Einige Wochen später besuchte ich meine Eltern und hielt es für angebracht, meiner Mutter Maritas Situation zu schildern und sie auf eine mögliche Scheidung vorzubereiten. Denn diese sah ich unausweichlich auf meine Schwester zukommen.

Zu meiner Verwunderung schien meine Mutter aber keineswegs überrascht. Von ihr erfuhr ich dann, dass Marita während ihrer Ehe mit ihrem Kind schon mal einige Zeit im Elternhaus verbracht hatte, weil sie von ihrem Mann misshandelt worden war. Nach vierzehn Tagen war sie aber wieder zu ihm zurückgekehrt.

Noch mehr erschütterte mich, was meine Mutter mir anschließend anvertraute: »Ich will dir mal erzählen, was vor der Hochzeit passiert ist. Die Marita hat den Karl, der damals ziemlich am Boden war, in Trier gewissermaßen von der Straße aufgelesen und zu uns gebracht. Hier haben wir ihn ein paar Tage durchgefüttert, und er hat wohl auch ein paar Handgriffe in der Landwirtschaft getan. Das war aber für ihn nicht das Richtige, das merkten wir gleich. Meinem Bruder, der bei einer großen Firma Betriebsleiter ist, gelang es, ihn dort unterzubringen. Dort konnte er sogar eine Ausbildung machen. Auch danach hat mein Bruder ihm den Weg geebnet und alle möglichen Türen für ihn geöffnet. Daher konnten er und Marita bald daran denken zu heiraten. Die Hochzeitsvorbereitungen hatten schon eingesetzt, da kam ich zwei Wochen vor dem Termin dazu, wie der Karl versucht hat, die Marita zu verprügeln. Nur weil ich dazwischen bin, hat er von ihr abgelassen. Als ich danach mit ihr allein war, habe ich sehr eindringlich auf sie eingeredet: ›Marita, überleg dir das gut, ihn zu heiraten.‹ Sie führte ins Feld, dass die Einladungen bereits ausgesprochen seien und dass man die Gäste nicht so vor den Kopf stoßen könne. Auch sei schon so viel an Vorbereitungen gelaufen, dass man die Hochzeit nicht absagen könne. ›Das ist egal, was sich die Gäste denken. Das ist kein Grund zum Heiraten. Und was die Vorbereitungen angeht, so sind sie nicht vergeblich gemacht worden. Dein Bruder heiratet ja schließlich auch. Noch hast du es in der Hand. Schick den Kerl zum Teufel. Besser ein Ende mit Schrecken als nachher ein Schrecken ohne Ende.‹ Sie war aber unbelehrbar. Den Rest der Geschichte kennst du ja.«

Von da an habe ich jede Woche mit meiner Schwester telefoniert. Sie hat aber kein bisschen gejammert oder sich beklagt. Nach ihren Aussagen war immer alles »Okay« und »gut«. Etwa ein Jahr später bekam ich von ihr einen verzweifelten Anruf: »Helena, kann ich zu dir kommen?«

»Sicher. Du weißt ganz genau, ich habe immer ein Gästezimmer freistehen, seit meine Schwager hinausgeheiratet haben. Du kannst also jederzeit kommen.«

Der eine Schwager hatte 1987 geheiratet und der andere 1992. Seitdem fühlte ich mich wesentlich wohler in unseren vier Wänden.

Ich setzte mich in mein Auto, fuhr zu meiner Schwester und half ihr beim Packen. Vorher aber hatte ich noch eine befreundete Anwältin angerufen und gefragt: »Editha, was muss meine Schwester alles mitnehmen? Denn wenn sie erst mal aus der Wohnung raus ist, kommt sie nicht mehr hinein.«

»Das Wichtigste sind die Papiere und eventuell Versicherungsunterlagen.«

Um diese Sachen kümmerte ich mich dann, während Marita Kleidung und Wäsche für sich und den Jungen zusammenpackte. Natürlich reichte sie gleich anschließend die Scheidung ein. Danach lebte sie fast ein Jahr bei mir. Sie ging weiterhin zur Arbeit, so dass sie uns nicht auf der Tasche lag. So lange ihr Sohn noch nicht in den Kindergarten durfte, betreute ich ihn tagsüber. Meine eigenen Kinder waren zu der Zeit ja schon so alt, dass sie alle die Schule besuchten. Und am Nachmittag kümmerten sie sich liebevoll um den kleinen Cousin.

Nach einem knappen Jahr tat sich für Marita eine neue Wohnmöglichkeit auf. Mein Schwager Alfred hatte ein Mädchen aus der Nachbarschaft geheiratet, und das junge Paar baute sich ein Haus auf einem Grundstück seiner Eltern, das etwas unterhalb unseres Hauses lag. Dieses Haus war mittlerweile fertig und enthielt eine Einliegerwohnung, die meine Schwester für sich und ihren Sohn mietete. Inzwischen war auch das obligatorische Trennungsjahr vorbei, und die Scheidung wurde beantragt. Aber sie konnte noch nicht ausgesprochen werden, weil ihr Ehemann dagegen war und ihr immer wieder neue Steine in den Weg legte. Wie das im neuen Scheidungsrecht so ist, wird alles in den Prozess mit hineingepackt: der Rentenausgleich, der Unterhalt fürs Kind, das Sorgerecht sowie die Besuchszeitenregelung. Nachdem ein weiteres halbes Jahr streitig vergangen war, bestand Karl darauf, sein Kind vorerst wenigstens alle zwei Wochen sehen zu dürfen. Das Besuchsrecht hatte man ihm bisher vorenthalten, da er in einem Wutanfall mal geäußert hatte, wenn Marita auf der Scheidung bestehe, werde er das Kind entführen. Der Familienrichter hatte diese von Marita vorgetragene Äußerung zum Glück sehr ernst genommen. Nun entschied er, der Vater dürfe sein Kind zwar alle vierzehn Tage sehen, aber nur in Begleitung einer vom Gericht benannten Person. Es erhob sich nun die Frage, wer diese Person sein solle.

»Ja, wenn sich in der Verwandtschaft niemand zu diesem Dienst bereit erklärt, wird vom Jugendamt eine neutrale Person dazu bestimmt«, erklärte der Richter. »In erster Linie zieht man zu so einer Aufgabe einen von den Paten des Kindes heran.«

Nun waren mein Bruder Horst und ich die Paten des kleinen Manfred. Um das neue Amt habe ich mich nun wahrlich nicht gerissen, weil ich wusste, was für ein unangenehmer Bursche mein Schwager Karl war. Da er meine Schwester so oft verprügelt hatte, musste ich befürchten, dass mir das gleiche Los zuteilwerden könnte. Deshalb schlug ich meinen Bruder vor, weil ich dachte, vor einem Mann werde mein Schwager mehr Respekt haben. Horst lehnte dieses Ansinnen aber von vorneherein ab mit der Begründung, er habe keine Zeit für eine solche Aufgabe. Da ich meiner Schwester sehr zugetan bin und da mir mein kleiner Neffe leidtat, beschloss ich, mich zu opfern. Dafür war mir meine Schwester sehr dankbar. Vom Richter bekam ich die Auflage, meinen Schwager mit seinem Sohn nicht einen Augenblick allein zu lassen, da er unberechenbar sei. Letzteres wäre mir auch ohne diesen Hinweis klar gewesen.

Jeden zweiten Sonntag kam also mein Schwager, um seinen Sohn und mich mit dem Auto abzuholen. Bei schlechtem Wetter blieben wir in seiner Wohnung, setzten uns gemeinsam vor den Fernseher oder machten Spiele miteinander. Bei schönem Wetter gingen wir spazieren, besuchten mal einen Tierpark oder ein Kino. Fünf bis sechs Stunden gingen so für mich drauf. Das tat mir immer sehr leid, denn diese Stunden gingen meinen eigenen Kindern verloren. Die wären auch froh gewesen, obwohl sie schon älter waren als Manfred, wenn sie in diesen Stunden ihre Mutter für sich gehabt hätten.

So gingen weitere anderthalb Jahre dahin. Aber die Scheidung und die endgültige Regelung waren noch nicht in Sicht. Meine Schwester, die ihr weiteres Leben nicht als Single verbringen wollte, hatte inzwischen einen neuen Lebensgefährten und wurde von diesem schwanger. Ihr Sohn, dem sie das bevorstehende freudige Ereignis mitgeteilt hatte, dachte sich nichts Böses dabei, als er seinem Vater brühwarm erzählte: »Die Mama kriegt ein Baby.«

Nach diesem Besuch brachte uns Karl wie immer am Abend nach Hause. Marita, die uns vom Fenster aus vorfahren sah, kam heraus, um ihren Sohn abzuholen. Der sprang aus dem Wagen und lief seiner Mama entgegen. Noch bevor er sie erreicht hatte, schwang sich Karl aus dem Auto, stürzte auf seine Noch-Ehefrau zu und stieß ihr die Faust mit voller Wucht in den Bauch. »Du Hure!«, schrie er dabei. Aufstöhnend sackte meine Schwester zusammen. Ihr kleiner Sohn, der das mit ansehen musste, brach in Tränen aus und klammerte sich schutzsuchend an mich. Das alles passierte innerhalb von Sekunden. Noch ehe ich richtig begriffen hatte, was geschehen war, sprang mein Schwager in sein Fahrzeug und raste davon. Nach einer Schrecksekunde half ich meiner Schwester auf die Beine und führte sie in unser Haus, während Manfred sich noch immer an mich klammerte.

Schockiert rief ich den Familienrichter an, erzählte ihm, was vorgefallen war, und erklärte: »Unter diesen Umständen bin ich nicht mehr bereit, meine Zeit zu opfern, damit dieser Unmensch sein Besuchsrecht wahrnehmen kann. Nach diesem Vorfall fühle ich mich meines Lebens auch nicht mehr sicher.«

Zum Glück reagierte der Richter vernünftig. Zunächst wurde das Besuchsrecht amtlicherseits für unbestimmte Zeit ausgesetzt. Dann ging die Scheidung ganz schnell über die Bühne, so dass meine Schwester ihren neuen Partner noch vor der Geburt ihres Kindes heiraten konnte. Dem Ungeborenen war durch die Attacke auf seine Mutter zum Glück nichts passiert. Bei der kleinen Jutta übernahm ich das Patenamt spontan, weil sonst niemand zur Verfügung stand.

Manfreds Vater wurde kein Besuchsrecht mehr eingeräumt. Wozu auch? Während der anderthalb Jahre hatte ich mich davon überzeugen können, dass er mit dem Kind ohnehin nichts anfangen konnte. Auch kam er seiner Verpflichtung, für seinen Sohn Unterhalt zu zahlen, nie nach. Nach kurzer Zeit schon gab er Manfred zur Adoption frei. Ludwig, Maritas neuer Ehemann, adoptierte ihn und war ihm ein guter Vater.

Da beide Eheleute sehr fleißig und zielstrebig waren, brachten sie es bald zu einem eigenen Haus. 1998 erwartete meine Schwester dann wieder ein Kind. Noch vor seiner Geburt trat sie mit einer Bitte an mich heran: »Ich habe eigentlich niemand Richtiges als Patin für mein Kind. Willst du nicht auch Patin bei meinem dritten werden?«

Begeistert war ich nicht. Denn bei meinem Neffen Manfred hatte ich ja erleben müssen, welche Unannehmlichkeiten auf einen Paten zukommen können. Aber meiner Schwester zuliebe stimmte ich zu.

Es kam ein kleiner Theo zu Welt, so genannt zu Ehren unseres so früh verstorbenen Großvaters väterlicherseits. Diese Patenschaft übernommen zu haben, habe ich bis heute nicht bereut. Denn der kleine Theo war von Anfang an ein sehr anhängliches Kind. So habe ich von meinen eigenen Kindern keines erlebt. Und auch später bat er jedes Mal, wenn ich eine Reise machte: »Gell, Tante Lena, du schickst mir wieder eine Karte?!«

Kinder kriegen ja heute fast keine Post mehr, alles geht nur noch per Telefon oder E-Mail. Aber egal, wo ich bin – Theo kriegt immer eine Karte von mir.

Der neue Stall

Als wir Anfang der Achtzigerjahre vom Bullenmastbetrieb auf Milchviehhaltung umstellten, brauchten wir den Stall nicht zu verändern. Der war bereits einige Jahre vor meiner Zeit nach den damals neuesten Erkenntnissen umgebaut worden. Die Rinder standen nicht mehr auf Stroh und lagen nicht mehr im eigenen Mist, denn dieser fiel durch einen Spaltenboden hinunter in einen unterirdischen Gang. Da sich die Kühe in diesem Stall frei bewegen konnten, nannte man ihn Laufstall. Hier bestand allerdings die Gefahr, dass sich die Tiere gegenseitig mit den Hörnern verletzten. Deshalb ließ man die Hörner vom Tierarzt absägen. Den Kälbern wurden die Hornansätze gleich weggebrannt.

Aus dem unterirdischen Gang wurde der Mist immer wieder weggeschwemmt. Das hatte enorme Vorteile. Man sparte nicht nur das Streumaterial, sondern auch das aufwändige Einstreuen und vor allem das zeitraubende und anstrengende Ausmisten. Aber wie jede Medaille ihre zwei Seiten hat, so hatte auch diese moderne Anlage Nachteile, die man vorher nicht bedacht hatte und die niemand aufgefallen waren, so lange Bullen auf diesem Boden gestanden hatten, und das war der Gestank, der von dem Mistgang nach oben stieg. Je öfter ich in diesen Stall ging, um zu melken, desto unangenehmer fiel es mir auf. Dabei verbrachte ich nur je zwei

Stunden am Morgen und am Abend im Kuhstall. Um wie viel unangenehmer musste das für die Kühe sein, die 24 Stunden am Tag dort ausharren mussten? Außerdem dachte ich, es könne nicht gesund sein, diese Gase ständig einzuatmen. Dabei dachte ich aber weniger an die Tiere als an mich, als ich meinen Mann im Frühjahr 1993 vor die Entscheidung stellte: »Entweder wir bauen einen neuen Stall, oder ich melke hier nicht weiter. Dann kannst du deine Kühe allein melken.«

Seit wir den Bestand auf 60 Tiere aufgestockt hatten, half er fast regelmäßig beim Melken mit.

»Das wäre eine zu große Investition«, lehnte er rundweg ab, »die können wir uns nicht leisten.«

Sein Vater, der meinte, er habe noch immer das Sagen, obwohl er uns den Hof längst übergeben hatte, war von dieser Idee erst recht nicht begeistert. »Wir können nicht schon wieder einen neuen Stall bauen, nur weil der jetzige der Prinzessin nicht gefällt. In den letzten 13 Jahren haben wir schon zweimal umgestellt. Das reicht. Ich baue nicht noch einmal um.«

Er hatte recht. Bereits 1969 war der Stall so umgebaut worden, dass die Rinder zwar noch auf Stroh standen, aber höher als bisher. Hinter ihnen gab es die tiefer liegende Mistrinne, in die ihre Ausscheidungen fallen sollten. Diese wurden dann von Zeit zu Zeit mit einer Art elektrischem Schlitten ins Freie befördert. Da die Tiere aber nicht so genau zielen konnten, war man doch genötigt, das Stroh täglich zu erneuern, weil es teilweise verunreinigt war. Deshalb sannen findige Bauern auf eine neue, saubere und zeitsparende Lösung. Diese hatte man in unserem Betrieb im Jahre 1976 übernommen, was natürlich wieder viel Geld und Aufwand gekostet hatte. Der so genannte Spaltenboden bestand aus Beton und war mit zwei bis zweieinhalb Zentimeter breiten Schlitzen versehen, durch die sämtliche Ausscheidungen in die einen Meter tiefer liegende Grube fielen. Auch dort gab es einen Schlitten, der die Fäkalien von Zeit zu Zeit nach außen in die Güllegrube schob. Solange dieser Mist unbeweglich in der Grube lag, ging es noch. Aber sobald der Schlitten alles aufwühlte, wurde der Gestank bestialisch. Da half es auch nicht viel, dass der Gang mit Wasser abgespritzt wurde.

Natürlich hatte ich mich vorher ausreichend informiert. Schon lange steckte ich meine Nase eifrig in die »Rheinische Bauernzeitung«, die als Fachblatt jede Woche auf den Hof kam. Ich hoffte, dass es mittlerweile eine angenehmere Art der Rinderhaltung gab, ohne dass man gleich wieder ins Mittelalter zurückfiel. Nach einiger Zeit war ich tatsächlich fündig geworden. In einem Artikel wurden genau die Nachteile beschrieben, die auch mir aufgefallen waren. Gleichzeitig wurden neue Lösungen aufgezeigt. Von diesem Artikel berichtete ich meinen beiden Männern.

»Das ist ja gut und schön«, war ihre Antwort, »aber diese Umstellung lohnt nicht.«

»Das lohnt sich schon«, hielt ich dagegen. »Es geht ja nicht nur um mich, es geht vor allem um das Wohl der Kühe.«

Der Schwiegervater lachte mich aus: »Nur damit sich unsere Kühe wie im Urlaub fühlen, werfe ich doch nicht so viel Geld zum Fenster hinaus.«

»Das ist kein hinausgeworfenes Geld«, widersprach ich. »Du weißt doch genau, dass man zurzeit mit Milchkühen richtig schön Geld verdient.«

»Das verdient man auch mit dem alten Stall. Dazu brauchen wir keinen neuen.«

»Das meinst du nur. Warum, glaubst du, dass bei uns seit einiger Zeit die Tierarztkosten explodieren? Es ist nämlich nicht nur der Ammoniakgestank, der die Kühe krank macht, es ist auch der harte Spaltenboden, auf dem sie ohne Unterlage stehen und liegen müssen«, insistierte ich weiter.

»Wie meinst du das jetzt?« Der »alte Herr« zeigte plötzlich Interesse.

»Ja, warum, glaubst du, haben unsere Kühe immer wieder entzündete Zitzen oder verletzte Klauen? Und warum lässt die Milchleistung nach?«

Da wurde er allmählich hellhörig. Natürlich handelte es sich nicht um ein einzelnes Gespräch, das ich diesbezüglich mit meinen Männern führte. Über zwei Jahre hatte ich sowohl auf den jungen als auch auf den alten Bauern eingeredet, bis sie endlich einsichtig wurden. Wenn alle Familienmitglieder beim Umbau mithalfen, würde er auch nicht so kostspielig werden. Sobald Horsts Vater davon überzeugt war, dass wir einen neuen Stall brauchen, machte er sich mit seinem Sohn auf den Weg zu einem Architekten und gab die Planung in Auftrag. Damit war meine Mission aber noch nicht erfüllt. In dem neuen Stall sollte auch eine zeitgemäße Melkanlage stehen. Auch in dieser Hinsicht hatte ich mich kundig gemacht und schließlich eine Anzeige entdeckt, die mich elektrisierte.

Ein Großbetrieb, der die Milchwirtschaft aufgab, weil man ihn in eine Pferderanch umwandeln wollte, bot alles das an, was ich mir für die Modernisierung unseres Betriebes vorstellte: vom Doppelmelkstand, in dem zwölf Kühe gleichzeitig gemolken werden konnten, über Computerfütterung, mit der jede Kuh erfasst wurde, bis hin zu einem Milchtank von 4500 Liter Fassungsvermögen. Der Beschreibung nach war diese Ausstattung wie maßgeschneidert für unseren Betrieb. Und das Schönste daran: Das Ganze war zu einem äußerst günstigen Preis zu haben.

Aus lauter Angst, mir könnte jemand diese Anlage wegschnappen, machte ich gleich einen Besichtigungstermin aus. Dann bearbeitete ich meinen Mann so lange, bis er bereit war, sich diese wenigstens anzuschauen. Wir mussten nicht allzu weit fahren, denn der fragliche Betrieb lag in der Nähe von Idar-Oberstein. Mehr als es tausend Worte von mir vermocht hätten, überzeugte diese Anlage meinen Mann. An Ort und Stelle unterschrieben wir den Kaufvertrag.

Da unser neuer Stall noch nicht gebaut war, die Vorbesitzer aber Platz brauchten für ihr neues Vorhaben, sollte mein Mann die Anlage schon in den nächsten Tagen abbauen und in unserer Scheune zwischenlagern.

Noch ehe er aber dazu kam, geschah etwas Schreckliches. Es war in der zweiten Woche nach dem Weißen Sonntag. Das weiß ich deshalb so genau, weil unser Jüngster, der Markus, an diesem Tag zur Erstkommunion gegangen war. Mein Schwiegervater streute an diesem Tag Kunstdünger aus. Am Vormittag war er bereits gefahren, und gegen 18.00 Uhr war er dabei, seine letzte Fuhre auszubringen. Mit seinem Traktor und einem Anhänger voll Dünger fuhr er auf der B 268. Da er nach links in einen Feldweg abbiegen wollte, hatte er vorschriftsmäßig den Blinker betätigt, wie uns Augenzeugen später berichteten. Weil aber der Düngerstreuer so hoch war, verdeckte dieser den rückwärtigen Blinker. Nichts Böses ahnend, setzte der nachfolgende Fahrer eines Bierautos zum Überholen an. In dem Moment zog der Schwiegervater sein Gefährt nach links. Ob er sich umgeschaut hatte, vermochte niemand zu sagen, Rückspiegel gab es damals an den Traktoren noch nicht. Geistesgegenwärtig stieg der Bierfahrer voll auf die Bremse, aber er erwischte den Düngerstreuer noch am hinteren Ende. Augenzeugen berichteten, der Streuwagen sei abgerissen, der Schlepper habe sich in der Luft überschlagen, der alte Mann sei nach hinten heraus ins Feld geflogen, ehe der Traktor neben ihm wieder auf die Räder gefallen sei. Jeder, der den Unfall mit angesehen hatte, dachte, der Bauer sei mausetot. Da man aber noch Lebenszeichen beobachtete, bestellte man den Krankenwagen, der ihn sogleich nach Trier brachte.

Ich selbst war zur fraglichen Zeit im Stall beim Melken. Plötzlich tauchte ein Mann aus dem Dorf auf und sprudelte heraus: »Dein Schwiegervater hat einen schweren Unfall gehabt. Es sieht nicht gut mit ihm aus. Er ist auf dem Weg zum Elisabeth-Krankenhaus.«

Da ich gerade an der letzten Partie Kühe war, machte ich die noch fertig und eilte danach zur Schwiegermutter. »Komm, zieh dich um und pack ein paar Sachen für deinen Mann zusammen, der ist im Krankenhaus.«

Zu unserer Überraschung trafen wir ihn auf der normalen Station an. Dann können seine Verletzungen nicht so schlimm sein, dachten wir. Er redete auch ganz normal mit uns und erzählte, beim Röntgen habe man festgestellt, dass er sich sieben Rippen gebrochen habe.

Eigenartigerweise wagte es meine Schwiegermutter am anderen Morgen nicht, selbst im Krankenhaus anzurufen. Sie überließ mir das. Auf meine Anfrage gab man mir die Auskunft: »Herrn Jakobys Zustand hat sich heute Nacht so verschlechtert, dass wir ihn auf die Intensivstation verlegen mussten. Wir haben ihn in ein künstliches Koma versetzt.«

Wenig später fuhr ich mit der Schwiegermutter zum Krankenhaus. Es zeigte sich uns ein Bild des Jammers. Der Mann, der gestern in seinem Krankenbett noch unverwüstlich gewirkt und optimistisch in die Zukunft geblickt hatte, wurde künstlich beatmet und hing an allen möglichen Schläuchen und Kabeln.

Dieser Zustand blieb einige Tage unverändert, wie wir bei unseren Besuchen beobachten konnten. Als wir am 28. April wieder erschienen, war er bereits wach, hatte aber noch den Beatmungsschlauch im Mund und versuchte immer wieder, sich verständlich zu machen. Als seine Frau kurz das Zimmer verließ, packte er ganz fest meine Hand, sah mich groß an, bewegte die Lippen und gab gurgelnde Laute von sich. Leider verstand ich nicht, was er mir sagen wollte.

Da er einige Tage im künstlichen Koma gelegen hatte, waren einige seiner Körperfunktionen zum Stillstand gekommen. An dem Tag aber, an dem man ihn aus dem Koma geholt hatte, funktionierte auch die Verdauung wieder, was wir als gutes Zeichen werteten. Ehe wir uns gegen 18.00 Uhr verabschiedeten, machte uns der Arzt die erfreuliche Ankündigung: »Morgen können wir ihn wieder auf die normale Station verlegen.«

Er hat es geschafft, dachten wir alle.

Was ich als sehr eigenartig empfand, war das Verhalten der Krankenschwester am nächsten Morgen. Bisher hatte man mir allmorgendlich telefonisch Auskunft über den Zustand unseres Patienten gegeben. Als ich aber um 6.30 Uhr anrief, vertröstete mich die Schwester von der Intensivstation: »Ich kann Ihnen nichts sagen, Frau Jakoby. Rufen Sie später wieder an.« Das kam mir reichlich seltsam vor.

Mein Mann war bereits vorausgegangen zum Kuhstall. Also folgte ich ihm und erzählte ihm das. Dann fügte ich noch hinzu: »Ich habe heute Nacht geträumt, dass dein Vater sterben wird.«

»Du spinnst doch!«, war der spontane Kommentar meines Mannes. »Der war doch gestern so munter, dass er auf die normale Station verlegt werden soll. Der stirbt doch nicht.«

Wir waren noch nicht ganz fertig mit dem Melken, da stürzte Horsts Mutter in den Stall: »Schnell, Kinder, wir müssen sofort zum Krankenhaus. Die haben eben angerufen, dass der Vater im Sterben liegt.«

Das konnten wir nicht fassen, da er doch gestern noch in einem so stabilen Zustand gewesen war. Ehe wir aufbrachen, gaben wir meinem Schwager Bescheid, der gerade im Haus war, weil er dort noch immer seine Metzgerei betrieb. Der andere Schwager arbeitete außerhalb, deshalb rief ich seine Frau an, damit sie ihn benachrichtige. Meine Schwiegermutter und ich fuhren los. Mein Mann blieb zu Hause. »Nein, ich fahr nicht mit!«, erklärte er im Brustton der Überzeugung. »Ich glaub das nicht! Der Vater stirbt nicht. Außerdem muss ich Kartoffeln setzen.«

Das war nicht einmal eine faule Ausrede, sondern wirklich eine unaufschiebbare Arbeit. Da sein Vater im Krankenhaus lag und wir beiden Frauen ebenfalls ausfielen, hatte er als Aushilfe für diesen Tag zwei Personen angeheuert, und man wusste nicht, ob sie zu einem späteren Zeitpunkt noch verfügbar sein würden.

Schwiegermutter und ich kamen also auf der Intensivstation des Elisabeth-Krankenhauses an und waren entsetzt. Der alte Bauer lag da, kreidebleich und bewegungslos. Er war wieder an alle möglichen Geräte angeschlossen. Mein Blick fiel sofort auf die Blutdruckanzeige, demnach stand sein Blutdruck nur noch bei 35:25.

Was war passiert? Darüber konnten wir nur spekulieren. Die ganzen Tage, in denen mein Schwiegervater im Koma gelegen hatte, war er ans Bett fixiert gewesen, damit er sich nicht durch unwillkürliche Bewegungen sämtliche Schläuche herausziehen konnte. Am Vortag aber, an dem er ja in recht guter Verfassung gewesen war, hatte man die Fixierungen gelöst. Wir vermuteten nun, dass er wahrscheinlich in der Nacht den Drang zur Toilette verspürt hatte, aufgestanden und gefallen war. Möglicherweise hatten dabei die gebrochenen Rippen, die ja noch nicht verheilt waren, die Lunge verletzt.

Jetzt hielt ich es doch für zwingend notwendig, meinen Mann und seine Brüder herzuzitieren, damit sie sich von ihrem Vater verabschieden konnten. Da ich meinen Mann beim Kartoffelpflanzen wusste und man noch kein Handy hatte, rief ich eine Nachbarin an und bat sie, aufs Feld zu gehen und meinem Mann auszurichten, sein Vater liege wirklich im Sterben. Er möge seine Brüder benachrichtigen und kommen.

Mein Mann war tatsächlich bald zur Stelle, und seine Brüder kamen nacheinander mit ihren Frauen an. Nun stellte der behandelnde Arzt uns vor eine schwere Entscheidung: »Sie sehen selbst, dass Ihr Mann bzw. Vater bereits klinisch tot ist. Es sind nur noch die Apparate, die ihn am Leben halten. Die Frage stellt sich nun: Schalten wir sie ab oder schalten wir nicht ab?«

Spontan antwortete meine Schwiegermutter: »Abschalten? Nein! Auf keinen Fall!«

Darauf der Arzt: »Frau Jakoby, überlegen Sie genau, was Sie da sagen. Nicht abschalten bedeutet, dass Ihr Mann, wenn er das wirklich überlebt, schwerstbehindert sein wird. Sie haben dann einen Mann, der für immer im Bett liegt, der gar nichts mehr kann. Er ist bereits hirntot, wie das in der Fachsprache heißt. Er wird nur noch von den Maschinen am Leben gehalten.«

»Nein, ich stimme nicht zu.«

Der Mediziner schüttelte den Kopf und zuckte mit den Schultern.

»Wir gehen jetzt alle mal raus, setzen uns in der Cafeteria zusammen und bereden das«, schlug ich vor.

Mit Engelszungen redeten wir dann abwechselnd auf die Mutter ein. Der Krankenhausgeistliche kam auch dazu und stand uns beratend zur Seite. Schließlich beschwor ich meine Schwiegermutter: »Überleg doch mal, was du deinem Mann damit antust. Der war nie krank und musste nie im Bett liegen. Und jetzt willst du ihn so einfach an der Maschine hängen lassen. Ihm tust du damit wirklich keinen Gefallen und selbst wirst du deines Lebens nicht mehr froh. So schwer die Entscheidung jetzt fällt und so weh uns das allen tut, aber du solltest dich für Abschalten entscheiden.«

Diese Rede machte sie sehr nachdenklich. Der Pfarrer stimmte mir zu, während ihre Söhne und die anderen Schwiegertöchter nickten. Danach gingen wir alle wieder auf die Intensivstation zurück. Mit wenigen Worten teilte Katharina dem Arzt ihre Entscheidung mit. Der schaltete in unserem Beisein die Apparate ab. Katharina verabschiedete sich von ihrem Mann, mit dem sie fast vier Jahrzehnte verheiratet gewesen war, indem sie sich über ihn beugte, ihn auf die Wange küsste und ihren Tränen freien Lauf ließ. Ich drückte ihm zum Abschied die Hand und streichelte ihm die Wange. Mein Mann drückte ihm ebenfalls die Hand. Die beiden anderen Söhne taten nichts, und ihre beiden Frauen taten es ihnen gleich.

Innerhalb einer halben Stunde schlief der alte Bauer friedlich für immer ein. Er wurde nur 64 Jahre alt. Schweigend verließen wir die Intensivstation, schweigend fuhren wir nach Hause. Dort saßen dann alle wie gelähmt herum, und keiner war fähig, die Beerdigung zu organisieren. Das blieb, wie alles andere, wieder an mir hängen. »Mach du mal«, sagte meine Schwiegermutter.

Als Erstes rief ich einen Bestatter an. Der kam gegen Abend zu uns, um den guten Anzug des Verstorbenen zu holen, in dem er begraben werden sollte. Bei uns war es damals noch üblich, dass ein Verstorbener, wenn er nicht zu Hause verschieden war, mit dem Leichenwagen vor seine Haustür gebracht wurde. Die Heckklappe wurde geöffnet und auf Wunsch sogar der Sarg, damit sich Nachbarn, Verwandte und Freunde von ihm verabschieden können.

So wurde das auch bei Alfred Jakoby sen. gehandhabt. Mein Sohn Markus, welcher der erklärte Liebling seines Großvaters gewesen war, erschien oben am Fenster. »Komm runter!«, rief ich ihm zu, »und verabschiede dich vom Opa.«

»Nein, ich kann nicht gucken kommen. Das geht nicht.«

Das haben wir akzeptiert. Der Leichenwagen brachte den Großvater anschließend zum Nachbarort in die Leichenhalle, und ich hatte alle Hände voll zu tun, um die behördlichen Angelegenheiten zu regeln. Auch musste ich Kränze und Blumen und ein Sargbukett bestellen. Darüber hinaus gab es noch eine Menge zu organisieren.

Unterdessen war es Abend geworden, und ich musste in den Stall. Während ich dort noch arbeitete, bekam ich mit, wie ein Polizeiwagen bei uns auf dem Hof vorfuhr. Was konnten die wollen? Rasch ging ich hinüber zum Wohnhaus. Ich kam gerade rechtzeitig, um zu hören: »Wir müssen die Leiche beschlagnahmen.«

Katharina, ohnehin noch geschockt durch den überraschenden Tod ihres Mannes, ließ sich auf einen Stuhl sinken und war unfähig, etwas zu sagen.

»Wieso wird der beschlagnahmt?«, wollte ich wissen.

»Wir haben die Mitteilung bekommen, dass Herr Jakoby vor einigen Tagen einen Unfall hatte. Deshalb muss er obduziert werden.«

Das leuchtete mir nur halbwegs ein, aber egal. Mich interessierte etwas anderes. »Heute ist Freitag«, stellte ich fest. »Wann wird er obduziert? Wir haben die Beerdigung nämlich für Dienstag angesetzt. Die entsprechende Anzeige steht morgen in der Zeitung.«

»Ja, am Wochenende geschieht nichts«, war die vielsagende Antwort des einen Beamten.

»Und wie sieht es am Montag aus?«, erkundigte ich mich.

»Dass er am Montag obduziert wird, können wir nicht versprechen«, war die Auskunft des anderen Ordnungshüters.

»Bis Montag um 15.00 Uhr muss ich definitiv wissen, wann die Beerdigung stattfinden kann, sonst krieg ich keine Annonce mehr in die Zeitung«, erklärte ich den Beamten. Die zuckten nur mit den Schultern und zogen von dannen.

Ich aber hängte mich ans Telefon, um meine Bekannte, die Anwältin, die mir schon in einigen Lebenslagen geholfen hatte, anzurufen. Mit wenigen Worten schilderte ich ihr den Sachverhalt und fügte hinzu: »Editha, kannst du dich drum kümmern? Wenn die Obduktion am Montag nicht stattfindet, muss ich das bis 15.00 Uhr wissen, damit ich eine neue Todesanzeige in die Zeitung setzen lassen kann mit dem neuen Beerdigungstermin.«

Mein Schwiegervater war schließlich nicht irgendwer. Er war weit im Umkreis bekannt, und es war damit zu rechnen, dass viele Menschen zu seiner Beisetzung kommen würden. Er war Gemeinderat, parteipolitisch engagiert, Mitglied im Gesangverein, im Kirchenchor und im Bauernverband und noch einiges mehr. Man musste mit einer Riesenbeerdigung rechnen. Man konnte doch diese Leute nicht brüskieren, indem man sie anreisen ließ, um sie dann wieder heimzuschicken.

Ausgerechnet an diesem Wochenende musste mein Mann auch noch nach Idar-Oberstein, um die neue Melkanlage abzubauen und zu uns zu schaffen.

Am Montag um 14.00 Uhr klingelte das Telefon. Editha war am Apparat mit der erlösenden Nachricht: »Heute Abend ist dein Schwiegervater wieder zurück in der Leichenhalle.«

Gott sei Dank! Dann konnte die Beisetzung ja wie geplant am 3. Mai stattfinden, genau einen Tag vor seinem 39. Hochzeitstag. Auch würde mein armer Schwiegervater wieder vor Ort sein, wenn am Abend für ihn in der Kirche das Totengebet stattfand. Bevor ich mich jedoch auf den Weg zur Kirche machte, musste ich noch der Floristin Bescheid geben: »Petra, du kannst das Sarggesteck fertig machen. Morgen findet die Beisetzung statt.«

Es wurde tatsächlich eine Riesenbeerdigung. Sie wurde noch wesentlich größer, als alle erwartet hatten. Eigenartigerweise versagten mir, die ich die ganzen Tage die Starke gespielt und alles organisiert hatte, im Trauergottesdienst die Nerven. In der Kirche heulte ich Rotz und Wasser und bekam vom Requiem so gut wie nichts mit. Erst als wir die Kirche verließen, um zum Friedhof zu gehen, bekam ich wieder etwas mit.

Ich hatte beobachtet, dass es üblich war, Witwen zum Grab zu führen und zu stützen, wenn der Ehemann begraben wurde. Jetzt fiel mir auf, dass meine Schwiegermutter diesen Weg völlig allein zurücklegen musste. Von ihren drei Söhnen war nicht einer an ihrer Seite, der ihr den Arm gereicht hätte. Das erschütterte mich zutiefst. Im Nachhinein bedauere ich es sehr, dass ich nicht zu ihr gegangen bin, um ihr diesen Liebesdienst zu erweisen. Damals war ich aber noch zu sehr in den Konventionen verfangen und dachte, mir, der Schwiegertochter, stehe das nicht zu. Außerdem hätte ich dann das Gefühl gehabt, ihre Söhne bloßzustellen. So etwas würde mir heute nicht mehr passieren.

Noch Wochen und Monate nach dem Begräbnis kam mir diese Szene wieder und wieder in den Sinn. Und immerzu fragte ich mich: Was wollte mir der Schwiegervater kurz vor seinem Tode noch mitteilen? Mit Sicherheit hat er gefühlt, dass er sterben würde, und wollte mir etwas sagen, das ihm wichtig war. Je länger ich darüber nachdachte und beobachten musste, wie sich die Söhne ihrer Mutter gegenüber verhielten, desto mehr gewann ich die Überzeugung, dass er mir sagen wollte: Steh der Mutter zur Seite, wenn ich nicht mehr da bin.

Nachdem wieder einigermaßen Normalität im Hause eingekehrt war, fragten wir uns, weshalb man wohl eine Obduktion angeordnet hatte. Die Antwort bekamen wir einige Wochen später von der Rentenversicherung. Man teilte der Witwe mit, die Obduktion habe eindeutig ergeben, dass ihr Ehemann an den Folgen eines landwirtschaftlichen Unfalles gestorben sei. Das hatte für sie den Vorteil, dass sie nicht die übliche Hinterbliebenenrente bekam, sondern eine Unfallrente, die wesentlich höher ausfiel.

Bei aller Trauer, die wir empfanden – es musste mit dem Betrieb weitergehen. Es war Frühjahr, also fiel zu den üblichen Stallarbeiten auch eine Menge an Feldarbeit an. Mein Mann und ich waren bereits eingespielt, also hätte alles normal weiterlaufen können. Doch wir hatten die Rechnung ohne meine beiden Schwager gemacht. Die glaubten nicht, dass wir in der Lage wären, den Betrieb zu führen. Dabei hatten wir das schon bewiesen, seit uns der Schwiegervater den Hof 1992 überschrieben hatte. Die Herren Brüder meinten, sie müssten sich in alles hineinmischen – ausgerechnet sie, die längst ausgezogen waren, eigene Häuser bewohnten, andere Berufe ausübten und keinerlei landwirtschaftliche Ausbildung vorweisen konnten, wenn man von dem bisschen absieht, was sie in ihrer Kindheit und Jugend auf dem Hof mitbekommen hatten. Und für ihre Ehefrauen galt das Gleiche.

Seit fast zehn Jahren bewohnten wir das obere Stockwerk, und ich war zufrieden mit meiner kleinen Küche, in der ich oft bis zu zehn Leute zu bewirten hatte, wenn wir polnische Erntehelfer hatten. Da war keiner auf die Idee gekommen, zu sagen: »Geh mit denen doch in die große Küche der Schwiegermutter.« Jetzt, nachdem ihr Mann gestorben war, warfen mir meine Schwager vor: »Du kannst die Mutter unten nicht allein lassen!«

Dabei waren wir ja stets mit ihr im Haus. Nur drei Monate vorher hatten wir uns neue Möbel gekauft für unser Wohnzimmer unter dem Dach. Auf das Genörgele der Schwager und Schwägerinnen hin, um unseren guten Willen zu zeigen, zogen wir damit um in das Wohnzimmer im Erdgeschoss. Sechs Wochen ging das gut. Dann sagte ich zu meinem Mann: »Entweder wir ziehen jetzt wieder nach oben oder ich ziehe ganz aus. So, wie es jetzt ist, mache ich nicht mehr mit. Man ist ja nicht mehr Herr im eigenen Haus.«

»Ach, lass sie doch«, war sein magerer Kommentar.

»Nein, so geht das nicht mehr weiter. Man hat ja keine Privatsphäre mehr. Keine Minute ist Ruhe«, hielt ich dagegen. Die Schwager waren wirklich ständig vor Ort und oft noch verstärkt durch ihre Gattinnen. Jeder von ihnen ging ganz selbstverständlich beim Hintereingang hinein und hinaus, egal zu welcher Tageszeit. Wenn ich morgens um sieben den ersten von ihnen antraf, spottete ich: »Ah, da kommt wieder die Kontrolle.« Davon ließen sie sich jedoch nicht abschrecken. Zuerst stattete man der Mutter einen Besuch ab, dann inspizierte man unsere Wohnräume.

»Egal, wie du das siehst«, erklärte ich kategorisch, »ich ziehe wieder nach oben. Von dem dummen

Geschwätz, deine Mutter sei allein, lasse ich mich nicht mehr beeindrucken. Auch wenn wir oben sind, ist sie im Haus nicht allein. Und wenn das deinen Brüdern nicht passt, dann können sie die Mutter ja zu sich nehmen. Sie haben ja auch eigene Häuser und genügend Platz.«

Eine andere Sache war das Geld. Jeden Monat bekam die Mutter von uns eine anständige Summe. Im Übergabevertrag hatte man festgelegt, dass die Eltern eine monatliche Apanage von 1000 DM erhielten. Diese Summe war auch zu zahlen, wenn nur noch ein Elternteil lebte. Dieses Geld bekam die Mutter von uns regelmäßig zu ihrer nicht unerheblichen Rente. Aber so viel brauchte sie gar nicht. Was sie übrig hatte, steckte sie in ihre beiden anderen Söhne hinein. Dass wir oder unsere Kinder davon auch ganz gut etwas hätten brauchen können, auf die Idee kam sie erst gar nicht.

Der Plan für den Stallneubau war mittlerweile längst fertig. Dennoch konnten wir nicht gleich darangehen, ihn zu realisieren. Die Frühjahrs- und Sommerarbeit nahm uns vollkommen in Beschlag. Erst ab Oktober konnte das Projekt in Angriff genommen werden. Ein ganzes Jahr lang bauten wir daran, und wie sie versprochen hatten, halfen auch meine Schwager beim Umbau eifrig mit, obwohl ihr Vater nicht mehr als treibende Kraft hinter ihnen stand.

Zuschüsse bekamen wir keine – die waren bei vorhergehenden Projekten ausgeschöpft worden –, aber es gab zinsverbilligtes Geld. So kamen wir ganz gut über die Runden.

Im September 1995 wurde der neue Stall eingerichtet, mit allen – bis dahin bekannten – Schikanen. Eigentlich gab es zwei Kuhställe. In dem einen war eine Futterstation für Kraftfutter, in dem anderen hing ein Futterraff, der einen Rundballen Heu fasste. Zwischen den beiden Ställen befand sich das Melkhaus mit zwei Melkständen, was mir die Arbeit sehr erleichterte. Die Kühe konnten nun nach Belieben von einem Stall in den anderen wandern. Für sie gab es eine Liegehalle, in der sie sich gemütlich auf Stroh ausruhen konnten. Nach dem, was sie zuvor erlebt hatten, mussten sie sich prächtig fühlen. Jede Woche wurde eine neue Schicht Stroh aufgeschüttet, so dass der Lagerplatz immer höher und weicher wurde. Für uns hatte das den Vorteil, dass wir nur zweimal im Jahr ausmisten mussten. Die Kühe hatten einen Chip am Hals, mit dessen Hilfe man am PC genau überwachen konnte, wann und wie viel an Kraftfutter jede von ihnen fraß.

Inzwischen gibt es noch eine Menge anderer Neuerungen, z. B. das Melkkarussell. Das lohnt sich aber erst, wenn man 300 bis 400 Kühe hat. Seit zehn Jahre gibt es sogar Melkroboter, die dem Bauern die ganze Melkarbeit abnehmen. Das hört sich so an, als könne der Bauer ständig Urlaub machen, weil sich die ganze Stallarbeit von allein erledige. So ist das jedoch keineswegs. Es kann immer und überall im Stall etwas Unvorhergesehenes auftreten. Für diesen Fall hat er einen »Piepser« in der Tasche, der sofort Alarm schlägt, damit er jederzeit eingreifen kann.

Missgeschicke

Es war im August 1999, wir waren am Mähdreschen, die Rapsernte war in vollem Gang. Seit den frühen Morgenstunden war Oliver, der Freund unserer Tochter, mit einem unserer Mähdrescher auf einem riesigen Rapsfeld tätig. So ein Drescher kann aber nur eine gewisse Menge an Raps aufnehmen. Damit Oliver ihn von Zeit zu Zeit entleeren konnte, hatte mein Mann rechtzeitig einen Schlepper mit großem Hänger ins bereits abgeerntete Nachbarfeld gestellt. Er selbst war mit dem anderen Mähdrescher auf ein anderes Feld gefahren, aber vorzeitig zurückgekehrt, weil an seiner Maschine ein Schaden aufgetreten war.

Gegen 16.00 Uhr läutete bei uns das Telefon. Es meldete sich ein Polizeibeamter. Mir fuhr ein gewaltiger Schreck in die Glieder. Gerd hatte gerade vierzehn Tage vorher seinen Führerschein gemacht und war mit seinem Gebrauchtwagen zur Arbeit gefahren. Die Frage des Beamten: »Frau Jakoby, sitzen Sie?«, tat noch ein Übriges, mich am ganzen Körper zittern zu lassen. Mir schoss durch den Kopf: Entweder hat der Gerd mit dem Auto einen Unfall gebaut oder – er war Zimmermann – er ist vom Dach gefallen.

Noch ehe ich dazu eine Frage stellen konnte, erklärte der Beamte: »Sie müssen sofort herkommen. Ihr Traktor liegt bei Zerf auf der B 268, total zerstört.«

Noch am ganzen Leib zitternd, eilte ich in die Werkstatt zu meinem Mann, der damit beschäftigt war, seinen Mähdrescher zu reparieren. Stichwortartig schilderte ich ihm den Sachverhalt. »Das kann nicht sein«, erwiderte er. »Der Schlepper steht im Feld, weit genug weg von jeder Straße und vor allem von der B 268. Ich habe ihn doch heute Morgen eigenhändig dort abgestellt.«

»Du hast vielleicht die Bremse nicht angezogen?«, wagte ich eine Vermutung.

»Natürlich hab ich die angezogen«, brauste er auf. »Das geht doch gar nicht anders, weil das Feld abschüssig ist.«

Dann sprangen wir ins Auto und fuhren zur Unglücksstelle. Unterwegs erfuhr ich, dass Oliver, nachdem er mit seinem Feld fertig war, von mir unbemerkt mit seinem Mähdrescher nach Hause gekommen war, sich etwas zu trinken geholt hatte und zu einem anderen Feld gefahren war.

Wenig später erreichten wir den Tatort und sahen die Bescherung. Es war tatsächlich unser Schlepper, der da in der Böschung hing. Der Anhänger lag zur Hälfte darauf und ragte zur anderen Hälfte in die Straße hinein, so dass sie nur einseitig befahrbar war. Der Traktor war ein Totalschaden. Der Hänger sah zu unserer Überraschung noch ganz manierlich aus. Die ganze Ladung allerdings – etwa zwanzig Tonnen Raps – hatte sich über die Bundesstraße ergossen. Auf einer Länge von 40 bis 50 Metern lag eine geschlossene, bis zu 20 Zentimeter dicke Rapsdecke. Raps ist bekanntlich eine Ölfrucht, und wenn man sie platt fährt, wird es glitschig. Die herannahenden Autofahrer aber fuhren in ihrem Unverstand mit vollem Tempo hindurch. Auch die

Polizisten standen nur herum, guckten sich das Schauspiel an, kamen aber nicht auf die Idee, den Verkehr umzuleiten. Ein Krankenwagen war auch bereits zur Stelle. Den hatte die Polizei vorsorglich anrücken lassen, da man davon ausgegangen war, dass ein Fahrer auf dem Traktor gesessen hatte. Es wusste auch niemand, ob nicht vielleicht ein anderes Fahrzeug in den Unfall verwickelt war.

Weil mein Mann aufklären konnte, dass der Bulldog unbemannt gewesen war, als er ihn im Feld abgestellt hatte, richtete sich die Aufmerksamkeit der Beamten nun auf das verunglückte Gespann. »Am besten, wir rufen eine Bergungsfirma in Trier an«, schlug einer von ihnen vor. »Die kommen mit einem großen Kran. Der Traktor muss ja hier weg und der Hänger ebenfalls.«

»Nä«, schüttelte ich den Kopf. »Das kostet ein Schweinegeld. Das können wir uns sparen. Wir räumen selbst auf. Wir haben alle Maschinen, um das ohne fremde Hilfe zu schaffen.«

Während die Polizisten vor Ort blieben und zuschauten, wie die Fahrzeuge durch die Rapsschicht schlitterten, eilten wir nach Hause, um die breiten Schneeschieber zu holen. Mit denen wollten wir wenigstens eine Fahrspur so weit freischieben, dass die Autos sie ohne Gefahr passieren konnten – und nicht unsere ganze Ernte platt walzten.

Von zu Hause aus riefen wir aber erst einen Nachbarn an, der einen Traktor mit Frontlader hatte, damit er für uns den Raps wieder aufladen sollte. Verständlicherweise wollten wir von der wertvollen Ladung so viel wie möglich retten. Bis der Frontlader die Unfallstelle erreichte, schob ich aus Leibeskräften mit der Schneeschaufel den Raps beiseite. Während ich auf diese Weise schwer beschäftigt war, nahte von der Straße oberhalb unser Hausarzt Dr. Roth. Er hielt neben mir an und fragte: »Brauchst du eine Beruhigungsspritze?«

»Nä«, antwortete ich lachend, »ich bin die Ruhe selbst. Ich brauche keine Spritze.«

Als es auf 17.45 Uhr zuging, wurde es allmählich Zeit fürs Melken. Deshalb legte ich eine Pause ein und fuhr nach Hause. Dort traf ich meinen Sohn Markus an, der mittlerweile fünfzehn war. Mit wenigen Worten erklärte ich ihm, was passiert war, und bat ihn, mir die Kühe partieweise in den Melkstand zu führen, um Zeit zu sparen. Beim Melken funktionierte ich wie ein Automat und verschwendete keinen Gedanken an meine Arbeit. So konnte ich über den Unfall nachgrübeln. Bei Licht besehen hatten wir unglaubliches Glück gehabt. Wenn in dem Augenblick, in dem der führerlose Traktor die Straße erreichte, ein Auto gekommen wäre oder gar ein Bus, hätten viele Menschen zu Schaden kommen können! Erleichtert schaltete ich die Melkmaschine aus. Da rief mein Sohn: »Mama, wir sind noch nicht fertig. Du hast noch zwei Partien draußen stehen.«

Tatsächlich, von unseren damals 60 Kühen standen noch zwölf herum und warteten geduldig darauf, von ihrer Milch befreit zu werden.

Bis 19.00 Uhr waren Hänger, Bulldog und Raps komplett geborgen – von Letzterem jedenfalls so viel, dass die Straße wieder frei war, bzw. so viel, wie sich vom Raps noch verwenden ließ. Dass wir ihn nicht vollständig hatten retten können, erkannten wir erst im nächsten Frühjahr, als die Straßenränder und die angrenzenden Wiesen gelb leuchteten von blühendem Raps.

Hinsichtlich der Unfallursache standen wir alle vor einem Rätsel. Selbst der abenteuerliche Verdacht eines Sabotageakts schoss uns durchs Hirn. Die Polizei dagegen ging von Fahrlässigkeit aus. Sie glaubten meinem Mann nicht, dass er die Handbremse ordnungsgemäß angezogen habe. Er aber war seiner Sache ganz sicher und machte sich Gedanken, wieso sich das Gefährt trotzdem selbstständig gemacht hatte. Wieso hatte es über 500 Meter zurücklegen können? Es hatte seinen Weg – die Spur war deutlich zu erkennen – über Stock und Stein genommen, dabei mehrere Felder überquert, war quer über die alte Bundesstraße gerollt, hatte deren Leitplanke durchschlagen und war einen Abhang hinuntergestürzt, um endlich auf der tieferliegenden neuen Bundesstraße zum Stehen bzw. Liegen zu kommen. Bei dieser abenteuerlichen Fahrt war der Hänger abgerissen, auf den Traktor gestürzt und hatte die Kabine zerquetscht. Die Achsen der Zugmaschine waren derart verbogen, dass man die Räder zunächst gar nicht mehr sehen konnte.

Selbstverständlich veranlasste die Polizei eine technische Untersuchung. Diese wurde am nächsten Tag von der Berufsgenossenschaft auf unserem Hof an dem Wrack durchgeführt. Man kam zu folgendem Ergebnis: Die druckluftbetriebene Bremse hatte versagt, weil der Druckluftbehälter undicht war. Davon hatte mein Mann beim Abstellen des Gespanns nichts bemerken können. Nachdem die Luft ganz langsam durch das Leck entwichen war, hatte sich der Traktor ungebremst auf seine abenteuerliche Fahrt begeben. Meinem Mann war also keinerlei Verschulden nachzuweisen, so kam er wenigstens ohne Strafe davon. Den Schaden jedoch mussten wir selbst tragen. Zwar ließ sich der Anhänger leicht reparieren, aber abgesehen davon, dass wir ein Gutteil unserer Rapsernte verloren hatten, war unser Traktor ein Totalverlust. Jeder Landwirt weiß, wie tief man für eine solche Maschine in die Tasche greifen muss. Da das Unfallfahrzeug unsere Hauptzugmaschine gewesen war, ein Schlepper mit 150 PS, und die Herbstbestellung anstand, musste schnell Ersatz her. Ein neuer hätte ein zu großes Loch in unsere Kasse gerissen. Wir mussten also versuchen, einen gebrauchten Schlepper aufzutreiben. Ich hängte mich also ans Telefon und fragte überall herum, bei Händlern und bei Bauern. Dergleichen übers Internet zu kaufen, war seinerzeit noch nicht üblich. Durch den Tipp eines Händlers wurde ich schließlich in der ehemaligen DDR fündig. Dort hatte man wegen der riesigen Anbauflächen schon lange mit größeren Maschinen gearbeitet. Ein Betrieb in der Nähe von Salzgitter, der sich einen noch leistungsstärkeren Schlepper angeschafft hatte, wollte eine seiner alten Zugmaschinen abstoßen. Diese Maschine interessierte meinen Mann vor allem deshalb, weil es das gleiche österreichische Modell war, so dass sich unser alter Bulldog eventuell als Ersatzteillager für den »neuen« verwenden ließe. Sicher, Salzgitter war weit, aber es blieb uns keine Zeit, noch länger herumzusuchen. Per LKW wurde der Trecker zu uns gekarrt, wobei allein der Transport 1000 DM kostete.

Zusätzlich flatterte uns eine Rechnung von der Straßenverwaltung ins Haus. Die wollten die Reinigungskosten für die Straße bezahlt haben. Obwohl wir geglaubt hatten, den Raps sorgfältig entfernt zu haben, waren die noch mal mit einer Kehrmaschine darüber gefahren, um die letzten Reste zu beseitigen. Denn wenn Ölfrucht platt gefahren wird, fährt es sich darauf wie auf Schmierseife.

Unsere Haftpflichtversicherung kam lediglich für den Schaden an der Leitplanke auf und für ein neues Wegkreuz. Als wir das »zu Schaden gekommene« Wegkreuz wieder zusammensetzten, um die Inschrift entziffern zu können, mussten wir herzlich lachen. Ironischerweise stand darauf: »Die immerwährende Hilfe«.

»Nun ja«, konstatierte ich, »es hat immerhin so viel geholfen, dass kein Mensch zu Schaden gekommen ist.« Zur Erinnerung an diesen glücklichen Ausgang hoben wir das alte Kreuz auf.

Zwei Jahre später, also im Sommer 2001, wir waren mal wieder am Mähdreschen, ereignete sich ein weiteres Missgeschick. Dazu muss ich erklären, dass zu dieser Zeit die von uns bewirtschaftete Fläche auf 130 Hektar angewachsen war. Wir hatten Ländereien dazugepachtet von Bauern, die ihre Landwirtschaft aufgegeben hatten. Dazu gehörten auch Felder, die in der Gemarkung von Kell am See liegen. Wir brauchten die Flächen, weil wir unseren Viehbestand beträchtlich vergrößert hatten. Von unserem Dorf aus war es bis dorthin ein schönes Stück zu fahren. An besagtem Tag waren unsere beiden Mähdrescher dort im Einsatz. Gegen Mittag brachte ich meinen Leuten das Mittagessen ins Feld, damit sie nicht nach Hause fahren mussten. Bei meiner Ankunft waren sie jedoch gerade fertig mit ihrer Arbeit und wären sowieso nach Hause gekommen. Mein Mann war mir schon mit einem Schlepper und einem Hänger voll Getreide entgegengekommen. Da ich aber nun schon mal mit dem Essen bei meinen Leuten war, sagte ich: »Jetzt esst in Ruhe und kommt dann heim. Es ist nur noch ein einziges Feld bei unserm Dorf abzuernten. Dann ist die Saison für dieses Jahr gelaufen.«

Die beiden jungen Mähdrescherfahrer begannen zu essen, und ich fuhr zurück nach Hause. Ich war noch keine fünfzehn Minuten daheim, da klingelte mein Handy. Peter, der Nachbarsohn, einer von meinen Fahrern, meldete sich: »Du, Helena, ich habe eine gute und eine schlechte Nachricht für dich.«

»Mach keinen Blödsinn, red schon«, forderte ich ihn ungehalten auf.

»Die gute Nachricht: Es ist keinem was passiert. Und die schlechte Nachricht: Euer Mähdrescher liegt seitlich auf der Landstraße.«

»Dann erklär mir bitte schön, wo das ist, damit ich nicht lange nach dir suchen muss.«

Seiner Erklärung nach befand sich das Unglücksfahrzeug genau zwischen Kell und Lampaden.

»Und wie hast du das angestellt?«, wollte ich wissen.

»Mir ist ein Auto entgegengekommen, dem bin ich ausgewichen.«

Der Mähdrescher, der eine Schnittbreite von nahezu vier Metern hatte, nahm mehr als die Hälfte der Straßenbreite ein und befand sich gerade auf einem Straßenabschnitt, der mitten durch einen Wald führte. Peter steuerte ihn gerade durch eine leichte Linkskurve, die rechts durch eine Leitplanke gesichert war. Dummerweise hatte er das Schneidewerk nicht ganz hochgefahren. Beim Ausweichmanöver geriet dieses auf die Leitplanke, was eine Hebelwirkung ergab, die das Ungetüm glatt umwarf.

Das entgegenkommende Auto schaffte es gerade noch, vorbeizukommen, ehe es krachte. Wäre der Koloss auf das Auto gekippt, wären vier Leute mausetot gewesen. So hatten wir einmal mehr Glück im Unglück gehabt. Der zweite Mähdrescher, der dicht hinter dem ersten gefahren war, konnte gerade noch ausweichen. Mein Mann und ich rasten sofort zur Unglücksstelle und überlegten, was zu tun sei. Gott sei Dank gab es schon Handy. Damit rief ich die Polizei an. Der Mähdrescher lag schließlich auf einer stark befahrenen Straße. Hinzu kam, dass es auf 14.00 Uhr zuging. Da stand der Schichtwechsel in der nahe gelegenen Stoßdämpferfabrik an.

Dem diensthabenden Beamten erklärte ich: »Auf der Landstraße 143 zwischen Kell und Lampaden liegt ein Mähdrescher auf der Fahrbahn. Sperren Sie die bitte ab und richten Sie eine Umleitung ein.«

Zunächst war der Polizist sprachlos. Er glaubte, sich verhört zu haben. Deshalb fragte er mich dreimal nacheinander: »Was liegt auf der Straße?«

»Ein Mähdrescher!«, wiederholte ich mit zunehmender Lautstärke. Als er das endlich kapiert hatte, war man sich auf der Polizei-Inspektion nicht einig, welches Revier zuständig sei. Nachdem lange nichts geschah, rückten plötzlich die Beamten von zwei Polizeidienststellen an, die von Saarburg und die von Hermeskeil, und jede beanspruchte für sich, zuständig zu sein. Also besser zwei als keine, dachte ich und hoffte nur, dass jetzt endlich etwas geschehe.

Plötzlich stand auch noch, wie aus dem Boden gewachsen, der Lokalreporter vom »Trierer Volksfreund« vor uns. Er schaute sich eifrig um, stellte Fragen und schoss Fotos. Daher konnte jedermann am folgenden Tag in der Zeitung einen Bericht mit Foto von unserem Unglücksfahrzeug entdecken. Darüber stand in dicken Lettern: »Mähdrescher in stabiler Seitenlage«.

Auf Anforderung der Polizei rückten auch zwei Feuerwehren an. Es hätte ja sein können, dass Öl ausläuft. Danach fragte uns einer der Polizisten: »Wie wollt ihr das Ungetüm bergen? Sollen wir eine Bergungsfirma anfordern?«

»Die brauchen wir nicht«, lehnte ich entschieden ab. »Das schaffen wir selbst. Das Ding steht in zwei Stunden wieder auf den Rädern. Und dann bewegt es sich aus eigener Kraft von der Stelle.«

Von zu Hause karrten wir alles Mögliche an Gerät heran, vor allem Ketten, Tragseile und einen Traktor. Horst, sein Bruder Walter, die beiden Fahrer unserer Mähdrescher und einige Männer von der Feuerwehr bemühten sich, das Monstrum wieder aufzurichten, begleitet von den guten Ratschlägen, die von mir, den Polizisten und den im Nu zahlreich herbeigeströmten Zuschauern auf sie einprasselten.

Nachdem wir das Ding endlich wieder auf seine Räder gestellt hatten, konnten wir es mühelos nach Hause fahren. Es lief so brav, als ob nichts gewesen wäre. Daheim stellte ich dem Lenker des Unglücksfahrzeugs endlich die Frage, die ich ihm eigentlich als erste hätte stellen müssen: »Ja, Peter, wie hast du es angestellt, dass du unverletzt geblieben bist?«

»Als ich merkte, dass der Drescher nach links kippt, habe ich mich an der Brüstung festgehalten und bin im letzten Moment vor dem Aufschlag nach links in den Wald gesprungen.«

Bei den Landfrauen

Im Jahre 1992 machte ich die Bekanntschaft mit dem »Landfrauenverband«, ein Kontakt, der mein Leben bereichert und in positivem Sinn verändert hat.

Es begann damit, dass ich an einem »Arbeitskreis für Bäuerinnen« auf lokaler Ebene teilnahm. Nachdem ich einmal dort gewesen war, ging ich immer wieder hin, obwohl ich daheim weiß Gott genug zu tun hatte. Durch das Zusammensein mit »Gleichgesinnten« bzw. »Leidensgenossinnen« konnte ich wieder auftanken. Danach bewältigte ich meinen Alltag mit wesentlich mehr Elan.

Eines Tages besuchte die Vorsitzende des überregionalen Landfrauenverbandes eine unserer Veranstaltungen, und am Ende fragte sie uns, ob wir nicht Mitglied dieses Verbandes werden wollten. Erst in diesem Zusammenhang erfuhr ich, dass es sich dabei um eine riesige Organisation handelt, die ihre Anfänge bereits 1898 genommen hatte. Die Gutsfrau Elisabeth Boehm aus Ostpreußen hatte die Probleme der Bäuerinnen erkannt und eine Vereinigung gegründet, um ihre Lebens- und Arbeitsverhältnisse zu verbessern. Im Laufe der Jahre hatte sich diese Organisation immer mehr ausgeweitet, immer mehr an Mitgliedern dazugewonnen, und Generationen von Bäuerinnen hatten davon profitiert.

Warum nicht? Also schlossen wir uns dem großen Verband an. Einige von uns fuhren ab und an zu einer überregionalen Veranstaltung, die angeboten wurde, so auch ich. Hin und wieder nahm ich auch an einem Ausflug der Landfrauen teil, aber immer nur an Tagesfahrten. Länger hätten mich unsere Kühe nicht weggelassen. So wuchs ich mehr und mehr in den Verband hinein und fand darin so etwas wie eine geistige Heimat.

Nachdem ich einige Jahre dabei war, kam ich wie die Jungfrau zum Kind zum Posten einer Geschäftsführerin. Meine Vorgängerin hatte dieses Amt aus gesundheitlichen Gründen aufgeben müssen, und leider fand sich nicht so schnell eine Nachfolgerin. Jede, die gefragt wurde, lehnte ab, weil dieses Amt mit ziemlich viel Arbeit verbunden ist. Als man diese Frage an mich richtete, lehnte ich ebenfalls ab. Aber meine Verbandsfreundinnen ließen nicht locker: »Wenn es niemand macht, bricht der ganze Verein auseinander. Willst du nicht wenigstens vorübergehend die Geschäfte leiten, bis wir eine neue Geschäftsführerin haben?«

»Also gut, meinetwegen.«

Dieses »Vorübergehend« hält bis heute – seit zwölf Jahren – an. Meine erste Aufgabe war es, ein Geschenk zu besorgen für den fünfzigsten Geburtstag der Vorsitzenden, die Feier vorzubereiten und unterhaltsame Beiträge für den Geburtstag zu machen. Das gelang mir ganz gut, und das ermunterte mich, den eingeschlagenen Weg weiterzugehen. Bald kam auch die Aufgabe auf mich zu, Ausflüge zu organisieren. Der erste ging in die Schweiz, fünf Tage lang! Meine Kinder waren inzwischen so weit herangewachsen, dass sie nicht nur ohne ständige Betreuung durch die Mutter auskamen, sondern sogar meine Stallarbeiten übernehmen konnten. Außerdem hatten wir seit 1994 den Sommer über immer polnische Erntehelfer, die dann mit im Betrieb wohnten. Für die musste ich zwar mitkochen, die Wäsche waschen und die Betten machen, aber dennoch bedeuteten sie für mich eine immense Arbeitserleichterung und mehr Freiheit.

Also genoss ich die erste mehrtägige Reise meines Lebens. Es sollte nach Davos gehen, und wir wollten mit dem Bernina-Express fahren. Doch das erste Abenteuer hatten wir bereits am Grenzübergang zur Schweiz. Weil diese kein EU-Land ist, fanden immer noch Passkontrollen statt. Weil ich das wusste, hatte ich vor der Abreise meinen Damen eingeschärft, dass jede einen gültigen Reisepass oder Personalausweis dabeihaben müsse. Was aber stellten die Zollbeamten fest? Bei dreien meiner Damen waren die Ausweispapiere abgelaufen. Die Pause in Basel verbrachte ich also damit, mit den betreffenden Damen zum deutschen Zoll zu gehen und für sie vorläufige Pässe ausstellen zu lassen. Wie sich herausstellte, wäre das für die Schweiz gar nicht zwingend notwendig gewesen. Weil wir aber mit dem Bernina-Express nach Tirano fahren wollten, war es unumgänglich. Zwar ist Italien ein EU-Land, aber aus der Schweiz durchfahrende Züge werden von den Italienern scharf kontrolliert. Wir haben es erlebt.

Seit ich die Reisen der Landfrauen organisiere und durchführe, hat es immer wieder Aufregungen gegeben. Trotzdem habe ich mich nicht entmutigen lassen. Auch unsere für das folgende Jahr geplante Fahrt nach Budapest verlief nicht ungestört. Dass sie beinahe ins Wasser gefallen wäre, lag an meinem Sohn Markus.

Das Drama begann mit einem »Bayerischen Abend« in Paschel, einem Nachbardorf. Dieser fand an einem Samstag statt, und am darauffolgenden Montag wollte ich mit sechzig Personen nach Ungarn aufbrechen. In unserer Region ist selten etwas los, deshalb strömten alle Jugendlichen zu diesem Fest, aber auch ältere Semester nahmen die seltene Gelegenheit wahr, sich zu vergnügen.

Markus, der zu diesem Fest mit seinem Moped gefahren war, hatte wahrscheinlich zu tief ins Glas geguckt. Jedenfalls riss mich morgens um 4.30 Uhr das Telefon aus meinen Träumen. »Mama, ich bin gerade mit dem Markus unterwegs nach Trier ins Krankenhaus«, vernahm ich die Stimme meines älteren Sohnes.

»Was ist passiert?«, fragte ich schlaftrunken.

»Der Markus wollte gerade auf sein Moped steigen, hatte aber seinen Helm noch nicht auf, da kippte er um. Er ist mit dem Kopf auf den Bürgersteig geknallt und blutet stark am Kinn.«

Darauf meine Order an Gerd: »Wenn ihr im Krankenhaus seid und es nötig ist, dass ich komme, rufst du mich sofort an.«

Es dauerte keine zwanzig Minuten, da erhielt ich den Notruf: »Mama, du musst sofort kommen!« Zum Glück hatte ich mich in der Zwischenzeit angezogen und war somit startklar. In diesem Moment erschien mein Mann auf der Bildfläche, er kam gerade von dem bewussten »Bayerischen Abend« nach Hause. Ihm erklärte ich: »Ich weiß nicht, wie lange das dauert. Aber unser Karol weiß Bescheid, was er mit den Kühen zu tun hat. Achte also darauf, dass gemolken wird. Nicht, dass ich das auch noch am Hals habe.«

Kaum dass ich die Unfallchirurgie erreicht hatte, glaubte ich, die Stimme meines Jüngsten zu vernehmen. In den vertrauten Klang mischten ich einige aufgeregte weibliche Stimmen. Von Gerd vernahm ich ebenfalls etwas, noch bevor ich ihn sah. Im Wartezimmer lag er quer über einige Stühle hingestreckt und war am Schnarchen. Ich weckte ihn und fragte nach Markus.

Schlaftrunken rieb sich Gerd die Augen, deutete mit dem Kopf in die Richtung, aus der das Gezanke kam, und antwortete: »Du hörst ihn doch. Er motzt dahinten mit den Schwestern rum.«

Also stürmte ich ins Behandlungszimmer und stellte mich als Mutter des Patienten vor. »Gott sei Dank!«, vernahm ich ein mehrfaches Aufatmen. Dann wurde es sachlich: »Ihr Sohn hat den Kiefer gebrochen, vermutlich muss er operiert werden.«

»Toll!«

»Aber unser Kieferchirurg kommt heute erst um 11.00 Uhr.«

»Und was bedeutet das?«

»Der wird vermutlich unsere Diagnose bestätigen und frühestens morgen Vormittag operieren. Deshalb soll Ihr Sohn erst mal nach oben aufs Zimmer. Aber bis jetzt hat er sich hartnäckig dagegen gesträubt.«

Durch gutes Zureden konnte ich ihn schließlich dazu bewegen, dass er mit mir hochging. In seinem Zimmer fragte ich ihn: »Was machen wir jetzt? Muss ich dableiben, wenn du operiert wirst? Du weißt doch, dass ich morgen früh mit sechzig Personen nach Ungarn will. Ich habe alles organisiert. Muss ich das jetzt absagen?«

»Wegen dem Pipifax brauchst du net hierzubleiben«, war die heldenhafte Antwort.

Schweren Herzens fuhr ich mit Gerd nach Hause, damit er dort seinen Rausch ausschlafen konnte. Um 11.00 Uhr war ich erneut in Trier, weil ich Markus ein paar Sachen bringen und persönlich mit dem Kieferchirurgen sprechen wollte. »Halb so wild«, beruhigte mich der. »Das brauchen wir nicht zu operieren. Der Kiefer wird nur ruhig gestellt. Das wird ähnlich gemacht wie bei einer Korrektur der Zahnstellung, bei der Brackets direkt auf die Zähne kommen. Die werden komplett von oben nach unten mit einem Gummi verbunden. Vorne am Mund lassen wir lediglich eine kleine Öffnung, durch die ein Strohhalm passt, mehr nicht. Er kann also für eine Weile keine feste Nahrung zu sich nehmen.«

Dass nicht operiert werden musste, klang sowohl für mich als auch für meinen Sohn sehr beruhigend. Das mit der Flüssignahrung sahen wir nicht als Problem an. Er würde keine Vollnarkose brauchen und am Montagnachmittag wieder zu Hause sein. Ich musste lediglich ein Formular unterschreiben, damit alles geklärt war für den Fall, dass Komplikationen auftreten sollten.

Dann fuhr ich wesentlich erleichtert nach Hause und trat am anderen Tag einigermaßen wohlgemut mit 60 munteren Fahrgästen meine Reise an. Diesmal waren auch einige Herren der Schöpfung mit von der Partie. »Warum sollen wir keine Männer mitnehmen?«, hatte ich bei unserem Treffen gefragt. »Die freuen sich auch, wenn sie mal was anderes zu sehen kriegen. Viele von euren Männern sind doch schon in Rente und haben Zeit genug. Wozu sollen die Plätze leer bleiben? Je mehr zahlende Gäste wir haben, umso günstiger wird es für jeden Einzelnen von uns.«

Schon kurz nach der Abfahrt waren wir in bester Stimmung. Wir hatten so viel Spaß und haben so viel gelacht, dass ich fast nicht mehr an Markus dachte.

Plötzlich klingelte mein Handy. »Mama, was soll ich essen?«, hörte ich eine klägliche Stimme.

»Entweder du kochst dir einen Pudding, oder du nimmst ein Päckchen Tomatensuppe, da steht alles genau drauf. Oder du machst dir Kartoffelpüree.«

Damit war das Gespräch beendet. Wenige Minuten später war mein Sohn schon wieder am Apparat: »Mama, ich will mir Pudding kochen. Wie muss ich das machen, damit er dünn genug wird, um durch den Strohhalm zu gehen?«

»Ganz einfach: Statt eines halben Liters Milch nimmst du dreiviertel Liter, dann wird er automatisch dünner. Während er abkühlt, musst du immer wieder umrühren, sonst bildet sich eine Haut und die kriegst du nicht durch den Strohhalm. Lass den Pudding nicht ganz kalt werden, dann bleibt er von allein flüssiger.«

Zwanzig Minuten war nun Ruhe. Dann ging abermals mein Telefon. »Mama«, vernahm ich eine weinerliche Stimme, »der Pudding hat Klümpchen, mein Strohhalm ist verstopft.«

Da muss man sich auf die Schnelle etwas einfallen lassen: »Schütte den Pudding durch ein Sieb und nimm einen anderen Strohhalm.«

Das schien funktioniert zu haben. Denn eine volle Stunde lang gab mein Handy keinen Ton von sich. Dann kam die nächste Frage: »Mama, ich will Püree machen, muss ich die Kartoffeln vorher kochen?«

»Kartoffeln muss man auf jeden Fall kochen, egal, was man damit macht.«

In diesem Moment prustete unser Busfahrer los. Anscheinend war er meinen Ausführungen bis dahin aufmerksam gefolgt. »Wenn du deinen Fernkochkurs fortsetzt, kann ich nicht mehr weiterfahren. Ich krieg gleich einen Lachkrampf und mach mir in die Hose.«

Fast anderthalb Stunden konnte unser Chauffeur nun ungefährdet fahren. Dann erreichte mich das nächste Klagelied: »Mama, mein neuer Strohhalm ist auch verstopft.«

»Und was ist es diesmal?«

»Weil mir das Kochen zu kompliziert war, habe ich mir ein paar Dosen Fertigsuppen gekauft. Da steht drauf, die braucht man nur aufzuwärmen.«

»Na und? Wo ist das Problem?«

»Auf dem Etikett habe ich übersehen, dass in der Tomatensuppe Reis ist.«

»Dann schüttest du die eben auch durch das Sieb. Auf die Idee hättest du eigentlich selbst kommen können.«

»Bin ich auch. Aber in dem Sieb hängen doch noch die Puddingklümpchen.«

»Mein Gott, Markus! Du hast doch zwei gesunde Hände, und fließendes warmes Wasser haben wir auch. Jetzt lässt du Wasser durch das Sieb laufen, nimmst die Spülbürste und machst es sauber.«

Inzwischen hatten auch meine Passagiere in den ersten Reihen die Dialoge mit meinem Sohn mitbekommen und amüsierten sich königlich. Ich lieferte ihnen reichlich Stoff dafür, denn mein Sohn rief noch viele Male an, und das nicht nur am ersten Reisetag. Wegen jeder Kleinigkeit rief er mich an und fragte um Rat. Trotzdem hatte der arme Kerl volle vier Kilo abgenommen, als ich nach einer Woche wieder nach Hause kam.

Aber eigentlich wollte ich ja von unserer Reise erzählen. Wir waren mit einem Doppelstockbus unterwegs. Unsere erste Übernachtung war in Wien. Alles in Ordnung, alles wunderbar. Am zweiten Tag kamen wir an die österreichisch-ungarische Grenze. Um den Zollbeamten die Passkontrolle zu erleichtern, sammelte ich vorher alle Pässe ein. Da gestand mir eine meiner Damen – noch dazu eine aus dem Vorstand: »Ich habe meinen Pass nicht dabei.«

»Das kann doch nicht wahr sein!«, rief ich ungehalten. Sie zuckte nur die Schultern. Vor der Abfahrt in Saarburg hatte ich eigens noch einmal nach den Ausweispapieren gefragt.

Am Zoll versuchte ich mein Menschenmögliches, um sie doch über die Grenze zu bekommen. Dreieinhalb Stunden Aufenthalt hatten wir deswegen. Dennoch musste ich die Dame wieder zurückschicken. In ihrer Verzweiflung meinte sie: »Ruf doch in Konz auf der Verbandgemeindeverwaltung an, die können dir doch eine Kopie vom Pass faxen.«

»Das nutzt dir nichts, Hildegard, damit lassen die dich hier nicht rein.«

Ein österreichischer Zöllner zeigte sich insofern kooperativ, als er vorschlug: »Sie können natürlich, wenn die Dame unbedingt nach Ungarn will, mit ihr nach Wien zur deutschen Botschaft gehen, damit die ihr Ersatzdokumente ausstellen. Aber dann hat sie ebenfalls ein Problem: Denn ohne gültige Papiere hätte sie gar nicht nach Österreich einreisen dürfen.«

Ihr ein Taxi zu rufen, das sie zurück nach Wien in ein Hotel bringen sollte, war das Einzige, was ich noch für sie tun konnte. Zum Abschied gab ich ihr mit auf den

Weg: »Hildegard, du hast die Wahl. Entweder du schaust dir Wien an, bis wir dich in vier Tagen wieder abholen, oder du setzt dich in den Zug und fährst nach Hause.« Letzteres wollte sie auf keinen Fall, weil sich auch ihr Mann unter der Reisegesellschaft befand und wild entschlossen war, sich Ungarn nicht entgehen zu lassen. Trotz ihrer Enttäuschung konnte Hildegard der Situation noch etwas Positives abgewinnen: »Was für ein Glück, dass ich zwei getrennte Koffer gepackt habe!«

Dennoch tat sie mir leid, als sie so allein in ihrem Taxi davonfuhr. Deshalb versuchte ich, doch noch etwas für sie zu tun. Sobald wir die Grenze passiert hatten, rief ich in Trier bei unserem Reiseunternehmen an, schilderte den Fall und fragte: »Was kann ich für die Frau tun?«

»Heute Abend kommt ein Bus von uns nach Wien«, gab mir die Dame vom Büro Auskunft. »Der macht fünf Tage lang eine Wien-Tour. Der hat noch Platz, dem kann sich Ihre Hildegard gerne anschließen.«

Also rief ich Hildegard am Abend in dem Hotel an, in dem wir Zwischenstation gemacht hatten, und unterbreitete ihr diesen Vorschlag, den sie begeistert annahm.

Unterdessen hatte unsere Reiseleiterin in Budapest auf glühenden Kohlen gesessen. Wir trafen nämlich mit über drei Stunden Verspätung ein. Dann zogen wir aber unser Programm in Ungarn ohne Zwischenfälle durch – abgesehen von den unregelmäßigen Anrufen meines Sohnes –, sahen und erlebten viel, und es herrschte allgemeine Begeisterung.

Die Rückreise hätte eigentlich über Steyr führen sollen. Aber um unsere Hildegard wieder einzusammeln, mussten wir den Umweg über Wien machen. Die hatte ihre Tage dort sichtlich genossen. Das böse Erwachen kam erst bei der Abreise. Das Reiseunternehmen präsentierte ihr nämlich nicht nur die Rechnung für die vier Tage Wien, sondern auch für die vier Nächte im Hotel. Hildegard aber war der Ansicht gewesen, dass das alles gratis sei, da sie ja ihr Hotelbett in Budapest nicht in Anspruch genommen hatte. Es dauerte eine Weile, bis ich sie davon überzeugen konnte, dass die Forderung berechtigt und sie an den Mehrkosten selbst schuld sei.

Sie moserte noch eine Weile herum, war aber froh, wieder mit der Reisegruppe zusammen zu sein. Die Weiterfahrt nach Steyr verlief ohne Zwischenfälle. Doch am Abend gab es eine weitere Komplikation. Wir kamen am Hotel an, ein wunderschönes, komfortables Haus. Es ging an die Zimmerverteilung. Robert, der Fahrer, hatte mir zuvor bereits erklärt, er werde in einem anderen Hotel in der Nachbarschaft übernachten, da für ihn kein Zimmer mehr frei sei. Für ihn war das kein Problem, mit seinem Bus war er ja mobil.

An der Rezeption erfuhr ich dann, dass das Reisebüro von Trier aus eigenmächtig ein Doppel- in ein Einzelzimmer umgebucht hatte in der Annahme, dass sich Hildegard endgültig von unserer Gruppe getrennt habe. Jetzt fehlte uns ein Doppelzimmer. Was tun? Eiskalt verfügte ich über den Fahrer und quartierte ihn in das Einzelzimmer in unserem Hotel ein. »Und ihr beiden«, wandte ich mich an Hildegard und ihren Mann, »bekommt ein Doppelzimmer in dem Hotel, das zwei Kilometer entfernt liegt.«

Aufgebracht polterte Hildegard los: »Das sehe ich nicht ein. Wir haben uns vier Tage nicht gesehen.«

»Was willst du denn?«, widersprach ich. »Du bist dort doch mit deinem Mann zusammen.«

»Den meine ich doch nicht, ich meine die Gruppe.« Hilflos zuckte ich mit den Schultern. Da griff der freundliche Hotelier ein: »Ich fahre Sie beide jetzt zu Ihrem Hotel, warte dort eine halbe Stunde auf Sie und nehme Sie wieder mit zurück. Dann können Sie den Abend mit Ihrer Gruppe verbringen. Nachher bringe ich Sie wieder in Ihr Hotel zurück, und morgen früh fährt der Bus sowieso dort vorbei. Dann können Sie zusteigen.«

Damit waren alle Beteiligten zufrieden, und es wurde ein netter, harmonischer Abend.

Bevor wir aber am nächsten Morgen das ausquartierte Paar abholen konnten, sprach mich eine Frau an, die bereits im Bus saß: »Helena, guck dir mal mein Bein an.«

»Es ist ein bisschen geschwollen«, stellte ich laienhaft fest.

»Es tut auch ganz schön weh und ist ganz warm.«

»Das hört sich aber nicht gut an«, meinte ich. Während ich blitzschnell überlegte, was in einem solchen Fall zu tun sei, entdeckte ich an der Tankstelle auf der gegenüberliegenden Straßenseite einen Krankenwagen, der offensichtlich mit zwei Sanitätern und einem Notarzt besetzt war. Geistesgegenwärtig rannte ich hinüber. Der Arzt sah sich das Bein an. »Die Frau kann die Reise keinesfalls fortsetzen«, erklärte er besorgt. »Sie müssen sofort mit ihr ins Spital. Ich tippe auf Thrombose oder eine massive Venenentzündung.«

Zunächst fuhren wir aber an besagtem Hotel vorbei, um die beiden »Ausgesetzten« einzuladen. Dann ging es nach Steyr ins Spital. Ich begleitete die Dame in die Notaufnahme. Sie hatte tatsächlich eine Thrombose. Dennoch wollte sie mit uns weiterfahren.

»Nein, diese Verantwortung lehne ich ab. Ich weiß nicht, ob wir schnell genug ein Krankenhaus erreichen, wenn es zu Komplikationen kommt.«

Das leuchtete ihr ein. Nun hieß es, aus dem ganzen Gepäck ihren Koffer herauszusuchen – und den ihrer Freundin, die sich löblicherweise erboten hatte, bei ihr zu bleiben, damit sie nicht mutterseelenallein im Ausland im Spital liegen musste. Wie ich nach unserer glücklichen Heimkehr erfuhr, wurde die Patientin nach vier Tagen entlassen und legte die Heimreise mit ihrer Freundin per Bahn zurück.

Das war genau der Tag, an dem ich mit meinem Sohn Markus zur Nachuntersuchung musste. Obwohl er, wie bereits erwähnt, schon total abgemagert war, musste er das Teil noch weitere acht Tage im Mund behalten. Deshalb war er überglücklich, dass jetzt die Mama da war, die ihm das Essen so zubereitete, dass es durch seinen Strohhalm passte. Dieser Tag ist mir auch deshalb so lebhaft in Erinnerung, weil an diesem Tag die beiden Flugzeuge in New York ins World Trade Center eingeschlagen sind. Als ich während der Rückfahrt von Trier im Autoradio von dem ersten Flugzeug hörte, hielt ich das für Science-Fiction. Erst als der Sprecher von einem zweiten Flugzeug sprach, begann mir zu dämmern, dass es sich um brutale Realität handelte.

Der Landfrauenausflug im Jahr darauf führte uns nach Nizza, eine sechstägige Reise. Wieder ging es mit einem Doppelstockbus durch die Lande. Wieder hatte ich sechzig Passagiere an Bord, und es war traumhaft schön.

Bevor ich eine solche Reise antrete, wird sie von mir akribisch durchorganisiert. Damit mir niemand in der fremden Stadt verlorengehen konnte, hatte ich den Stadtplan von Nizza kopiert, um jedem Teilnehmer davon ein Exemplar auszuhändigen. Ich hatte die Fahrt auch ich in allen Einzelheiten mit dem Fahrer, mit dem ich auch die Ungarnreise gemacht hatte, durchgeplant. Er hatte mir ausführlich erklärt, worauf ich zu achten hätte. »Das brauchst du mir gar nicht so genau zu erklären«, lehnte ich großspurig ab. »Das kann ich mir sowieso nicht alles merken, und außerdem bist du ja dabei.«

Drei Tage vor Antritt der Reise rief er mich an: »Du, Helena, ich kann nicht mit euch nach Nizza. Ich habe diese Fahrt nicht zugeteilt bekommen. Ihr werdet einen Fahrer haben, der noch nie dort war.«

»Das kann ja heiter werden«, gab ich zurück, »denn ich selbst war auch noch nicht dort. Dann sag mir wenigstens, wer der Fahrer ist und was er für Macken hat, damit ich mich darauf einstellen kann.«

Er druckste ein wenig herum. Dann rückte er raus: »Klaus heißt er, und es ist nicht immer einfach, mit ihm umzugehen.«

»Wenn es weiter nichts ist«, atmete ich auf, »ich werde schon mit ihm klarkommen.«

Anfang September starteten wir auch diesmal gut gelaunt, aber nicht mit dem Fahrer, den Robert uns angekündigt hatte. Der durfte unseren Bus erst ab Toul übernehmen, damit er bis Nizza nicht die zulässige Lenkzeit überschritt. An der Raststätte in Toul übernahm dann wie vorgesehen Klaus den Bus. Es lief alles bestens, und von der angekündigten Macke war nichts zu bemerken – bis wir kurz vor Nizza an eine Brücke kamen. Unter dieser hätten wir hindurchfahren müssen, um in die Stadt zu gelangen. Auf diese Brücke hatte mich Robert, unser bewährter Fahrer, eindringlich hingewiesen: »Kurz vor Nizza kommt ihr an eine Brücke, da steht ein Schild mit dem Hinweis Höhe 3,90 m. Aber der Doppelstockbus passt durch. Das habe ich mehrfach ausprobiert. Ihr könnt also getrost durchfahren, da passiert nichts.«

Dieses Wissen musste ich nun dem unerfahrenen Klaus vermitteln. Wir kamen an besagte Brücke, Klaus sah das Schild und bremste den Bus abrupt ab. In Panik rief er aus: »Da pass ich nicht durch!«

»Du kannst unbesorgt durchfahren. Robert hat gesagt, der Bus passt durch. Er ist schon oft hier durchgefahren.«

Doch davon ließ sich Klaus nicht beeindrucken. »Nein, das mach ich nicht«, beharrte er.

»Gut. Nicht schlimm. Nehmen wir eben einen andern Weg.«

Kurz zuvor hatte ich im Hotel angerufen und mitgeteilt: »In einer halben Stunde sind wir bei Ihnen.«

Aus dieser halben Stunde wurden jedoch zweieinhalb Stunden. Nicht dass der Umweg so weit gewesen wäre, aber unser störrischer Chauffeur, der bis Cannes zurückmusste, um eine andere Straße nach Nizza nehmen zu können, wusste in der Stadt, die er nicht kannte, alles besser. Navigationssysteme gab es ja noch nicht, und die Stadtpläne, die ich kopiert hatte, waren für Fußgänger. Dennoch hatte ich darauf unser Hotel schnell gefunden und wusste halbwegs, welche Straßen wir hätten nehmen müssen. Aber Klaus tat meist das Gegenteil von dem, was ich vorschlug. Endlich konnten wir unser Hotel sehen. Aber dann war der Wurm drin. Auf zweihundert Metern hatten wir es ständig im Blick, aber als ob sich alles gegen uns verschworen hätte, gab es rings um uns her lauter Einbahnstraßen. Wir fuhren ständig im Karree und kamen einfach nicht hin. Völlig entnervt sagte ich schließlich zu unserm Fahrer: »Jetzt habe ich mich lange genug mit dir abgeplagt. Halt mal an. Da vorne ist ein Taxi. Da setze ich mich jetzt – egal, was es kostet – hinein und fahre vor dir her.«

Damit kam ich bei Klaus aber schlecht an. »Nein«, entgegnete er heftig. »Wir schaffen das allein.« Er ließ mich nicht aussteigen.

Um 20.30 Uhr standen wir endlich vor unserm Hotel. Alle waren wie gerädert, und mein Fahrer hatte seine Lenkzeit erheblich überschritten!

Als ich ins Foyer stürmte, um einzuchecken, war das erste, was die Dame an der Rezeption zu mir sagte: »Der Bus darf aber nicht hier stehen bleiben, der muss auf einen Busparkplatz.«

Auch das noch!

In der ganzen Hektik und Aufregung unterlief mir beim Einchecken ein Fehler, der einen Tag später beinahe verhängnisvoll geworden wäre. Ich händigte meinen Leuten die Schlüssel aus, ohne zu vermerken, wer in welchem Zimmer untergebracht war. Normalerweise ist das nicht von Belang. Vorerst lief alles normal. Die Leute hatten ihr Zimmer, sie bekamen ihr Abendessen und erholten sich allmählich von den Strapazen. An der Rezeption bekam ich einen richtigen Stadtplan, also einen für Autofahrer. Den reichte ich an Klaus weiter mit dem Auftrag, den Bus zum Parkplatz zu fahren.

»Nä, nä, nä«, wehrte der sich entschieden. »Du kannst mich doch in der fremden Stadt nicht allein losschicken. Noch dazu, wo es dunkel ist. Ich soll auf den Verkehr achten, ich soll auf den Stadtplan starren und soll an den Hausecken die Straßenschilder lesen, noch dazu auf Französisch. Das geht nicht. Du musst mit.«

Das kann doch nicht wahr sein! Erschöpft und hungrig hatte ich mich schon darauf gefreut, mich mit der Reisegruppe in den Speisesaal zu setzen. »Also gut«, erklärte ich mich bereit. »Ich bin ja kein Unmensch. Ich fahr mit.«

Innerhalb von zehn Minuten hatten wir unseren Parkplatz angelaufen. Nun wollte ich an die gedeckte Tafel zurückkehren. Da sagte Klaus: »Du kannst inzwischen den Bus sauber machen.« So etwas hatte noch kein Fahrer von mir verlangt! »In der Zwischenzeit mache ich die Außenspiegel ab, sonst werden die mir geklaut. Dann kann ich morgen keinen Meter fahren.«

Während er die Spiegel abmontierte, räumte ich den Bus auf und kehrte ihn aus. Klaus zeigte sich zufrieden mit meiner Arbeit und sagte: »Jetzt gehen wir das Stück zu Fuß.«

»Oh«, stöhnte ich, »weißt du, wie weit das ist bis zum Hotel? Ich habe eher an ein Taxi gedacht.«

»Ein bisschen Bewegung tut uns gut nach dem langen Sitzen.«

Eine Dreiviertelstunde sind wir getippelt! Mein Koffer stand noch an der Rezeption. Die Gruppe war längst fertig mit dem Abendessen; die meisten hatten sich bereits auf ihre Zimmer zurückgezogen. Wir konnten froh sein, dass wir überhaupt noch etwas zu essen bekamen. Schließlich kam ich erst um 23.30 Uhr auf meinem Zimmer an. Zu allem Überfluss bestand es aus einer Baustelle, in die Wände waren überall frische Schlitze gehauen worden. Aber das Bett war in Ordnung, also konnte ich damit leben. Katzenwäsche und ab ins Bett. Aber ich sollte nicht viel Ruhe finden.

Acht Tage vor dieser Reise war ich mit meinen Fachschulabsolventen in Berlin gewesen, und viele in dieser Gruppe litten unter einer Magen-Darm-Infektion. Erfreulicherweise war ich unter den wenigen, die verschont geblieben waren. Jetzt aber war der Erreger bei mir angekommen. So verbrachte ich denn meine erste Nacht in Nizza mehr auf der Toilette als in meinem Bett.

Am nächsten Tag ging es nach Monaco, wo ich selbst die Reiseleitung machte. Für mich war das Schönste an Monaco, dass es dort ein Parkhaus gab für Busse. So etwas hatte ich noch nicht erlebt. Als wir am Morgen unseren Bus dort abgestellt hatten, bot ich unserem Chauffeur an: »Du kannst gern mit uns in die Stadt gehen.«

»Nä, nä, nä«, antwortete der. »Ich bummele nachher allein ein bisschen durch die Stadt. So gern geh ich dann doch nicht zu Fuß, dass ich mit euch den ganzen Weg ablatsche.«

»So ist das also«, stellte ich fest, »aber gestern Abend hast du mich durch halb Nizza gescheucht. Sonst hätte ich schon eine Stunde früher im Bett liegen können.«

Von der unruhigen Nacht war ich total geschlaucht. Mehr tot als lebendig wankte ich durch Monaco und führte meine Leute zum Fürstenpalast, zur Rennstrecke, zum Casino und in den Hafen. Es war alles wunderschön, noch dazu, da wir tolles Wetter hatten. Meine Reiseteilnehmer waren mit dem Tag rundum zufrieden. Ich aber wurde immer schlapper, zumal ich mich nicht traute, etwas zu essen.

Nach dem Abendessen, bei dem ich nur etwas Tee und Zwieback zu mir genommen hatte, hieß es: »Wir gehen hinunter an die Promenade und gucken uns die schöne Côte d'Azur an.« Die trägt ihren Namen wirklich zu Recht. Dieses Blau ist unbeschreiblich. Gegen 23.30 Uhr, wir hatten uns gerade entschlossen, umzukehren, läutete mein Handy. Das wird doch nicht wieder einer meiner Söhne sein?, dachte ich und drückte auf Empfang. Eine weibliche Stimme stellte sich als Tochter von Elsbeth Schreiner vor und fragte: »Ist meine Mutter bei Ihnen?«

»Nein«, gab ich Auskunft. »Ich bin mit einer kleinen Gruppe unterwegs. Soviel ich weiß, ist Ihre Mutter im Hotel geblieben.«

»Würden Sie bitte zum Hotel gehen und meiner Mutter ausrichten, sie solle mich sofort zurückrufen.«

»In Ordnung, wir befinden uns ohnehin schon auf dem Heimweg.« Wir hatten aber noch etwa eine halbe Stunde zu gehen. Kaum waren zehn Minuten vergangen, klingelte mein Handy erneut. Wieder war es die junge Frau. »Was ist denn passiert, dass Sie mitten in der Nacht Ihre Mutter sprechen wollen?«, fragte ich besorgt.

»Mein Bruder, also der Sohn meiner Mutter, ist tödlich verunglückt.«

Bestürzt erklärte ich ihr, dass wir noch etwa zwanzig Minuten bis zum Hotel brauchen würden und dass ich die Mutter umgehend benachrichtigen werde. Danach fiel mir siedendheiß mein Versäumnis vom Vortag ein. Ich hatte nicht die geringste Ahnung, wer wo untergebracht war. Was sollte ich tun? Ich konnte doch nicht von Tür zu Tür gehen und fragen, ob Frau Schreiner vielleicht in dem Zimmer sei. Bis wir am Hotel ankamen, war es Mitternacht, und die meisten Gäste lagen bereits in tiefem Schlummer.

Der Portier konnte mir wenigstens insofern weiterhelfen, als er wusste, welche Zimmer an meine Gruppe gegangen waren. Also brauchte ich zumindest keine fremden Leute belästigen. Aber auch meine Leute wollte ich nach Möglichkeit nicht aus ihrem wohlverdienten Schlaf reißen.

Während ich mit meiner Gruppe krampfhaft überlegte, was man tun könne, erinnerte sich eine Frau: »Ich glaube, die Elsbeth wollte sich mit ihrer Freundin Marianne die Stadt auf eigene Faust ansehen.«

Das war immerhin ein Lichtblick. Vielleicht hatte ich Glück, und die beiden Damen waren noch nicht zurück. In dieser Hoffnung blieb ich wartend in der Empfangshalle sitzen. Wenig später betraten die beiden Freundinnen lachend und plaudernd das Foyer. Wie aber kann man einer Mutter eine solche Nachricht überbringen? Ich nahm die Freundin beiseite und berichtete ihr von dem Telefonat. »Um Gottes willen!«, rief diese erschrocken aus. »Was machen wir jetzt?«

»Ich denke, es ist jetzt an dir, es der Elsbeth schonend beizubringen.«

Dadurch, dass ich die Marianne beiseitegenommen hatte und dadurch, dass Elsbeth deren erschrockenen Ausruf vernommen hatte, war sie bereits aus ihrer gehobenen Stimmung geholt worden. Deshalb fiel es der Freundin leichter, ihr die schreckliche Wahrheit zu übermitteln. Danach war an Schlaf nicht mehr zu denken. Die beiden Freundinnen verbrachten die ganze Nacht in meinem Zimmer. Es war nicht nur wichtig, dass die Frau Zuspruch bekam, wir mussten auch an die praktische Seite denken. Wie kamen Elsbeth bzw. die beiden Damen auf schnellstem Wege nach Hause? Denn als echte Freundin ließ Marianne die vom Schicksal geschlagene Mutter nicht im Stich. Dieser war auch klar, dass sie nicht erwarten konnte, dass alle ihretwegen vorzeitig nach Hause fahren würden. Uns musste eine andere Lösung einfallen. Bahn oder Flugzeug waren die Alternativen. Darüber diskutierten wir bis zum Morgengrauen. Nein, fliegen wollten sie auf keinen Fall. Was sollten sie denn in Frankfurt? Bestimmt stand keinem von der Familie der Sinn danach, über zweihundert Kilometer zu fahren, um sie abzuholen. Also Bahn. Aber auch da hatten sie größte Bedenken, weil sie kein Wort Französisch sprachen. Eine andere Möglichkeit sah ich aber nicht. Also brachte ich die beiden Damen in der Frühe per Taxi zum Bahnhof von Nizza, wo ich für sie die Fahrkarten löste. Um 8.30 Uhr setzte ich sie in den TGV (Train à Grande Vitesse). Wenn alles planmäßig lief, sollten sie um 21.30 Uhr in Saarburg ankommen, wo ein Familienmitglied sie abholen würde. Froh darüber, alles auf elegante Weise gelöst zu haben, kehrte ich zu meiner Gruppe zurück. Die hatte inzwischen gefrühstückt und harrte ungeduldig meiner, voller Vorfreude auf das Programm des neuen Tages.

Nach einigen Stunden klingelte mein Handy. Marianne war am Apparat: »Wir sind hier in Paris und wissen nicht weiter.«

Dass sie über Paris fuhren, war schon in Ordnung. Aber in Paris gibt es keinen Hauptbahnhof, sondern nur vier Kopfbahnhöfe. Auf welchem dieser Bahnhöfe sie sich befanden, weiß ich nicht mehr. Sie mussten jedenfalls zum Gare de l'Est, also zum Ostbahnhof, weil das der einzige ist, von dem aus man in Richtung Saarbrücken fahren kann.

»Setzt euch in die Metro, die in Richtung Gare de l'Est fährt«, lautete meine Anweisung.

»Wie sollen wir die denn finden?«, jammerte Marianne. »Wir können doch kein Französisch. Und selbst wenn wir hier in die richtige Linie einsteigen, wissen wir nicht, an welcher Station wir aussteigen sollen.«

»Gut, vergessen wir die Metro. Nehmt euch ein Taxi und sagt: ›Gare de l'Est‹, dann kommt ihr schon hin.«

»Das wird aber teuer werden«, jammerte es am anderen Ende erneut, »denn es kann sehr weit sein.«

»Mehr kann ich euch auch nicht sagen. Entweder Metro oder Taxi, wenn ihr heute noch nach Hause kommen wollt.«

Wie ich nach meiner Heimkehr erfuhr, hatten die beiden das Glück, dass eine französische Studentin, die der deutschen Sprache mächtig war, in der Nähe des Telefonzelle gestanden hatte. Unfreiwillig hatte sie einen Teil des Gespräches mitbekommen. Sie bot den beiden Damen an, sie zu begleiten, denn sie wollte ebenfalls zum Gare de l'Est. Sie nahm die beiden weltfremden Frauen mit in die U-Bahn und setzte sie in den richtigen Zug, der sie in die Heimat bringen sollte. Dort kamen sie tatsächlich pünktlich um 21.30 Uhr an.

An diesem Tag war die Stimmung in der Reisegruppe – verständlicherweise – sehr gedämpft. Immer wieder wurde das Unglück diskutiert, das Elsbeth getroffen hatte. Und ich war – verständlicherweise – sehr müde, weil ich ja schon die zweite Nacht nicht geschlafen hatte. Unser Ziel war Cannes und das in der Nähe gelegene Esterel-Gebirge. Das alles aber ließ mich kalt, ich wollte nur noch schlafen. Deshalb gab ich dem Fahrer meine Anweisungen und verkroch mich in seine Schlafkabine. Aber von wegen Schlafen! Nach einer Stunde schon riss mich lautes Klopfen aus dem Tiefschlaf. »Kannst du nicht rauskommen? Wir stehen hier an einer Kreuzung und wissen nicht weiter«, rief Klaus.

»Das ist ja schön«, antwortete ich schlaftrunken. »Ich muss mich auch erst mal orientieren.«

Auf der Landkarte versuchte ich unseren Standort zu ermitteln. Dann konnte ich dem Fahrer zeigen, welchen Weg er einschlagen musste. So erreichten wir tatsächlich bald das beeindruckende glutrote Esterel-Massiv. Da für mich an Schlaf ohnedies nicht mehr zu denken war, genoss ich mit den anderen den herrlichen Anblick.

Was mir außerdem imponierte, war das Haus des Modeschöpfers Pierre Cardin, das den Namen »Palais Bulles« trägt. In dem ganzen Haus gibt es keine Ecken, alles ist komplett rund gebaut. Man sieht es von der Straße aus, also wirklich beeindruckend.

Wieder war ein schöner, erlebnisreicher Tag zu Ende gegangen. Die dickste Panne auf dieser Fahrt stand mir aber noch bevor. Am Sonntagmorgen sollte es wieder in Richtung Heimat gehen. Die Gäste sollten ihre Koffer rechtzeitig zum Bus bringen, damit sie der Fahrer in den Gepäckraum stapeln konnte. Nachdem das getan war, stellte ich meiner Gruppe die obligatorischen Fragen: »Habt ihr alle Koffer drin? Sind die Schlüssel abgegeben? Sind die Telefonrechnungen bezahlt?«

Von allen Sitzreihen eifriges Nicken. »Also gut, dann starten wir. Ich melde uns nur noch im Hotel ab.«

»Alles klar«, rief ich dem Mann an der Rezeption zu, »bis zum nächsten Mal.«

»Da steht noch ein Koffer«, sagte der zu mir. Ich sah mir den Koffer näher an. Es war kein Namensschild dran. »Der gehört uns nicht«, behauptete ich, denn ich hatte allen dringend empfohlen, ihre Koffer mit Namensschildern zu kennzeichnen. »Ich frag aber trotzdem noch einmal im Bus nach.«

Schon war ich wieder draußen. »Habt ihr alle eure Koffer?«

Ein vielstimmiges Ja schallte mir entgegen. Trotzdem sagte ich zum Chauffeur: »Komm, geh auch noch mal mit gucken. Vielleicht ist es doch ein Koffer von uns.«

Er betrachtete das Gepäckstück von allen Seiten und erklärte: »Einen Koffer, an dem kein Name dran ist, laden wir nicht ein. Sonst kommen wir in Teufels Küche.«

Dennoch ließ mir die Koffergeschichte keine Ruhe, noch zwei-, dreimal fragte ich im Bus nach. Aber niemand wollte sich zu dem Koffer bekennen. Also fuhren wir los.

Nachdem wir bereits zweieinhalb Stunden gefahren waren, meinte Klaus: »Wenn ich mir das recht überlege, ist es doch ein Koffer von uns. Denn ich erinnere mich, dass noch ein bisschen Platz im Laderaum frei war.«

»Das ist mir jetzt schnurzpiepegal, ob der Koffer von uns ist. Wir fahren nicht mehr zurück.«

Darauf mein Fahrer: »Wir waren doch heute Morgen die einzige Gruppe, die ausgecheckt hat. Und es war keine Gruppe, die eingecheckt hätte. Also muss es ein Koffer von uns sein.«

»Dann ist es eben ein Koffer von uns. Aber der bleibt jetzt stehen, wo er steht. Wir haben oft genug gefragt.

Also kann uns kein Verschulden angelastet werden, wir hätten was stehen lassen.«

Am späten Abend kamen wir in Saarburg an, wohlbehalten, aber müde und erschöpft. Der Fahrer reichte einen Koffer nach dem anderen heraus, nach dem gleich eilige Hände griffen. Endlich hatte er es geschafft. Da stand aber noch immer eine wartende Frau. »Du kannst doch nicht einfach absperren!«, protestierte sie, als sich Klaus anschickte, den Gepäckraum zu verschließen. »Ich will meinen Koffer haben.«

»Tut mir leid«, entgegnete der und drehte den Schlüssel seelenruhig um. »Der Raum ist leer. Nicht ein einziges Stück ist mehr darin.«

»Das kann doch nicht sein. Ich hab doch meinen Koffer noch nicht.«

Das war der Augenblick, in dem ich mich einschaltete: »Der steht wohl noch in Nizza an der Rezeption.«

»Das ist eine Unverschämtheit!«, zeterte sie. »Den habt ihr absichtlich stehen lassen!«

»Marlies, jetzt mach aber mal 'nen Punkt. Wir haben mindestens fünfmal nachgefragt, wem der Koffer gehört. Das können alle bezeugen, die noch hier stehen. Du kannst uns nicht unterstellen, wir hätten den mit Absicht stehen lassen.«

»Ja, was soll ich denn jetzt machen? Wie komme ich an meinen Koffer?«

»Ruf morgen nach 9.00 Uhr im Büro des Reisebüros an. Dann ist unsere Frau Schwarz da, die wird für dich in Nizza nachfragen, was mit deinem Koffer wird.«

Am anderen Morgen um 8.15 Uhr läutete bei mir das Telefon. Eine aufgeregte Frauenstimme: »Die Frau Schwarz ist noch nicht da. Was mach ich jetzt?«

»Ich hab dir doch gesagt, ab 9.00 Uhr sollst du da anrufen. Die fängt nicht eher an.«

Um 9.15 Uhr ruft mich Frau Schwarz an: »Der Koffer steht noch in eurem Hotel an der Rezeption.«

»Na Gott sei Dank!«

»Ja«, erklärt mir Frau Schwarz weiter, »ich habe die Dame an der Rezeption gebeten, den Koffer mal zu heben, damit sie schätzen kann, wie schwer der ist. Danach richtet es sich nämlich, ob es preiswerter ist, ihn mit Fedex zu schicken oder ob man ihn besser einer Spedition als Beiladung mitgibt.«

»Und was hat die Dame herausgefunden?«

»Sie sagte, der Koffer sei so schwer, dass sie ihn nicht heben konnte.«

Diese Aussage veranlasste mich, bei Marlies nachzufragen, was sie in dem Koffer habe. Ihre Antwort hätte mich fast vom Stuhl gehauen: »Ja, Steine hab ich da drin. Die habe ich an der Promenade gesammelt.«

»Das darf doch nicht wahr sein!«, rief ich entsetzt aus. »Und wegen ein paar Steinen machst du ein solches Geschiss? Lass den Koffer doch, wo er ist. Das kommt dich billiger.«

»Nein, wo denkst du hin! Meine teure Brille ist auch in dem Koffer und meine neuen Pumps, die ich mir in Nizza gekauft habe. Die haben mich ein Vermögen gekostet.« Dann zählte sie noch eine Reihe anderer Gegenstände von unterschiedlichem Wert auf. Nach meiner Rechnung kam ein Gesamtwert von rund 2000 DM dabei heraus.

Frau Schwarz fragte bei Fedex nach, was der Transport eines so schweren Koffers koste. 198 DM würden die dafür nehmen.

Was antwortete meine gute Marlies? »Das ist mir glatt zu viel.«

»Aber wenn der Inhalt 2000 DM wert ist, dann lohnt es sich doch«, versuchte ich sie zu überzeugen.

»Nein, das ist mir viel zu teuer.«

»Gut, dann bleibt der Koffer eben stehen, bis der Bus mal wieder da runter fährt. Das wird Mitte Oktober der Fall sein«, erklärte Frau Schwarz.

Damit zeigte sich Marlies einverstanden. Noch in derselben Woche stellte sich aber heraus, dass sich nicht genügend Teilnehmer gemeldet hatten, also wurde die Fahrt gestrichen. Was nun? Am Sonntagvormittag klingelte mein Telefon. Die gute Marlies fragte: »Helena, was machst du heute?«

»Es ist Sonntag, den will ich ganz gerne gemütlich mit meiner Familie verbringen.«

»Du, da hätte ich einen viel besseren Vorschlag. Du könntest doch mit mir rasch nach Nizza fahren, den Koffer holen.«

»Wie stellst du dir das vor? Wann willst du losfahren und wie lange willst du da unten bleiben?«

»Wir könnten sofort losfahren, dann wären wir morgen Abend zurück.«

»Wie bitte? Wenn ich schon eine so weite Strecke fahre, dann bleibe ich drei oder vier Tage da unten, um all das Versäumte nachzuholen.«

»Nein, so lange will ich nicht bleiben.«

»Dann fahr doch allein, dann bist du unabhängig.«

»Nein, allein will ich net fahren. Ich kenn mich da unten net aus, deshalb will ich net allein da runter.«

»Dann nimm doch deinen Mann mit.«

»Nä, der kennt sich doch auch net aus.«

»Mit mir kannst du aber auch nicht rechnen. Ich fahr doch nicht so weit, nur um im Auto zu sitzen.«

»Wir könnten uns ja abwechseln beim Fahren«, räumte sie großzügig ein.

»Übrigens«, fiel mir ein, »hast du dir mal überlegt, was das Benzin für die Strecke kostet? Das kommt dich wesentlich teurer als die 198 Mark für Fedex.«

Von dieser Rechnung wollte sie aber nichts wissen. »Außerdem«, setzte ich hinzu, »fahre ich am Mittwoch nach München zum Oktoberfest. Schon deshalb kann ich nicht mit dir nach Nizza.«

Beleidigt legte sie auf. Nach einigen Tagen fiel ihr ein, dass sie einen Bekannten hatte, der in der Nähe von Cannes ein Ferienhaus besaß. Der wollte Ende Oktober ohnedies nach Südfrankreich fahren. Er holte den Koffer in Nizza ab und stellte ihn Marlies vor die Haustür, ohne dass es sie einen Pfennig gekostet hätte. Also hatte die Geschichte doch noch ein Happy End.

Der Anfang vom Ende

Entweder war ich damals blind oder wollte einfach nicht sehen, dass mein Mann gerne einen über den Durst trank. Denn schon an dem Tage, an dem ich ihn kennengelernt hatte, war er ziemlich betrunken gewesen. Aber ich hatte es mit dem Umstand entschuldigt, dass Aschermittwoch war und dass ein Rausch da etwas Normales sei.

Auch der Unfall seinerzeit am zweiten Weihnachtstag, bei dem ich Schaden genommen hatte, war auf das Konto Alkohol gegangen. Aber das hatte ich damals – durch die rosarote Brille der jungen Liebe – nicht tragisch genommen. Zur damaligen Zeit hatte man das mit dem Alkoholkonsum auch noch wesentlich lockerer gesehen als heute. Wenn ich zurückdenke an unsere »Mäxchen-Spiele« in Alzey ...

Erst Jahre später begannen mir die Trinkgewohnheiten meines Mannes Sorgen zu bereiten. Nicht nur, dass dadurch im Betrieb vieles liegen blieb, auch seine Gesundheit verschlechterte sich zunehmend.

Im Jahre 2000 feierte ich meinen 40. Geburtstag mit viel Brimbramborium, wie sich das gehört. Mit den Landfrauen fand eine Feier statt, eine mit Freunden und Bekannten und eine mit Familie und Verwandtschaft. Kurz danach traten bei meinem Mann die ersten ernsten Symptome auf. An Rheuma hatte er schon seit einiger

Zeit gelitten, jetzt schien aber noch mehr dahinterzustecken. Deshalb wurde er auf alles Mögliche hin untersucht, zunächst auf Borreliose, da er immer wieder mal einen Zeckenbiss hatte. Der Magen, die Leber, das Herz, die Nieren, alles schien irgendwie angegriffen. Eine genaue Diagnose konnte man ihm aber nicht stellen.

»Ich kann dir sagen, woran du leidest. Du trinkst zu viel Alkohol«, mahnte ich immer wieder. Davon wollte er jedoch nichts wissen.

Selbst den Kindern war das schon aufgefallen. »Papa, trink nicht so viel«, sagte das eine. »Kannst du nicht mit dem Trinken aufhören?«, fragte ein anderes. Aber auch davon nahm er keine Notiz.

So lange sich seine Trinkerei auf besondere Anlässe beschränkte, fand ich das nicht weiter tragisch, als er aber täglich seine Ration brauchte, wuchs meine Sorge. Immer wenn es auf 17.00 Uhr zuging und seine Kumpels von der Arbeit kamen, saßen sie über eine Stunde bei ihm in der Werkstatt und waren am Bechern. Er hat nie alleine getrunken, es waren immer genügend Leute da, die ihm Gesellschaft leisteten, ob bei uns in der Werkstatt oder in der Kneipe.

Als die Kinder größer waren, machte ich für mich um 17.00 Uhr Abendbrot und ging dann zum Melken. Da bis zum Kuhstall etwa 300 Meter zurückzulegen waren, musste ich immer durch die feixende Meute nach dem Motto: Die ist schön blöd, dass die das macht.

Lange Zeit ertrug ich das klaglos. Als Markus aber zwölf wurde, war das Maß voll. Deshalb stellte ich meinen Mann zur Rede: »Lange mache ich das hier nicht mehr mit. Wenn unser Jüngster seine Ausbildung beendet hat, dann gehe ich.«

Er grinste nur blöd, glaubte mir aber kein Wort. Nun, mit Markus dauerte es dann doch länger als erwartet. In der Schule drehte er eine Ehrenrunde, weil er zu faul war zum Lernen – dachte ich. Heute sehe ich das ein bisschen anders. Vielleicht hat er sich schwergetan, weil ihn die häuslichen Verhältnisse belastet haben. Als er 16 Jahre alt war, traf mich ein neuer Schlag. Seine Freundin, ein sehr nettes Mädchen, fragte mich eines Tages: »Weißt du eigentlich, dass der Markus Drogen nimmt?«

Ich fiel aus allen Wolken. »Das kann doch nicht wahr sein!« Das Mädchen konnte so etwas aber nicht aus der Luft gegriffen haben. Auf Nachfrage erzählte sie mir dann, dass er regelmäßig auf seinem Zimmer Haschisch rauche. Entsetzt erzählte ich das abends meinem Mann. »Das weiß ich«, war sein Kommentar, und er wunderte sich, dass ich mich darüber aufregte. Auch meine beiden anderen Kinder wussten Bescheid. Ich, die Mutter, war also die Letzte, die davon erfuhr. Wenn es ums eigene Kind geht, ist man offensichtlich blind. Denn im Vorfeld war etwas vorgefallen, das mich hätte stutzig machen müssen. Von heute auf morgen hatte Markus zu mir gesagt: »Ich mach mein Zimmer ab jetzt selbst sauber. Und meine Wäsche brauchst du auch nicht mehr zusammenzusuchen. Die trage ich runter vor die Waschmaschine, und die saubere Wäsche nehme ich wieder mit rauf. Du brauchst mein Zimmer also nicht mehr zu betreten.«

Nun ja, bei allem, was ich um die Ohren hatte, war ich für jede Arbeitserleichterung dankbar und machte mir weiter keine Gedanken. Wenn ich zu dem Zeitpunkt überhaupt etwas gedacht habe, dann: Sieh an, mein Herr Sohn wird langsam erwachsen.

Wenig später sprach mich meine Schwester auf das Drogenproblem an. Bis zu ihr war die Kunde davon also auch schon gedrungen – oder hatte sie selbst etwas davon bemerkt?

Ja, wie sollte ich darauf reagieren? Ihn direkt darauf ansprechen? Damit hätte ich seine Freundin in Misskredit gebracht, und das wollte ich auf keinen Fall. Außerdem hätte es bestimmt nichts gebracht, wenn ich gesagt hätte: »Du, Markus, mit dem Hasch-Rauchen hörst du sofort auf.«

In dieser Zeit war ich gerade damit beschäftigt, das neue Halbjahresprogramm für meine Landfrauen zusammenzustellen. Da kam mir eine Idee. Ich dachte, wenn es in meiner Familie ein Drogenproblem gibt, dann gibt es womöglich noch mehr betroffene Familien. Und wenn nicht, so sollte man vorbeugend etwas tun, damit es erst gar nicht so weit kommt. Ich rief also unsere Vereinsvorsitzende an: »Meinst du nicht, wir sollten mal einen Vortrag zum Thema Drogen bei unseren Landfrauen anbieten?«

Sie gab sofort ihr Okay. Damals kam es gerade auf, dass man nach allem Möglichen im Internet suchen konnte. Auf diese Weise versuchte ich an Informationen zum Thema Drogen zu kommen und erfuhr, dass es in Trier eine Drogenberatungsstelle gibt. Dort rief ich an, und man verband mich sogleich mit dem zuständigen Kommissar. Der erklärte sich spontan bereit, einen Vortrag zu diesem Thema zu halten. Vorab wollte er mir schon einige Unterlagen darüber zukommen lassen. Meine Notizen, die ich mir vorher für dieses Gespräch gemacht hatte, ließ ich wie unabsichtlich schön offen neben dem Telefon liegen.

Mein Sohn biss prompt an: »Mama, was hast du mit dem Drogendezernat zu tun?«

Herzklopfend nutzte ich die Naivität meines Sohnes aus: »Ja, weißt du, Markus, ich bin von denen angerufen worden. Man hat beobachtet, wie du von einem Kollegen ein mysteriöses Päckchen angenommen hast. Der Beamte hat gesagt, wenn sie dich mit dem Stoff erwischen, wird es ganz schön eng für dich.«

»Aber, Mama«, verteidigte er sich, »ich rauch doch nur Haschisch.« Damit hatte ich also ein offenes Geständnis. »Schlimm genug«, fuhr ich in ernstem Ton fort. »Haschisch ist auch eine Droge. Hör sofort damit auf, sonst wirst du abhängig davon und dann müssen immer stärkere Sachen her. Nach dem Gespräch mit der Polizei bin ich in deinem Zimmer gewesen und habe da so einiges gefunden, unter anderem auch ein Buch, wie man Mohn anbaut. Das sagt doch schon alles.«

Zerknirscht gab er alles zu und versprach, sofort damit aufzuhören. Ja, er war sogar bereit, mit der Polizei zusammenzuarbeiten, um dem Treiben des Dealers ein Ende zu machen, weil er einsah, wie gefährlich das war. Dieser hatte bereits ein stattliches Vorstrafenregister. Nicht nur in der Firma von Markus hatte er Drogen verteilt, sondern auch in einigen Schulen. Mit Markus' Hilfe gelang es der Polizei tatsächlich, ihn binnen kurzer Zeit zu überführen und festzunehmen. Mein Sohn selbst kam ganz schnell von seinem Haschisch los, zum einen, weil wir ihn sehr konsequent überwacht haben, zum andern, weil seine nette Freundin Hand in Hand mit uns arbeitete. Im Jahr darauf machte Markus seine Gesellenprüfung mit gutem Erfolg. Da war ich richtig stolz auf ihn und zeigte ihm das auch.

Was den Drogenvortrag bei meinen Landfrauen betraf, so waren ganze zwanzig Frauen erschienen, die meisten davon Großmütter. Die Mütter, diejenigen also, die ich hatte erreichen wollen, um ihnen die Augen zu öffnen, damit sie bei ihren Sprösslingen mehr Wachsamkeit an den Tag legen, als ich das getan hatte, waren nicht gekommen.

In diese Zeit fiel auch unsere Silberhochzeit. Eigentlich sah ich für mich nicht viel Grund zum Feiern. Viel Gemeinsamkeit hatte es in den letzten Jahren nicht mehr gegeben. Das einzige, was uns vielleicht noch verband, war die Liebe zum Motorradfahren. Seit einigen Jahren besaßen wir eine Maschine, mit der wir an Sonntagnachmittagen kleinere Touren machten, oft mit befreundeten Paaren, die auch eine Landwirtschaft hatten und ebenfalls gern Motorrad fuhren. Wir hatten wie die meisten anderen eine ganz gewöhnliche Maschine. Ein Paar war allerdings darunter, das fuhr eine Goldwing, eine fantastische Maschine, für die wir schon lange schwärmten. Deshalb fragte ich meinen Mann: »Was hältst du davon, wenn wir unsere Silberhochzeit nicht feiern und uns von dem Geld eine Goldwing kaufen?«

Von dieser Idee war er begeistert. Dass wir nur eine gebrauchte Maschine kaufen würden, war klar. Einige Tage später kam ich von einem Ausflug mit meinen Landfrauen zurück, und mein Mann holte mich am Bus ab. Er hielt mir sogleich die neue Tageszeitung unter die Nase: »Du, hier steht eine drin. Die gucken wir uns sofort an.«

»Aber nicht mehr heute Abend. Wir müssen doch vorher bei den Leuten anrufen.«

Am nächsten Morgen fuhren wir hin und kauften das Prachtstück vom Fleck weg. Es kostete 13 500 Euro – eine richtig schöne, gepflegte Maschine.

In dem Jahr davor war ich mit meinen Landfrauen in Nizza gewesen. Auf der Rückfahrt wäre ich gerne mit denen durch die Verdon-Schlucht gefahren. Den Bildern nach zu urteilen, musste das sehr beeindruckend sein. Mir war aber klar, dass wir das mit dem Doppeldeckerbus nicht schaffen. Deshalb hatte ich mir vorgenommen, irgendwann noch einmal in diese Gegend zu fahren. Diese Möglichkeit bot sich nun, da wir stolze Besitzer einer Goldwing waren. Zu zweit fuhren wir mit unserer Maschine nach Nizza. Dort blieben wir eine ganze Woche und machten wunderschöne Ausflüge in die Umgebung. Auf dem Heimweg nahmen wir den Weg durch die Verdon-Schlucht. Sie war großartig, meine Erwartungen wurden weit übertroffen.

Während dieser Reise hatte ich peinlich darauf geachtet, dass mein Mann vor den Ausflügen keinen Alkohol trank. Bei unserer nächsten größeren Fahrt, die uns im Jahre darauf nach Rüdesheim führte, gelang mir das nicht mehr so gut. Selbst an dem Tag, an dem es wieder nach Hause gehen sollte, hatte er sich ziemlich volllaufen lassen. Deshalb warnte ich ihn: »In diesem Zustand kannst du unmöglich Motorrad fahren. Lass uns noch eine Nacht hierbleiben.«

»Natürlich kann ich fahren«, lallte er.

»Du hast zu viel getrunken«, hielt ich ihm vor. »Das ist mir zu gefährlich. Stell dir vor, du baust einen Unfall, dann sind wir beide mausetot. Was passiert dann mit den Kindern? Was wird dann aus dem Betrieb? Denkst du nicht so weit?«

Der dachte wirklich nicht so weit. In nüchternem Zustand war er ein herzensguter Kerl. Leider wurde dieser Zustand immer seltener. Der Alkohol zerstörte mit der Zeit alles, auch seine Gesundheit.

Zunächst sorgte ich mich, wie wir von Rüdesheim gesund nach Hause kommen sollten. Diese Maschine konnte ich selbst nicht fahren, sie war viel zu schwer für mich. Ich weigerte mich aber, auf dem Sozius Platz zu nehmen, in der Hoffnung, dass er dann noch eine Nacht bleiben würde, um am nächsten Morgen nüchtern zu fahren. Sein Kopf war jedoch dermaßen benebelt, dass er zu keinem vernünftigen Gedanken mehr fähig war. Hinzu kam, dass er sich im Kreise seiner ebenfalls angeheiterten Freunde sehr stark fühlte. Sie schwangen sich auf ihre Maschinen. »Was ist nun?«, fragte Horst mit schwerer Zunge. »Steigst du jetzt endlich auf?«

»Nein, das ist mir zu gefährlich. Ich fahre mit der Bahn heim.«

»Das kannst du doch nicht machen«, protestierte er.

»Und ob ich das kann.«

»Dann mach, was du willst.« Schon brauste er mit seinen Kumpanen davon. Ich stand da wie ein begossener Pudel und überlegte, wie ich heimkommen sollte. Dann gab ich mir einen Ruck und marschierte zur Rheinfähre. Diese brachte mich auf die andere Seite des Stromes, wo ich mich in Bingen in den Zug setzte. Ab Trier nahm ich mir ein Taxi. Zu meiner Überraschung war mein Mann bereits wohlbehalten zu Hause eingetroffen. Er muss einen fleißigen Schutzengel gehabt haben.

In der Folgezeit hatte er massiv mit gesundheitlichen Problemen zu kämpfen. Seine Gesundheit stand und fiel mit seinem Alkoholkonsum. Sein Rheuma ließ sich mit

Medikamenten ganz gut einstellen. Diese belasten aber bekanntermaßen die Leber. Damit allein wäre sie also voll ausgelastet gewesen. Er aber trank unbekümmert weiter. Eines Tages rief sein Rheuma-Arzt an und sagte bekümmert: »Ihre Leberwerte sind so schlecht, wir müssen die Medikamente absetzen.«

Nach vier Wochen hatte die Leber die Medikamentenrückstände verarbeitet, aber dann setzten die Schmerzen wieder ein, und sie wurden so schlimm, dass Horst die Treppe nicht mehr vorwärts hinuntergehen konnte. Zeitweilig konnte er überhaupt nicht mehr laufen, und an Arbeit war erst recht nicht zu denken.

»Wenn du so weitermachst«, malte ich ihm aus, »dann sitzt du bald im Rollstuhl. Meinst du, ich möchte zuschauen, wie du dir durch den Alkohol deine Gesundheit völlig ruinierst?«

Für den Moment schien er einsichtig, gelobte, die Finger vom Alkohol zu lassen, und nahm wieder seine Medikamente. Dann ging es ihm eine Weile so gut, dass er sogar wieder Motorrad fahren konnte. Tatsächlich war ich auf die Idee, die Goldwing zu kaufen, doch nur gekommen, weil ich gehofft hatte, ihn auf diese Weise vom Trinken abzuhalten. Wenn er schon mir zuliebe nicht auf seinen Alkohol verzichtete, so dachte ich, würde er es vielleicht dieser Maschine zuliebe tun.

Sein Vorsatz hielt jedoch nicht lange an. Hatte mich jahrelang die Hoffnung aufrecht gehalten, seine Trunksucht könne sich bessern, so erkannte ich endlich, dass ich auf verlorenem Posten stand. Er würde erneut die Tabletten absetzen müssen, er würde wieder unter starken Schmerzen zu leiden haben, er würde wieder Versprechungen machen ... Ich war zermürbt, ich war es leid. Wenn ich nicht jeden Tag zum Umfallen gearbeitet hätte, wäre der Betrieb schon längst pleitegegangen.

Als Horst es vor Schmerzen gar nicht mehr aushalten konnte, ließ er sich vom Arzt eine Kur verordnen. »Die hilft aber nur, wenn Sie die Finger vom Alkohol lassen«, hatte der Mediziner ihn eindringlich gemahnt.

Im November 2004 brachte ich meinen Mann zum Bahnhof nach Saarburg. Bevor er den Zug bestieg, eröffnete ich ihm: »Während du in Bad Waldsee bist, kaufe ich mir ein anderes Auto.«

»Du kannst doch nicht ohne mich ein Auto kaufen!«, entgegnete er heftig.

»Warum sollte ich das nicht können? Ich kann allein einen Traktor kaufen, ich kann allein die ganze Arbeit im Stall machen, ich muss mich allein mit Versicherungen rumschlagen, ich muss allein Finanzierungen machen, ob das für den Stall oder für eine neue Landmaschine ist, an mir allein bleibt die Steuererklärung hängen. Für all das bin ich gut genug. Da werde ich mir auch allein ein Auto kaufen können.« Kein Kommentar. Zum Abschied gab ich ihm noch eine düstere Andeutung mit auf den Weg: »Ich hoffe, du fängst an, darüber nachzudenken, was jetzt passiert.«

Ein letztes Winken, als sich der Zug in Bewegung setzte. Dann fuhr ich nach Hause, sagte zu mir: »So, das war's«, und zog meinen Ehering vom Finger.

Wenig später kaufte ich mir übers Internet, beraten von Antonias Freund, einen gebrauchten Wagen, der genau meinen Bedürfnissen entsprach. Es war ein Siebensitzer. Wenn ich künftig mit meinen Landfrauen unterwegs war, passten wir alle hinein und brauchten nicht mehr mit zwei Autos zu fahren.

Als mein Mann von der Kur nach Hause kam, hat er sich nicht groß für das Auto interessiert. In der ganzen Zeit, die ich es hatte – das waren über fünf Jahre – ist er höchstens zehnmal damit gefahren. Aber das spielte auch keine Rolle. Von Bedeutung dagegen war, dass er schon wenige Tage nach seiner Rückkehr – wie ich befürchtet hatte – wieder an der Flasche hing. Da zog ich die Konsequenzen: Ich zog aus dem gemeinsamen Schlafzimmer aus und richtete mich in Antonias Zimmer häuslich ein. Die bewohnte ja längst mit ihrem Freund eine eigene Wohnung. Von dem Tag an fühlte ich mich nur noch für den Betrieb verantwortlich. Denn von ihm hing unser aller Existenz ab. Vom frühen Morgen bis zum späten Abend schuftete ich, wie auch in den vier Wochen, die mein Mann auf Kur gewesen war, stets misstrauisch beäugt von der Schwiegermutter und beaufsichtigt von meinen Schwägern. Sosehr ich mich auch um meine Schwiegermutter bemühte und egal, wie garstig ihre Söhne sich ihr gegenüber verhielten, sie hielt immer zu ihnen. Da wurde mir klar, dass ich eben doch nur die »Schnur« war. Wie stark diese überkommenen Vorstellungen noch wirkten, war mir lange Jahre nicht klar gewesen. Nun holte mich die Realität ein und mir kam die schmerzliche Erkenntnis, dass Blut doch dicker ist als Wasser.

Da geschah eines Morgens etwas, das mich sprachlos machte. Mein Mann, der seit seiner Rückkehr aus der Kur den Stall nicht mehr betreten, geschweige denn einen Finger gerührt hatte, stand plötzlich vor mir. Und was er dann von sich gab, verschlug mir erst recht die Sprache. »Ich sehe, du gehst hier vor die Hunde. Deshalb ziehen wir jetzt lieber einen Schlussstrich und sehen, dass wir alles gut über die Bühne kriegen. Such dir eine Arbeit. Bau dir eine Existenz auf, damit du leben kannst.«

Zunächst hielt ich das für reine Menschenfreundlichkeit. Dann wurde mir bewusst, dass er dabei in erster Linie sein eigenes Wohl im Auge hatte. Zu dieser Zeit war er nämlich gesundheitlich schon so weit am Boden, dass man ihn in Rente schicken wollte. Damit er aber seine Rente bekommen konnte, musste er den Betrieb in andere Hände geben.

Egal wie, er hatte auf jeden Fall recht. Es war vernünftig, wenn ich mich nach etwas anderem umsah.

Neue Perspektiven

Es war an der Zeit, mir ernstlich Gedanken über meine Zukunft zu machen. Außer Landwirtschaft hatte ich ja nichts gelernt, und ich liebte diesen Beruf nach wie vor. Also käme eigentlich nur etwas in der Richtung in Frage. Sicher, ich hätte als Betriebshelferin arbeiten können, da wäre ich bestimmt schnell untergekommen. Aber es gab einiges, was mich davon abhielt. Von meinem Bruder Gerald wusste ich, wie es da zugeht. Gerald, der als Erstgeborener selbstverständlich Landwirtschaft gelernt hatte, damit er einst den heimischen Betrieb übernehmen konnte, arbeitete, seit er ausgelernt hatte, als Betriebshelfer. Denn unser Vater fühlte sich noch zu jung und zu leistungsfähig, um dem Sohn den Hof zu übergeben.

Mit viel Idealismus war Gerald auf die ihm zugewiesenen Höfe gegangen, mit dem Ehrgeiz, den Betrieb für den Bauern zu erhalten, wenn der wegen Krankheit oder Unfall ausfiel. Tatsächlich aber wurde er nur ausgenutzt. Fast in jedem Betrieb, in den er kam, wurde er zu jeder Drecksarbeit herangezogen und musste Dinge erledigen, die seit Jahren liegen geblieben waren.

Nein, dazu war ich mir zu schade. Hinzu kam, dass ich die vierzig längst überschritten hatte und über 25 Jahre lang Bäuerin auf dem eigenen Hof gewesen war. Da fällt es einem nicht leicht, sich alle sechs

Wochen von einem Hof zum andern schieben zu lassen. In meinem Alter sollte man eine feste Arbeit haben und wissen, wo man hingehört. Betriebshelferin konnte ich im Notfall immer noch machen. Aber erst wollte ich mich nach was anderem umsehen. Vor allem sollte es etwas sein mit geregelter Arbeitszeit, etwas mit einem Acht-Stunden-Tag. Das stellte ich mir wunderbar vor, nachdem ich mein Leben lang einen Sechzehn-Stunden-Tag gehabt hatte und kein freies Wochenende, abgesehen von den paar Tagen, die ich mir ab und zu gestohlen hatte, um mit meinen Landfrauen unterwegs zu sein.

Im Internet fand ich bald etwas, das irgendwie in den Bereich Landwirtschaft hineinpasste. Eine Firma an der holländischen Grenze suchte eine Kraft für den Verkauf von Bio-Produkten. Ohne Zögern rief ich an und setzte ein Bewerbungsschreiben auf – das erste meines Lebens und so, wie ich das in grauer Vorzeit einmal gelernt hatte. Nach fünf Tagen bekam ich einen Anruf vom Chef persönlich. Er wollte sich mit mir in Bitburg treffen. Seine erste Frage dort war: »Sie wissen, dass es sich um eine Außendiensttätigkeit handelt?«

»Sicher weiß ich das«, gab ich mich selbstbewusst.

»Wissen Sie auch, was das bedeutet?«

»Klar weiß ich das! Da ich auf Menschen zugehen kann, macht mir das überhaupt nichts aus.«

Mit dieser Antwort schien er zufrieden zu sein. Dennoch schränkte er ein: »Ehe wir was schriftlich machen, sollten Sie mal einen Tag lang unseren besten Außendienstmitarbeiter begleiten.«

Das tat ich und entschloss mich danach für den Job. Darüber freute sich Herr Zeitler, der Chef, und wir schlossen einen Vertrag. »Zuerst werden Sie aber noch

14 Tage bei uns geschult«, erklärte Herr Zeitler. »Ohne Schulung lassen wir Sie nicht auf die Menschheit los.«

Diese Schulung nahm er höchstpersönlich vor. Danach war ich ziemlich kaputt, dennoch trat ich frohgemut die Heimreise an, mein Auto vollgepackt mit Produkten zum Vorzeigen.

Ein Verkaufsgebiet, heimatnah, hatte man mir auch zugeteilt. Leider gab es dort noch keinen Kundenstamm. »Den müssen Sie sich selbst aufbauen«, hieß es.

Das erwies sich als schwieriger, als ich gedacht hatte. Am 8. Oktober 2007 nahm ich optimistisch meine neue Tätigkeit auf. Das Schwierige daran war, dass man den Höfen meist nicht ansah, ob noch Landwirtschaft betrieben wurde, außer bei den Aussiedlerhöfen. Also klapperte ich in den Dörfern alle Häuser ab. Um 7.15 Uhr begann mein Tagewerk und ich war keinen Abend vor 20.30 Uhr zu Hause. Also nichts mit Acht-Stunden-Tag, wie ich mir das erträumt hatte.

Der Verdienst war auch nicht gerade üppig. Mein Grundgehalt betrug 1300 Euro brutto. Um auf meine zwanzig Prozent Umsatzbeteiligung zu kommen, hätte ich monatlich einen Mindestumsatz von 8440 Euro machen müssen. Nach dem ersten Monat kam ich – obwohl ich jeden Tag über dreizehn Stunden unterwegs gewesen war, »nur« auf 7500 Euro. Mit Provision war also nichts. Das war natürlich äußerst frustrierend.

Weil es diese Produkte bisher in unserer Gegend nicht gegeben hatte und ich sie daher nicht aus eigener Erfahrung kannte, hatte ich sie vielleicht nicht überzeugend genug präsentiert. Nach dem ersten Monat war ich dermaßen desillusioniert, dass ich mich fragte: Ist es wirklich das, was du willst? Hier gehst du irgendwann vor die Hunde. Vertraglich war mir eine Probezeit von sechs Monaten eingeräumt worden, und die wollte ich durchhalten, egal, was geschah.

Mitte November aber, nach gerade fünf Wochen – ich war unterwegs im Raume Eppelborn im Saarland – hätte ich beinahe mein Auto und womöglich mich selbst zu Schrott gefahren. Nach einem sehr stressigen Tag, es regnete in Strömen, fuhr ich todmüde in einer Autoschlange heimwärts. Mich muss ein Sekundenschlaf überwältigt haben, denn ich bekam erst im letzten Moment mit, dass bei meinem Vordermann die Bremslichter aufleuchteten. Ich trat auf die Bremse und bekam mein Auto gerade noch rechtzeitig zum Stehen. Es hätte kein Blatt Papier mehr zwischen die beiden Fahrzeuge gepasst. Sobald sich die Kolonne wieder bewegte, hielt ich Ausschau nach einem Parkplatz. Dort stand ich eine halbe Stunde lang und heulte Rotz und Wasser. Helena, das war's jetzt, sagte ich zu mir.

Am selben Abend noch rief ich Herrn Zeitler an. Noch bevor ich loslegte, merkte er, dass ich völlig fertig war. Auf meinen Ausbruch: »Ich kündige! Ich höre auf! Ich mache das nicht mehr mit! Ich schaffe das nicht!«, reagierte er auffallend gelassen: »Wir sehen uns morgen, dann reden wir weiter.«

Pünktlich um 8.00 Uhr war ich im verabredeten Restaurant. Er beobachtete mich kritisch und stellte fest: »Du bist heute aber gar nicht gut gelaunt.«

»Ich habe auch keinen Grund dazu«, reagierte ich gereizt. Bei einer Tasse Kaffee kehrte er dann den väterlichen Freund heraus: »Das passiert jedem von Zeit zu Zeit, dass er in ein Tief fällt. Heute fahren wir mal zusammen raus. Und dann kommt das Wochenende.

Da machst du mal gar nichts. Am Anfang der neuen Woche sieht die Welt wieder ganz anders aus.«

Der hatte gut reden! Während der 14 Tage, die ich in dem Unternehmen verbracht hatte, war ich nur auf acht verschiedene Produkte geschult worden. Die Firma hatte aber über 40 Produkte! Was macht man, wenn man eine gute Vertreterin werden will? Man setzt sich am Wochenende zu Hause hin und lernt. Das war aber noch nicht alles. Ich wohnte ja noch immer im Haus meines Mannes, und der Betrieb musste weiterlaufen. Zwar hatte ich einen Polen eingestellt, der sehr tüchtig war, aber am Wochenende hatte der frei, und ich musste in den Stall. Daneben hatte ich noch meinen Haushalt. Mein Noch-Ehemann nahm keinerlei Rücksicht auf mich. Daher sah es an jedem Wochenende aus, als habe eine Bombe eingeschlagen. Also bemühte ich mich samstags immer, einigermaßen Ordnung in das Chaos zu bringen.

Obwohl der Chef, wie versprochen, an diesem Tag gemeinsam mit mir in meiner Region unterwegs war, verkauften wir nichts. Absolut nichts!

Erschüttert konstatierte er am Abend: »Das gibt es doch nicht. Du machst alles richtig. Wenn irgendetwas schiefgelaufen wäre, hätte ich das Ruder immer noch herumreißen können. Du hast aber nichts verkehrt gemacht. Wieso verkaufen wir nichts?«

Dazu erklärte ich: »In dieser Region sind die Menschen nicht so aufgeschlossen wie bei euch oben. Dies ist ein anderer Schlag, die sind allem Neuen gegenüber sehr zurückhaltend.«

»Nun ja, mach mal noch ein bisschen weiter«, redete er mir zu wie einem kranken Gaul. Davon ließ ich mich tatsächlich breitschlagen und machte vierzehn frustrierende Tage lang weiter. Dann reichte es mir endgültig. Meinem Vertrag entnahm ich, dass ich eine vierzehntägige Kündigungsfrist hatte. Ich setzte mich hin und schrieb eine Kündigung, auch die erste meines Lebens. Dabei hatte ich das noch nicht einmal in der Schule gelernt. Auf eine mündliche Kündigung wollte ich es nicht mehr ankommen lassen. Sicherheitshalber schickte ich eine per Mail, eine per Fax und die dritte per Einschreiben. In dieser Nacht schlief ich so gut wie schon lange nicht mehr. Am Morgen fuhr ich zu meiner Schwester. »Marita, ich habe gestern gekündigt.«

Zunächst reagierte sie besorgt, aber dann folgte ein sehr vernünftiger Satz: »Komm, trink jetzt erst mal 'ne Tasse Kaffee, ehe du wieder in den Außendienst fährst. Dann fühlst du dich bestimmt wohler.«

»Den Kaffee nehme ich gern, aber seit ich das Kündigungsschreiben abgeschickt habe, geht es mir wesentlich besser.«

Während wir noch gemütlich bei unserem Kaffee saßen, läutete mein Handy. Mein Chef war dran: »Frau Jakoby, ist das Ihr Ernst, was Sie mir da geschickt haben?«

»Natürlich, mein bitterer Ernst.«

»Also, das hätte ich nicht gedacht, dass Sie so schnell das Handtuch werfen.«

»Das tut mir leid, Herr Zeitler, aber wenn ich so weitermache, gehe ich vor die Hunde. Mein Auto ist nur noch ein rollendes Büro. Da ist alles Mögliche drin, nur ich selbst fühle mich nicht mehr wohl in meiner Haut.«

Da merkte er, dass jedes weitere Wort vergeblich sei, und er bat darum, ihm seine Warenproben zurückzubringen. Bei der Übergabe versuchte er noch einmal, mich zum Bleiben zu überreden. »Nein, Herr Zeitler, für mich ist endgültig Schluss.«

So gingen wir auseinander.

Wieder daheim, sagte ich mir: Du musst dir irgendwie deinen Lebensunterhalt verdienen, und du musst etwas für deine Rente tun. Also schlug ich am nächsten Morgen den »Trierer Volksfreund« auf. Eine Stellenanzeige fiel mir sofort auf. Die Tätigkeit hatte allerdings nicht das Geringste mit Landwirtschaft zu tun. Es ging um Werbung für ein Reiseunternehmen. Gegen 11.00 Uhr rief ich dort an. Ein Dr. Peters war am Apparat. Er fragte: »Haben Sie heute Nachmittag Zeit, um sich vorzustellen?«

»Sicher habe ich Zeit. Soll ich Bewerbungsunterlagen mitbringen?«

»Nein, nicht nötig. Kommen Sie einfach so vorbei.«

Um 15.00 Uhr betrat ich das Büro von Dr. Peters, um 15.30 Uhr hatte ich meinen Vertrag in Händen. Meine Aufgabe war es, in einem Call-Center Reisegutscheine zu verkaufen. Diese Tätigkeit passte genau zu meinem Hobby, dem Reisen. Am folgenden Mittwoch trat ich die neue Stelle an, und am Freitag tauchte der Direktor des Reiseunternehmens persönlich auf und lud alle Neulinge für den folgenden Montag zu einer Schulung ein. Anschließend bekam ich einen Drei-Monats-Vertrag. Meine Arbeit sah so aus: Eine Liste mit 1500 Telefonnummern sollte ich der Reihe nach abtelefonieren und dabei möglichst viele Reisegutscheine an den Mann bringen. Dabei konnte ich meine Zeit frei einteilen: entweder von 9.00 bis 15.00 oder von 13.00 bis 19.00 Uhr. Bald hatte ich den Dreh raus und verkaufte mehr Gutscheine als alle anderen. Innerhalb meiner sechs Stunden Arbeitszeit brachte ich es auf 15 bis 25 Gutscheine. Deshalb wollte Dr. Peters unbedingt meinen Arbeitsvertrag verlängern. Da der Verdienst aber äußerst bescheiden war – sieben Euro die Stunde, bei einer wöchentlichen Arbeitszeit von 30 Stunden würde ich also mit 580 Euro nach Hause gehen –, war ich an einer Verlängerung nicht interessiert.

»Was würden Sie sich denn vorstellen?«, fragte Dr. Peters, der mich unbedingt halten wollte.

»Was ich haben möchte, sind zehn Euro die Stunde. Dann kommen wir ins Geschäft.«

»Gut, dann kommen Sie morgen in mein Büro. Bis dahin habe ich Ihren Vertrag fertig.«

Am nächsten Morgen im Büro las er mir den Vertrag vor. Darin standen als Stundenlohn 7,50 Euro!

»Nein! Danke! So nicht!«

Am Abend desselben Tages saß ich an meinem Computer, um für meine Landfrauen etwas vorzubereiten. Da rief unsere Gleichstellungsbeauftragte an. Sie benötige irgendwelche Adressen. Während ich die heraussuchte, fragt sie beiläufig: »Was machst du überhaupt?«

Offensichtlich hatte es sich schon herumgesprochen, dass mein Mann und ich getrennte Wege gingen. »Was machst du wirklich?«, bohrte sie nach. »Die einen sagen so und die anderen sagen so.«

»Übermorgen bin ich arbeitslos«, antwortete ich knapp. »Wie – arbeitslos?«

Sie hörte aufmerksam zu, als ich ihr mein letztes Arbeitsverhältnis beschrieb.

»Hättest du nicht Lust, eine Weiterbildung zu machen?«

»Ja, natürlich, aber inwiefern Weiterbildung?«, bekundete ich Interesse.

»Das ist eine Maßnahme, die vom Ministerium für Frauen gefördert wird, um ihnen den Wiedereinstieg in den Beruf zu ermöglichen. Die läuft über ein halbes Jahr.«

»Wo findet das statt?«

»In Saarburg. Von 8.30 Uhr bis 15.00 Uhr.«

»Was kostet mich das?«

»120 Euro für das halbe Jahr.«

»Wann fängt der Kurs an?«

»Der läuft seit gestern. Du kannst aber auch morgen noch einsteigen.«

»Geht das auch, dass ich übermorgen erst anfange? Morgen muss ich noch arbeiten.«

»Ach, Unsinn. Du rufst morgen diesen Doktor an und erklärst ihm, dass du ab sofort an einer Weiterbildungsmaßnahme teilnimmst.«

Als ich protestieren wollte, fiel sie mir ins Wort: »Was kann dir schon passieren? Dein Vertrag ist ausgelaufen, also kann dich niemand feuern.«

Das leuchtete mir ein. Am anderen Morgen, nachdem Dr. Peters mein Telefonat knurrend entgegengenommen hatte, fuhr ich nach Saarburg. Wir waren zwölf Frauen im Kurs, zwischen 21 und 53 Jahre alt. Neben dem theoretischen Unterricht gehörten zwei vierwöchige Betriebspraktika zu unserer Ausbildung. Das eine Praktikum machte ich in Trier bei einem Reisebüro, das andere in Kell auf der Tourist-Info. Das waren genau die Sachgebiete, die mich interessierten. Denn seit ich die Reisen für meine Landfrauen organisierte, hatte ich eine wahre Leidenschaft für das Reisen entwickelt. Nach meinem Praktikum in Kell sagte man mir: »Mensch, wir könnten dich so gut hier brauchen.« Zu unser aller Bedauern war aber keine Planstelle frei.

Wir alle zwölf bestanden unsere Prüfung mit Glanz und Gloria, und elf der Damen kamen sofort in ein festes Arbeitsverhältnis. Dass es bei mir nicht klappte, ist eine andere Geschichte. Nach bestandenem Examen, noch bevor die Abschlussfeier stattfand, trat ich mit meinen Landfrauen die lange geplante Fahrt zum Deutschen Landfrauentag in Bamberg an. Kerngesund und putzmunter bestieg ich am Mittwochmorgen, dem 27. Juni, den Bus. Am Nachmittag saß ich mit 6000 Landfrauen – einige Herren waren auch dabei – in der Jako-Arena zu Bamberg. Obwohl im Saal eine Bullenhitze herrschte, zitterte ich am ganzen Körper und klapperte mit den Zähnen. Abends im Hotel stellte sich heraus, dass ich 40 Grad Fieber hatte. Trotzdem ging ich mit meiner Gruppe noch zum Essen und nahm ein Medikament aus meiner Reiseapotheke ein. Dann verabschiedete ich mich von meiner Vorsitzenden: »Ich muss sofort ins Bett, sonst sterbe ich hier. Ich kann mich nicht mehr auf den Beinen halten.«

Am nächsten Morgen war ich fieberfrei. Mutig übernahm ich selbst die Stadtführung in Bamberg, war aber nach zwei Stunden wieder am Ende. Es stand noch eine Schifffahrt auf der Regnitz aus und ein Mittagessen im Brauhaus. Ich drückte einer Mitreisenden die Voucher in die Hand, erklärte ihr, wo Schiff und Brauhaus zu finden seien, und ließ mich von einem Taxi zum Bus bringen. Dort haute ich mich sofort in die Schlafkabine und bekam für Stunden nichts mehr von der Welt mit. Erst auf der Raststätte im Hunsrück, es war gegen 20.30 Uhr, krabbelte ich aus meiner Kabine und fühlte mich wieder einigermaßen fit. Es war fast 22.30 Uhr, als wir Saarburg erreichten, also mit erheblicher Verspätung. Deshalb hatte es jeder eilig. Einem Ehepaar aus Lampaden bot ich an: »Ich nehme euch mit heim. Ich hole nur schnell mein Auto.« Das stand auf der anderen Straßenseite auf einem Parkstreifen. Der war allerdings durch einen etwa 50 Zentimeter breiten Grünstreifen von der Fahrbahn getrennt. Was macht eine brave Frau, die den normalen Umweg scheut, aber den Rasen nicht betreten will? Sie macht einen großen Schritt über das zierende Grün, und schon war es passiert. Es machte »Knacks«, ich stürzte zu Boden und verspürte einen solchen Schmerz im Fußgelenk, dass ich es gar nicht mehr wagte, mich zu erheben. Glück im Unglück war, dass ich nur hundertfünfzig Meter vom Krankenhaus entfernt lag und dass ein junger Mann des Weges kam, der besorgt fragte: »Kann ich helfen?«

Ich bat ihn, mir den Busfahrer herzuschicken. Der war ein Schrank von einem Mann, 1,90 Meter groß, hundert Kilo schwer, 37 Jahre alt – und stand völlig hilflos vor mir. »Was hast du denn gemacht?«, frage er entsetzt.

»Irgendetwas ist mit meinem Fuß. Entweder sind die Bänder gerissen, oder er ist gebrochen.«

»Und was machen wir jetzt?«

»Du musst mich unbedingt gleich ins Krankenhaus bringen.«

»Wie? Ich kann dich doch nicht ins Krankenhaus bringen. Erstens habe ich meine Lenkzeit durch den langen Stau längst überschritten und zweitens ist mein Bus nicht wendig genug.«

»Doch nicht mit dem Bus, du Dussel, natürlich mit meinem Auto. Das steht doch gleich da.« Mit dem Kinn deutete ich in die Richtung. »Übrigens, die Hella und der Norbert aus Lampaden stehen noch am Bus. Die wollte ich mitnehmen, das kann ich wohl vergessen.«
Der Fahrer rief die beiden herbei und hob mich gemeinsam mit Norbert in meinen Wagen. Diesen chauffierte der Norbert dann zum Krankenhaus, lud mich dort mitsamt meinem Koffer ab und fuhr in meinem Wagen mit seiner Frau nach Hause.
Zum Glück war ich bei meiner Einlieferung bei Bewusstsein, sonst hätte die Sache für mich schlimm ausgehen können. So konnte ich dem aufnehmenden Arzt erklären, dass man mich nicht intubieren durfte. Nach meinem dritten Kind hatte ich mich sterilisieren lassen, weil ich es leid war, Monat für Monat die Pille zu schlucken. Dabei hatte man mich für die Narkose intubiert, was mich beinahe das Leben gekostet hätte. Seitdem trug ich einen Notfallpass mit mir herum – oder besser gesagt, den sollte ich immer mit mir herumtragen –, in dem stand, dass ich entweder mit der Maske narkotisiert werden darf oder per Rückenmarksspritze. Dieser Notfallpass aber lag zu Hause in meinem anderen Portemonnaie.
Per Röntgenaufnahme stellte man fest, dass der Knöchel gebrochen war. Die notwendige Operation sollte aber erst am nächsten Morgen erfolgen. Bis dahin wollte der Arzt den Notfallausweis aber gerne sehen. Deshalb rief ich Horst noch in der Nacht auf seinem Handy an. Der war ziemlich begeistert darüber, dass ich ihn bei seiner donnerstäglichen Musikprobe störte. Dabei war es mittlerweile 23.00 Uhr und die eigentliche Probe

längst beendet. Ich bat ihn, mir am folgenden Morgen rechtzeitig mein Portemonnaie mit dem Notfallausweis zu bringen, und erklärte ihm kurz, was sich zugetragen hatte. Erstaunlicherweise kam er noch am selben Abend, musste sich aber von einem Kollegen fahren lassen, weil er wieder so zugedröhnt war.

Am anderen Morgen, noch bevor ich in den OP geschoben wurde, rief ich meine Schwester an und bat sie, für mich noch ein paar Sachen zu kaufen, die ich in den folgenden Tagen benötigen würde.

Bei der Operation wurde mir am Fußgelenk eine Platte eingesetzt, die mit 15 Schrauben befestigt wurde. Nach einem Jahr sollte sie wieder herausgenommen werden.

Um 14.00 Uhr lag ich wieder auf meinem Zimmer. Wehmütig musste ich daran denken, dass nur 200 Meter von mir entfernt die Abschlussfeier unseres Weiterbildungskurses stattfinden sollte. Traurig rief ich Beate an, eine unserer Lehrerinnen, die im gleichen Alter war wie ich. Ich erklärte ihr, warum ich außer Gefecht war und nicht an der Feier teilnehmen konnte.

»Wie, du liegst im Krankenhaus? Bist du noch in Bamberg?«

»Nein, in Saarburg.«

»Dann findet die Abschlussfeier bei dir statt«, verkündete sie. Wenig später ging die Tür auf und herein drängten zwölf muntere Damen, meine elf Kursteilnehmerinnen und Beate. Sie hatten Kaffeekannen dabei und Kuchen und Geschirr, sogar Sekt und Gläser. Irgendwo fand jede einen Sitzplatz, selbst die Betten meiner beiden Zimmergenossinnen wurden belagert. Die amüsierten sich köstlich und feierten mit. Zuerst aber hielt Beate eine kurze Ansprache und überreichte uns ganz offiziell die Abschlusszeugnisse. Es war richtig schön, und ich habe mich sehr wohl gefühlt.

Am nächsten Tag bei der Visite fragte ich den Chefarzt: »Wie lange falle ich aus?«

»Mit mindestens sechs Wochen müssen Sie rechnen.«

»Und wie lange muss ich hierbleiben?«

»Nächste Woche gehen Sie nach Hause.«

»Wie? Gehen? Das soll wohl ein Scherz sein.«

»Ja, gehen!« Er lächelte verschmitzt. »Sie gehen auf ihren beiden Füßen nach Hause.«

»Sie wollen mich wohl veräppeln?«

»Sie werden schon sehen.« Mehr erklärte er nicht.

Nun ja, nach einer Woche bekam ich einen Vakuumstiefel angepasst, der bis unters Knie reichte und aussah wie ein großer Skischuh. Danach durfte ich den gebrochenen Fuß voll belasten und ging wirklich, wie der Arzt vorausgesagt hatte, auf beiden Füßen bis zum Auto, mit dem mich Horst persönlich abholte.

Daheim konnte ich sämtliche Arbeiten verrichten. Nur Auto fahren konnte ich nicht.

Da ich noch immer in unserem gemeinsamen Haus lebte, hatte ich bisher für meinen Mann mitgekocht, geputzt, gewaschen, gebügelt. Das wollte ich auch weiterhin tun. Als ich aber meine Waschmaschine anschalten wollte, stellte ich fest, dass kein Waschpulver mehr da war. Während meiner Abwesenheit hatte mein Sohn Markus die anfallende Wäsche erledigt. Das konnte er gut, verfuhr dabei aber nach der Devise: viel wirkt viel. Er hatte das gesamte Waschmittel verbraucht, und jetzt stand ich da und konnte nicht waschen. Zu allem Übel musste ich feststellen, dass die Frau, die mich mit diesem

Produkt vertraut gemacht und immer damit versorgt hatte, inzwischen verzogen war, ohne dass ich etwas davon mitbekommen hatte. Was tun? Ich wollte unbedingt dieses Mittel haben, weil ich ja noch immer Gerds Wäsche mitwusch, der wegen seiner Allergie kein anderes Waschmittel vertrug.

Ganz zufällig – oder war es Fügung? – rief am selben Tag die Telefonistin besagter Waschmittelfirma an und fragte, ob ich etwas bräuchte. »Sie schickt der Himmel«, rief ich spontan aus. »Ich stehe nämlich vor meiner Waschmaschine und habe kein Waschmittel mehr.«

Sogleich gab ich eine größere Bestellung auf, auch von anderen Reinigungsmitteln, die diese Firma produzierte. Gleichzeitig erkundigte ich mich, von wem ich in Zukunft die betreffenden Produkte beziehen könne.

»Wir haben leider für Ihre Region noch keine neue Vertreterin gefunden.«

»Hm«, meinte ich. »Das wäre vielleicht etwas für mich. Im Moment stehe ich nämlich ohne Arbeit da.«

Zwei Tage später rief die Gebietsleiterin aus Koblenz an und fragte, ob ich wirklich die Vertretung für die Region Trier übernehmen wolle.

»Sicher«, reagierte ich spontan. »Da ich Ihre Produkte bereits seit 26 Jahren benutze, könnte ich sie mit der nötigen Überzeugung vertreten.«

»Dann sind Sie ja geradezu prädestiniert für diese Aufgabe«, antwortete sie erfreut.

»Allerdings muss ich gestehen, ich falle noch etwa fünf Wochen aus wegen eines gebrochenen Fußes. Bis dahin ist es fast September. Und im September bin ich zweimal eine Woche mit meinen Landfrauen unterwegs. Zum 1. Oktober könnte ich anfangen.«

»Kein Problem«, erklang es am anderen Ende, »das bekommen wir hin.«

Es wurde 1. Oktober, und meine neue Chefin suchte mich zu Hause auf. »Ich habe etwas ganz Neues für Sie«, überfiel sie mich gleich nach der Begrüßung. »Sie kriegen von uns keine Kundenkarten, Sie machen nur Neukundenakquise.«

»Was meinen Sie damit?«, fragte ich verwundert.

»Ja, wir haben hier im Raum zwar einen alten Kundenstamm, aber wir legen Wert darauf, neue Kunden hinzuzugewinnen.«

»Und wie mache ich das?«

»Da Sie bereits in einem Call-Center gearbeitet haben« – das wusste sie aus meinem Lebenslauf –, »gehe ich davon aus, dass Sie redegewandt sind. Sie fangen in Ihrer Verbandsgemeinde an und dehnen Ihr Gebiet allmählich immer weiter aus.«

In meiner Verbandsgemeinde würde ich leichtes Spiel haben, da war ich ja bekannt wie ein bunter Hund. An den ersten beiden Nachmittagen ging sie mit mir hinaus, um mich anzulernen. In den Haushalten verteilten wir Proben und Flyer. Im Gegenzug dafür erhielten wir Adressen und Telefonnummern, bei denen unsere Verkaufsdamen dann vorsprechen konnten. Auf diese Weise gewann ich innerhalb von drei Monaten 300 Neukunden.

Nachdem ich ein halbes Jahr bei der Firma war, kam eines Tages meine Chefin auf mich zu: »Du machst das super! Hättest du nicht Lust, zur Bezirksleiterin aufzusteigen? Da kriegst du ganz andere Vertragskonditionen und hast zwölf Mitarbeiter, die ebenfalls auf selbstständiger Basis arbeiten.«

In dieser Firma hatte ich keine feste Anstellung, sondern arbeitete als freie Mitarbeiterin. Wenn ich arbeitete, verdiente ich etwas, wenn ich nicht arbeitete, verdiente ich nichts.

Sie stellte mir die neuen Vertragskonditionen vor. Die waren so gut, dass ich gleich zusagen wollte.

»Langsam, langsam«, warnte sie mich, »unser oberster Chef möchte dich vorher kennenlernen. Du musst nach Waldenbuch.«

»Kein Problem, dann fahre ich eben nach Waldenbuch«, entgegnete ich unternehmungslustig.

»In Ordnung. Aber mach vorher eine Bewerbungsmappe fertig und schicke sie dem Oberboss, damit er schon mal einen Eindruck von dir bekommt. Zu gegebener Zeit fahren wir dann gemeinsam hin.«

Inzwischen hatte sich auch in meinem Privatleben einiges verändert. Ende Oktober sollte mein Mann wieder zur Kur, diesmal nach Bad Kreuznach. Obwohl ich nun einen Job hatte, der mich gut ernährte und von ihm unabhängig machte, war ich im tiefsten Inneren noch immer Bäuerin, und es tat mir in der Seele weh, zusehen zu müssen, wie der Betrieb zugrunde ging. Deshalb hatte ich Horst, bevor ich ihn zur Kur brachte, vorgeschlagen: »Gib mir den Betrieb. Du kriegst dafür von mir jeden Monat eine anständige Summe, von der du gut leben kannst.«

Dazu hatte er sich nicht geäußert. Auf der Fahrt nach Bad Kreuznach hatte ich nachgelegt: »Du hast jetzt drei Wochen Zeit, um über mein Angebot nachzudenken. Du brauchst keine Angst zu haben, ich werde nicht in deinem Haus wohnen bleiben. Ich werde mir in der

Nähe eine kleine Wohnung mieten, so dass ich problemlos täglich zur Arbeit im Betrieb kommen kann.«

Dazu hatte er ebenfalls keinen Kommentar abgegeben. Mit der Wohnungssuche hatte ich gleich Ernst gemacht. Am Schwarzen Brett im Supermarkt war eine Wohnung angeboten worden, die genau auf meine Bedürfnisse zugeschnitten schien. Ich rief sofort die angegebene Handynummer an. Es meldete sich eine Frau Rommelfanger. Diesen Namen gibt es in unserer Region wie Sand am Meer. Ich ließ mir die Adresse geben und machte einen Besichtigungstermin aus. Nachdem ich aufgelegt hatte, fragte mein Sohn Gerd, der während des Gespräches neben mir gestanden hatte: »Mama, weißt du, mit wem du telefoniert hast?«

»Ja, mit einer Frau Rommelfanger.«

»Du hast die Gabi am Telefon gehabt.«

»Ach, red doch keinen Unsinn, die hätte ich doch an der Stimme erkannt.«

»Ich habe sie an der Stimme erkannt. Sie hat ja laut genug geredet. Du hast mit Gabi telefoniert.«

»Na, das werden wir ja sehen, wenn ich morgen die Wohnung besichtige«, antwortete ich, noch immer ungläubig. Pünktlich um 15.00 Uhr drückte ich in der Ahornstraße 27 auf den Klingelknopf. Die Tür ging auf – und wer stand vor mir? Gabi, meine beste Freundin. Nach einer herzlichen Umarmung fragte sie: »Wo kommst du denn so plötzlich her?«

»Das erzähle ich dir in aller Ruhe bei einer guten Tasse Kaffee.«

»Gern, komm rein. Aber es kann sein, dass wir bald gestört werden. Ich erwarte nämlich jeden Moment eine Frau, die meine Einliegerwohnung besichtigen will.«

»Ach, du vermietest eine Einliegerwohnung«, tat ich scheinheilig. »Darf ich mir die mal angucken?«

»Gern. Aber wenn es läutet, müssen wir die Besichtigung abbrechen.«

»Klar, es liegt mir fern, dich zu schädigen.«

Das Haus hatte eine leichte Hanglage, so dass die Einliegerwohnung, die im Untergeschoss lag, von der Rückseite des Hauses ebenerdig zu betreten war. Wir wählten jedoch die Treppe, die vom Erdgeschoss ins Souterrain führte. Das Wohnzimmer war hell und geräumig, aber zu klein für die wuchtigen Möbel, die ich während meiner Ehe angeschafft hatte. Da müssten zierlichere Möbel her. Die Küche war klein und zweckmäßig eingerichtet. In die kleine Schlafkammer würde mein ausladendes Eheschlafzimmer auch nicht passen. Aber von dem wollte ich mich ohnehin trennen. Im Bad gab es Toilette, Waschbecken und Dusche. Auch ein sauberer, trockener Kellerraum gehörte zur Wohnung. Der gäbe einen idealen Lagerplatz ab für meine Wasch- und Reinigungsmittel, falls ich in dem neuen Job weitermachen sollte. Die Wohnung war geradezu ideal für mich, und vor allem war die Miete erschwinglich.

Mir war nicht entgangen, dass Gabi während der Besichtigung immer wieder nervös auf ihre Uhr geblickt hatte. Als wir endlich beim Kaffee saßen, erklärte ich: »Die Wohnung gefällt mir, ich nehme sie.«

Entgeistert guckte mich meine Freundin an: »Du kannst doch nicht einfach die Wohnung nehmen! Um 15.00 Uhr wollte jemand zu Besichtigung kommen.«

»Na und? Mittlerweile ist es 15.30 Uhr. Ist doch ihre Schuld, dass sie nicht pünktlich war. Du weißt doch: Wer zu spät kommt, den bestraft das Leben.«

Gabi lachte gequält: »Eigentlich hast du recht. Sie hat es nicht anders verdient. Ich hätte die ganze Zeit mit Warten vertan, wenn du nicht zufällig aufgekreuzt wärst.«

»Was heißt hier zufällig?«, entgegnete ich lächelnd. »Wir hatten doch für 15.00 Uhr einen Besichtigungstermin ausgemacht.«

Der Gesichtsausdruck meiner Freundin war köstlich. Sie riss Mund und Augen auf und schnappte nach Luft wie ein Karpfen auf dem Trockenen. »Wie? Du hast von Anfang an gewusst, dass ich …«

»Nicht von Anfang an. Als ich mit dir den Termin ausmachte, hatte ich ebenso wenig Ahnung wie du. Gerd war es, der dich an der Stimme erkannt hat.«

Dann schütteten wir uns beide aus vor Lachen. »Du hast deine Rolle aber überzeugend gespielt«, lobte sie mich. Den Abschluss unseres Mietvertrages feierten wir gebührend mit einem Piccolo.

Umgehend fuhr ich zu meiner Schwester und bat sie, mit mir am nächsten Tag zum Möbelkaufen zu gehen. Innerhalb von drei Stunden hatte ich meine komplette Einrichtung beisammen. Anschließend lud ich Marita in ein Restaurant zum Essen ein. Als ich danach in mein altes Zuhause kam, setzte ich mich in eine Ecke, und mir wurde klar: Jetzt ist es endgültig. Du hast den Mietvertrag unterschrieben, du hast die Möbel gekauft, jetzt gibt es kein Zurück mehr. Aus Mitleid mit mir selbst begann ich zu weinen.

Bevor die Möbel geliefert wurden, tapezierte mir meine Tochter, die das Malerhandwerk gelernt hatte, die Wohnung. Keines von unseren Kindern hatte je Interesse an der Landwirtschaft gezeigt. Jedes von ihnen hatte den Beruf seiner Wahl lernen dürfen. Ich halte nichts davon, Kinder zu einer bestimmten Berufswahl zu zwingen. Wir standen also keineswegs unter dem Druck, den altväterlichen Hof für unsere Kinder erhalten zu müssen. Das Angebot, den Hof zu bewirtschaften, hatte ich meinem Mann lediglich gemacht, weil ich selbst an der Landwirtschaft hing. Vermutlich hätte ich auf diesem Betrieb bis an mein Lebensende weitergemacht. Aber es sollte nicht sein. Als ich ihn nach drei Wochen aus der Kur abholte, sagte er kurz und bündig: »Nein, den Betrieb kriegst du nicht.«

»Gut«, antwortete ich, »dann weiß ich wenigstens, woran ich bin.«

Nachdem ich knapp fünf Wochen für die Waschmittelfirma tätig gewesen war, flog ich in Sachen Landfrauen nach Berlin, um an einer Tagung teilzunehmen. Zu meinem Bedauern bekam ich keinen Rückflug mehr und musste mit dem ICE heimfahren. In meinem Abteil saß ich sieben Stunden lang einem Herrn gegenüber, der nicht uninteressant aussah. Er mochte Anfang fünfzig sein, war mittelgroß, schlank und hatte volles, grau meliertes Haar. Da ich meinen Mund nicht sieben Stunden lang halten kann, waren wir bald in ein lebhaftes Gespräch vertieft. Er erzählte mir, dass er Geschäftsführer einer Firma in Mannheim sei, und ich berichtete, dass ich Geschäftsführerin eines Landfrauenvereins sei. Darüber hinaus redete ich über meinen neuen Job. In Mannheim verließen wir beide den Zug, er stieg aus und ich stieg um. Da bat er um meine Visitenkarte und gab mir die seine.

14 Tage später fand ich in meinem PC eine Mail, ich möge meine Produkte bei der Firma Soundso in St.

Wendel vorstellen. Firma Soundso? Hatte ich noch nie gehört. Was mochte das sein? Natürlich antwortete ich höflich per Mail und fragte gleichzeitig an, an welchem unserer Produkte man interessiert sei, wir hätten nämlich 80 verschiedene.

Umgehend kam die Antwort: Man suche vor allem ein antibakterielles Reinigungsmittel, das aber keinen Chlorgeruch verströmen dürfe. Okay, damit konnte ich dienen. Pünktlich zum vereinbarten Termin stand ich im Foyer der »Firma Soundso«. Und wer trat mir dort entgegen? Niemand anderer als meine Reisebekanntschaft, der ich im ICE sieben Stunden lang das Ohr vollgequatscht hatte.

»Was machen Sie denn hier?«, platzte ich heraus.

»Ich bin auch Geschäftsführer dieser Firma. Und als solcher interessiere ich mich für Ihr Reinigungsmittel. Lassen Sie es gleich hier, dann mache ich den Vertrag.«

»Nein, nein«, entgegnete ich, »Vertrag machen Sie hier keinen. Sie kriegen heute von mir das Produkt zum Ausprobieren, und wenn es Ihnen zusagt, mache ich den Vertrag.«

Konsterniert guckte er mich an. Davon ließ ich mich jedoch nicht aus dem Konzept bringen. Ich ließ ihm eine Probepackung da in der Hoffnung, ein Geschäft zu machen, und verabschiedete mich mit der Bemerkung: »Wenn Sie an unserer Ware interessiert sind, sehen wir uns zum Vertragsabschluss wieder, aber zu meinen Konditionen.«

Er war es also gewesen, der mir die Mail geschickt hatte. Zwei Wochen später erhielt ich eine neue Mail: »Kommen Sie bitte möglichst rasch zum Vertragsabschluss nach St. Wendel.«

Mit einem Vertragsentwurf in der Tasche betrat ich das Firmengebäude. Diesen unterschrieb meine Reisebekanntschaft, ohne nachzuverhandeln.

»Auf diesen Abschluss hin gehen wir zwei aber zum Essen«, verfügte er. »Ich denke da an ein nettes Lokal in Saarbrücken. Für mich habe ich bereits einen Platz im ICE gebucht, der um 21.00 Uhr nach Mannheim abfährt. Wir fahren mit Ihrem Wagen nach Saarbrücken. Von dort haben Sie es nicht weit nach Hause.«

»Was ist mit Ihrem Wagen?«

»Mit dem ist mein Mitarbeiter schon zurück nach Mannheim gefahren.«

Es war ein wirklich feines Lokal, in das er mich führte. Bisher hatte ich noch nie so erlesen gespeist. Man redete und redete, und bis wir an den Bahnhof kamen, war der ICE weg.

»Sch...!«, entfuhr es meinem Begleiter. Was nun? Mittlerweile waren wir per du, also sagte er: »Wenn du schnell fährst, können wir den Zug noch in Kaiserslautern einholen.«

Ich drückte also auf die Tube. Aber der ICE war schneller als mein Auto. »Und was mach ich jetzt?« Er wirkte einigermaßen hilflos.

»Bis Mannheim sind es nur 60 Kilometer, da bring ich dich jetzt auch noch hin.«

Als ich ihn auf dem Firmengelände, wo sein Wagen stand, absetzen wollte, fragte er: »Darf ich dich jetzt noch durch die Firma führen?«

»Warum nicht? Ist die Firma etwas Besonderes?«

»Ja, es ist meine Firma.«

Oha! Interessiert guckte ich mir alles an. Beeindruckt war ich schon, aber wohl nicht ganz so, wie er das erwartet hatte. Unvermittelt fragte er: »Fährst du jetzt noch nach Hause?«

Es war inzwischen 23.00 Uhr geworden.

»Sicher fahr ich noch nach Hause. Wo sollte ich sonst bleiben?«

»Du könntest ja bei mir übernachten.«

»Nein, ich habe keine Lust darauf, in Darmstadt zu übernachten.« Dort wohnte er nämlich. »Also gut, dann fahr hinter mir her. Ich lotse dich bis zur letzten Tankstelle und tanke dir wenigstens dein Auto voll.«

Dagegen hatte ich nichts einzuwenden. Mit vollem Tank bewegte ich mich in Richtung Heimat, glücklich, einen so guten Vertragsabschluss in der Tasche zu haben.

Eine Woche später rief der bewusste Herr bei mir an und behauptete, ich hätte ihn sehr beeindruckt.

»Inwiefern?«, wollte ich wissen.

»Bisher habe ich immer mit Frauen zu tun gehabt, die hinter meinem Geld her waren. Du aber hast dich kein bisschen dafür interessiert. Deshalb möchte ich dich gerne näher kennenlernen.«

»Ich habe aber keine Lust auf eine Fernbeziehung.«

»Geschäftlich habe ich sehr oft in St. Wendel zu tun«, versuchte er mich zu ködern. »Bis dahin hast du es doch nicht weit. Außerdem baue ich gerade eine neue Firma in Luxemburg auf, was ja auch in deiner Nähe liegt.«

Da er mir nicht gerade unsympathisch war, antwortete ich: »Na ja, probieren können wir es ja mal.«

Inzwischen hatte ich mich in meiner neuen Wohnung häuslich eingerichtet, aber das angekündigte Vorstellungsgespräch in Waldenbuch, beim obersten Chef, stand immer noch aus.

Als ich Anfang April mit meiner Chefin sein Büro betrat, empfing er mich mit den Worten: »Na, Frau Jakoby, nun erzählen Sie mir mal einen Schwank aus Ihrem Leben.«

Ich guckte den Mann groß an und sagte: »Ja, Herr Schmidt, das könnte ich schon. Ich kann Ihnen aber auch erzählen, was ich die letzten 30 Jahre gemacht habe.«

»Dann legen Sie mal los.«

»In den letzten 30 Jahren war ich Bäuerin …« Weiter kam ich nicht, da platzte er heraus: »O fantastisch! Ich bin Besitzer von 80 000 Liter Milchquote. Könnten Sie mir behilflich sein, die zu verkaufen?«

Zunächst lachte ich schallend, weil ich dachte, er scherze. Dann begriff ich, dass er diese Quote tatsächlich besaß, weil er aus einem Bauernhof im Bergischen Land stammte. Damit hatten wir unser Gesprächsthema. Er redete mit mir über alles, nur nicht über das, was ich für seine Firma tun sollte. Beim Abschied drückte er mir die Hand. »Sie können von mir alles kriegen.«

Auf der Heimfahrt meinte meine Chefin: »Hast du ein Glück! Das ist wirklich ernst gemeint vom Boss. Von dem kriegst du alles. Jetzt überleg dir deine Vertragskonditionen sehr sorgfältig.«

Das tat ich dann auch. Wenig später unterschrieb er mir einen Vertrag, wie ihn kaum ein Bezirksvertreter bekommt. Also konnte ich mit meiner neuen Arbeit mehr als zufrieden sein.

Aber mein Privatleben holte mich wieder ein. Kaum hatte ich aufgrund des großzügigen Bezirksleitervertrages ein paar Stufen auf der Karriereleiter erklommen, fragte mein Noch-Ehemann: »Stehst du noch zu deinem Angebot, den Betrieb zu übernehmen?«

»Jetzt nicht mehr«, antwortete ich knapp. »Du hast nein gesagt, und dabei bleibt es.«

Was ich zu dem Zeitpunkt noch nicht wusste: Er hatte in der Kur eine neue Freundin gefunden, und jetzt hätte er eine Dumme gebraucht, die für ihn die Arbeit machte, damit er sich mit der Freundin, einer Polin, ein bequemes Leben machen konnte. Vielleicht hätte ich dennoch zugegriffen, aber der Betrieb war in den wenigen Monaten meiner Abwesenheit so heruntergewirtschaftet worden, dass ich nicht wusste, wie ich ihn wieder sanieren sollte. Außerdem hatte ich ja nun meinen sehr einträglichen Job und meine Fernbeziehung.

Da Horst den Betrieb unmöglich allein bewirtschaften konnte, zumal seine Polin weder Geschick noch Interesse daran hatte, entschlossen wir uns, ihn zu verkaufen, jedenfalls die Hoffläche mit den Gebäuden. Die Ländereien verpachteten wir an den Erwerber.

Der Vorteil einer Fernbeziehung besteht darin, dass man immer in Sonntagsstimmung ist, wenn man sich sieht. Lebt man dagegen mit einem Partner zusammen, kommen unweigerlich die Werktage dazu. Ich hätte also überglücklich sein können. Ich hatte eine Arbeit, die mir gefiel und mir eine Menge Geld einbrachte, und ich erlebte in der Liebe immer nur die Sonntagsstimmung. Dennoch war ich nicht zufrieden, mein Herz hing immer noch an der Landwirtschaft. Darüber unterhielt ich mich mit meiner Freundin Gabi.

»Mensch, Helena, ich weiß gar nicht, was du willst. Du verdienst gut, du hast einen Partner, um den dich manche Frau beneiden würde. Ihr unternehmt tolle Sachen miteinander, er führt dich in erste Kreise ein ...«

»Das ist es ja gerade«, fiel ich ihr ins Wort. »Er ist ein Lebemann und verkehrt in Kreisen, in denen ich mich nicht wohl fühle. Immer mehr spüre ich, wie sehr ich an der Landwirtschaft hänge. Nichts wäre mir lieber, als wieder in den Stall zu gehen.«

»Dann rate ich dir: Mach mit deinem Geldmann Schluss und melde dich bei ›Bauer sucht Frau‹.«

»Die Hälfte deines Rates ist gut. Ich werde mit meinem Partner Schluss machen. Aber bei ›Bauer sucht Frau‹ bewerbe ich mich bestimmt nicht. Es muss auch noch andere Möglichkeiten geben, einen braven Bauern zu finden.«

Von meinem ICE-Partner trennte ich mich bald in aller Freundschaft. Doch bevor ich nach einem neuen Partner Ausschau halten konnte, musste ich mich meiner Schwester annehmen.

Es war im Juli 2009, ich war mal wieder mit meinen Landfrauen unterwegs, da rief mich Marita zu später Stunde an: »Kann ich in deine Wohnung gehen? Ich halte die Eiseskälte hier nicht mehr aus.«

»Was meinst du damit?«

»Seit Tagen redet Ludwig nicht mehr mit mir.«

»Aus welchem Grund?«

Sie lachte bitter: »Der gnädige Herr betrügt mich.«

»Mit wem?«

»Mit meiner besten Freundin, und das schon seit Jahren. Als ich endlich dahinterkam, stellte ich ihn zur Rede. Nun spielt er den Beleidigten.«

»Natürlich kannst du in meine Wohnung. Du weißt ja, wo der Schlüssel liegt.«

»Hast du Rotwein im Haus? Heute gebe ich mir die Kanne.« Ich hatte Rotwein im Haus.

Noch in derselben Nacht erhielt ich von meiner Schwester eine SMS. »Bin wieder zu Hause.«

Am nächsten Morgen erhielt ich eine neue SMS: »Mach dir keine Sorgen, bin arbeiten.«

Am Abend – ich war wieder daheim – rief ich bei Marita an: »Wie geht es dir?«

»Ich kann nicht schlafen, deshalb mache ich Hausputz. Außerdem will Ludwig mir heute Abend noch sagen, wie es weitergeht.«

»Wenn du Hilfe brauchst, ruf mich an.«

Etwa zwei Stunden später rief eine völlig aufgelöste Marita bei mir an. Ich fuhr sofort hin. Als ich am Haus ankam, sah ich ihren Mann gerade um die Ecke verschwinden. Ich rief ihn mit meinem Handy an: »Du, Ludwig, wir sollten mal über alles reden.« Er vertröstete mich auf später. Dann ging ich ins Haus zu meiner Schwester. Sie hatte verheulte Augen und wirkte ziemlich verzweifelt. Deshalb sagte ich: »Marita, komm mit mir. Du kannst doch hier nicht allein bleiben.«

»Doch, das kann ich. Mach dir keine Sorgen.«

Ihre Kinder hatten Schulferien und waren in unterschiedlichen Richtungen unterwegs. Meine ganzen Überredungskünste nützten nichts, meine Schwester war nicht dazu zu bewegen, mitzukommen.

Gegen 5.30 Uhr schreckte mich mein Handy aus dem Schlaf. Eine unbekannte Stimme meldete sich: »Ich bin Notarzt. Können Sie zu Familie Schreiner kommen.«

»Was ist mit meiner Schwester?«, fragte ich, sofort hellwach.

»Suizid, erfolgreich.«

»Wollen Sie mich veräppeln?«, schrie ich ungehalten in den Apparat.

»Mit solchen Sachen scherze ich nicht«, antwortete eine beleidigte Stimme.

Was war geschehen? Maritas Ehemann war noch am selben Abend heimgekehrt und hatte sich, ohne noch einmal mit seiner Frau zu reden, in sein Bett gelegt. Als er kurz nach 5.00 Uhr in die Küche gegangen war, hatte er Marita am Boden liegend vorgefunden, neben sich leere Röhrchen von 75 Schlaf- und 25 Schmerztabletten nebst einer leeren Rotweinflasche. Die spätere Obduktion ergab, dass sie das alles geschluckt haben musste.

Meine wichtigste Aufgabe war es nun, mich um meine drei verstörten Patenkinder zu kümmern. Manfred, der Älteste, war zwar schon 21 und diente bei der Bundeswehr, er brauchte aber ebenso wie seine jüngeren Geschwister jemanden, der ihn auffing. Dennoch bahnte sich für ihn eine positive Wende an. Sein leiblicher Vater, der ihn viele Jahre zuvor zur Adoption freigegeben hatte, erschien zur Beerdigung, da er vom Tod Maritas aus der Zeitung erfahren hatte. Danach arbeiteten er und Manfred an einem normalen Vater-Sohn-Verhältnis.

Ich hatte mich noch nicht von dem Schlag erholt, da kam mein Mann auf mich zu und begehrte die Scheidung. Er wollte sich wieder verehelichen. Ich willigte sofort ein. Ohne Streit und ohne böse Worte ging die Sache über die Bühne. Wir kamen mit einem gemeinsamen Anwalt aus, der unseren Scheidungsantrag einreichte. Alles andere hatten wir vorher einvernehmlich geregelt. Niemand in unserem Umfeld konnte verstehen, dass wir so freundschaftlich auseinandergingen. Die Reaktionen meiner Angehörigen waren unterschiedlich. Meine Mutter erklärte: »Damit habe ich schon lange gerechnet.«

Mein Vater: »Kann man da nichts mehr kitten?«

Meine Schwiegermutter sprach schon lange kein Wort mehr mit mir, und das ersparte mir ihre Kommentare zur Scheidung. Horsts Brüder und ihre Frauen aber konnten mit der Situation nicht umgehen. Dass Horst und ich weiter freundschaftlich miteinander verkehrten, war ihnen ein Dorn im Auge. Dabei waren sie nicht unschuldig daran, dass unsere Ehe auseinanderging. Die beiden hatten sich nicht nur immer wieder in unsere Angelegenheiten eingemischt, sie waren meist auch dabei, wenn Horst Alkohol trank. Statt ihn daran zu hindern, hatten sie ihn noch zu Sauftouren animiert. Ich dagegen fand es schon deshalb gut, auf freundschaftlichem Fuß mit meinem Ex zu stehen, weil man sich immer wieder bei Familienfesten treffen würde. Das war schon der Fall bei der Taufe unserer Enkelin Charlotte. Unser Sohn Gerd hatte uns nämlich zu glücklichen Großeltern gemacht.

Einige Wochen nachdem sich die Aufregung um meine Scheidung gelegt hatte, saß ich vor meinem PC und tippte ein bisschen herum. Dabei geriet ich auf eine Seite, auf der sich Menschen vorstellen, die einen Partner suchen. Das ist die Idee, sagte ich mir. Das ist die Kommunikationsform unserer Zeit! Eifrig studierte ich die Angebote. Es war nichts dabei, was mich vom Hocker gerissen hätte. Warum soll ich nicht selbst eine Suchanzeige ins Netz stellen? Damit gab ich mir jedoch nicht viel Mühe. Entweder es klappt oder es klappt nicht, dachte ich. Außer Größe, Haarfarbe und Alter gab ich an, dass ich gerne Motorrad fahre und sehr naturverbunden bin. Zusätzlich schrieb ich: »Habe leider kein aktuelles Foto, und ein altes bringt sicher nichts.«

Auf eine so magere Anzeige würden sich sicher nicht viele melden, dachte ich. Überraschenderweise aber hagelte es in den folgenden Tagen Antworten. Als ich bei hundert angelangt war, hörte ich auf zu zählen. Interessante Angebote waren dabei, solche mit und ohne Foto. Die Altersspanne reichte von vierzig bis siebzig. Die Männer stammten aus den unterschiedlichsten sozialen Schichten. Plötzlich blieb ich an einem Foto hängen, das mich freundlich anlächelte: »56 Jahre, 1,80 m, grau meliert, geschieden, Interessen: Motorrad, Natur.«

Nun ja, es konnte ja nicht schaden. Also antwortete ich. Wie überrascht war ich, als wenige Stunden später eine ausführliche Antwort da war. Nicht nur der angenehme Plauderstil gefiel mir, es war vor allem die Berufsangabe: Landwirt! So gingen einige Mails hin und her, ohne dass ich die Katze aus dem Sack gelassen hätte. Endlich war ich so mutig, dass ich meine Handynummer angab. Dafür bekam ich die seine. Zwei Wochen nachdem wir die erste Mail getauscht hatten, wollte er mich persönlich kennenlernen. Nur nicht zu viel verraten, nur nicht den Wohnort preisgeben, warnte mich eine innere Stimme. Deshalb schlug ich ein Café in Mainz vor. Das war weit genug weg von meinem Zuhause. Ich kam als erste an. Von ihm war weit und breit nichts zu sehen. Ich dachte schon, er habe mich versetzt. Mit etwa zehnminütiger Verspätung betrat er den Raum. Nach seinem Foto erkannte ich ihn sofort. Suchend schaute er sich um. Da ich ihn anstrahlte, strahlte er zurück und trat an meinen Tisch. »Annemone?«, fragte er. Das war mein Deckname. »Entschuldige, ich habe im Stau gesteckt.«

Ja, und dann hat es bei uns beiden gefunkt. So etwas hätte ich nicht für möglich gehalten. Wir redeten und redeten, aber ich ließ die Katze noch immer nicht aus dem Sack. Erst vierzehn Tage später, bei einem weiteren Treffen, erwähnte ich, dass ich Landwirtin sei. »Das sieht man dir aber gar nicht an«, stellte er überrascht fest.

»Das muss man einem doch nicht gleich ansehen«, lachte ich, »das wäre ja schlimm.«

Aus seiner ersten Mail wusste ich zwar, dass er Landwirt war, aber ich wusste weder wo noch was er betrieb. Das erfuhr ich erst vier weitere Wochen später, nachdem er mich auf seinen Hof eingeladen hatte. Da staunte ich nicht schlecht. Nicht nur, dass es ein ziemlich weiter Weg war – er lebte im hintersten Hessen –, sondern auch die Größe seines Betriebes verschlug mir die Sprache. Dort gab es Schweine und nichts als Schweine! 2500 an der Zahl. War das ein lustiges Gequieke und Gegrunze! Da ging mir gleich das Herz auf. Seitdem haben wir uns schon viele Male getroffen. Er ist ein gebranntes Kind, und ich bin es auch. Wir wollen nichts überstürzen. Ich habe mich oft gefragt, warum meine Ehe gescheitert ist. Heute denke ich, dass ich damals viel zu früh, viel zu unreif, viel zu unerfahren und zu überstürzt geheiratet habe. Ein solcher Fehler soll mir nicht noch einmal passieren. Und mein Bekannter denkt ähnlich. Ich habe es ja gar nicht nötig, zu heiraten. Ich habe eine Arbeit, die mir genügend Geld einbringt und die mir Freude macht. Dennoch, mein Herz hängt noch immer an der Landwirtschaft, und ich denke, es ist kein Zufall, dass mir ausgerechnet dieser Mann begegnet ist. Vielleicht werde ich, wenn wir uns besser kennen und uns hinreichend geprüft haben, eines Tages Bäuerin auf seinem Schweinehof. Und bei 2500 Schweinen ist vielleicht dann doch einmal eines dabei, das nach mir kräht.

Stammtafel der Helena Jakoby

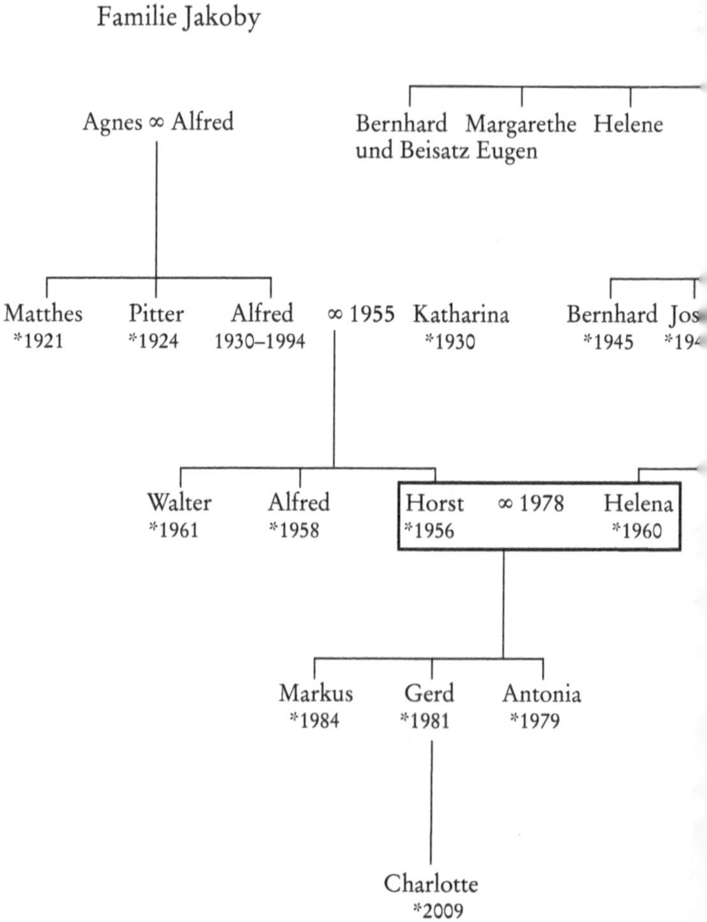

Familie Jakoby

Agnes ∞ Alfred   Bernhard Margarethe Helene
                  und Beisatz Eugen

Matthes   Pitter   Alfred   ∞ 1955   Katharina   Bernhard   Jos
*1921   *1924   1930–1994   *1930   *1945   *194

        Walter   Alfred   Horst   ∞ 1978   Helena
        *1961   *1958   *1956   *1960

              Markus   Gerd   Antonia
              *1984   *1981   *1979

                     Charlotte
                      *2009

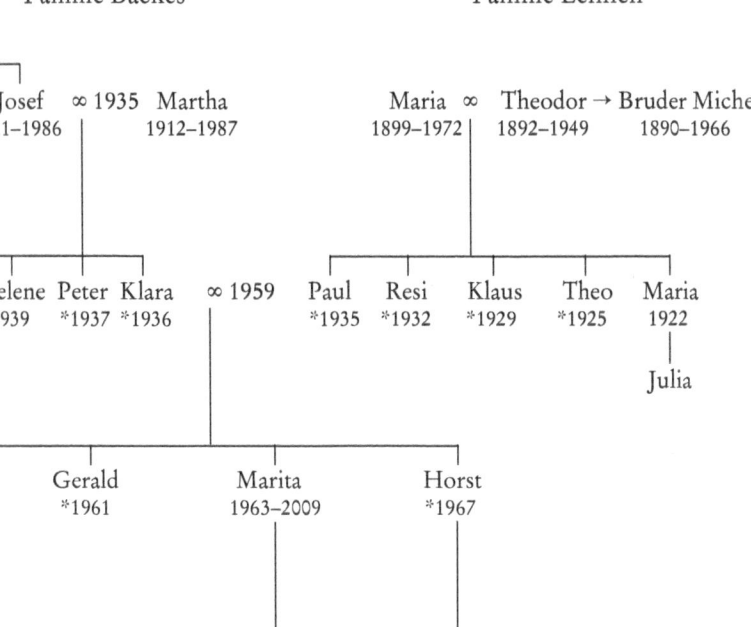

Weitere Bücher von Roswitha Gruber

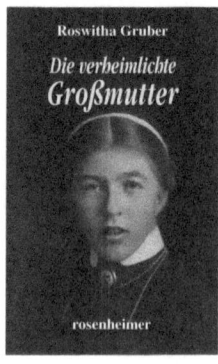

Die verheimlichte Großmutter
240 Seiten
ISBN 978-3-475-54919-9

Helene, ein aufgewecktes Mädchen, stellt im Alter von acht oder neun Jahren fest, dass sie zwar zwei Großväter, aber nur eine Großmutter hat. Auf ihre Fragen an die Familie erhält sie nur ausweichende Antworten. Also versucht sie auf andere Weise an Informationen zu kommen. Dabei stößt sie auf ein schreckliches Geheimnis. Nun beginnen ihre Nachforschungen erst recht.

Vom harten Leben einer Bauernmagd
272 Seiten
ISBN 978-3-475-55469-8

Nach dem Tod ihrer geliebten Großmutter kommt Franziska auf den Hof ihrer Tante, wo sie klaglos alle Schikanen erträgt, die ihr überwiegend vonseiten des Onkels zuteilwerden. Doch mit 21 flüchtet sie zu einem Großbauern, bei dem sie mit offenen Armen aufgenommen wird. Obwohl sie auch hier hart arbeiten muss, gefällt es ihr auf dem Berghof, denn Die Bauersleute sind sehr nett zu ihr. Doch als nach dreißig Jahren der Hof an die Jungbauern übergeht, wird sie erneut schikaniert. Aber sie ist nicht gewillt, die Demütigungen und die Ausbeutung durch den Jungbauern und seine Frau länger zu ertragen.

Der Einödhof und sieben Töchter
272 Seiten
ISBN 978-3-475-55453-7

Liesi wächst auf einem Einödhof im oberbayerischen Dorfen als älteste von acht Geschwistern auf. Von klein auf besteht ihr Leben aus Arbeit und Pflichten. Mit vierzehn Jahren wird sie Dirn bei einem Großbauern. Schon bald lernt sie Hans kennen, ihre große Liebe. Für die junge Frau könnte das Leben mit ihm auf seinem Einödhof trotz aller Arbeit und Mühen sehr glücklich sein, wenn da nicht seine Stiefmutter wäre, die ihr das Leben immer wieder schwer macht.

Informationen zu unserem Verlagsprogramm finden Sie unter www.rosenheimer.com